JN046416

PRACTICAL
SOCIAL
PEDAGOGY

THEORIES, VALUES AND TOOLS FOR WORKING WITH CHILDREN AND YOUNG PEOPLE
BY JAN STORØ

実践家のための
ソーシャルペダゴジー

子ども・若者と関わる理論・価値観・ツール

ジャン・ストロー 著

森 茂起・楢原真也・益田啓裕 訳

誠信書房

PRACTICAL SOCIAL PEDAGOGY
by Jan Storø

First published in 2008 by Universitetsforlaget under the title Sosialpedagogisk praksis. Det handler om hva du gjør.

Japanese translation rights arranged with POLICY PRESS through Japan UNI Agency, Inc., Tokyo

目　次

ノルウェー語版序文

❦

　私が本書を執筆するに至った出発点を知ることは，読者の参考になるであろう。本書で述べる専門的な議論に影響しているからである。本書を読み進めていくと，ソーシャルペダゴジーが理論と実践の両方の領域にまたがるものであることがわかるだろう。実践的な部分は，一つの軸足を，子どもや若者を対象とした，変化を志向したさまざまな環境療法^{訳注1)} に置き，もう一つの軸足を，法律の適用やケースワーク業務に置いている。これらの分野における私の立ち位置について述べておこう。

　私は長年にわたり児童福祉の現場で，もっぱら施設ケアに従事してきたので，私の立脚点は，理論的な領域よりも実践的な領域にある。したがって，ソーシャルペダゴジーの実践的な要素について書くのは，私にとって自然なことである。そこに私の主たる経験があるからである。しかし，ここ数年，より高次の理論的レベルで何が起きているのか知りたいという関心が私のなかで高まってきた。その関心に導かれて，私は，ソーシャルワークの修士号を取得し，オスロ・アーケシュフース応用科学大学の准教授を勤めるという道を歩んできた。それによって私は，理論的な領域に，学術世界に目を向ける実践家となった。専門職としてのソーシャルペダゴジーに元来含まれる二重性を経験してきたのである。

　私の経験のもう一つの特徴は，ケースワーク業務より，懸命に生きようとする子どもや若者たちと接する施設ケアにずっと多く携わってきたことである。したがって私のソーシャルペダゴジーの経験は，児童福祉サービスにおいてペダゴーグが行う業務の一つであるケースワークより，変化を目指した**環境**実践を中心とする。もちろん本書の執筆にあたっては，**環境**実践だけに偏らないよう配慮した。

　本書の執筆にあたっては，著書や論文を参照するだけでなく，私の二人の師，Erik Grønvold と Erik Larsen との長年の触れ合いから得た知見を用いた。Erik Grønvold は，本書執筆中に幾度となく議論に付き合って下さり，

ソーシャルペダゴジーの知見を惜しみなく提供してくださった。私はまた，彼と共同で教育活動を行うことで多くを学ぶことができた。Erik Larsen についても，執筆された著書や論文に示された専門的知見とともに，対話から得た知見を本書で用いている。Erik Larsen は，子どもや若者との仕事に**心理学的**視点を用いており，その著作のほとんどは環境療法に関するものである。言い換えると，私は彼の考え方から要素を取り出し，それらをブロックにして**ペダゴジー的**実践に関する私自身の記述を組み立てたのである。そのような使い方をした責任はすべて私にある。二人の Erik に厚くお礼を申し上げる。

　本書で取り上げた内容の一部は，Jan Tesli Stokke との対話と，彼と共に数年間行ったロシア北西部の施設職員向けセミナーのなかで発展してきたものである。セミナーを通じて，私はソーシャルペダゴジーについて多くのことを学んだ。彼とセミナーの参加者に感謝したい。

　本書の内容には私の個人的経験が多く含まれるため，私がかつて働いた二つの職場も紹介しておこう。私は 1970 年代後半から 1980 年代前半にかけて Frydenberg Residential Youth Centre で働き，1990 年代は Grepperød Child Welfare Centre で働いた。私が主にソーシャルペダゴジーの経験を積んだのは，この 2 箇所である。

　本書の執筆過程でお世話になった多くの人に感謝したい。執筆し始めた頃の上司の Åse Broman 研究主任と，執筆作業を終えたときの上司，Eva Bertling Herberg 研究主任は，寛大な心で私が執筆に時間を割くことを許可してくださった。ノルウェー社会教育者・ソーシャルワーカー連合（FO）と，前職のオスロ大学ソーシャルワーク学部からは，本書の執筆に際し助成金を受けた。それらの資金なくして本書は完成しなかった。

　何人もの方から，原稿の一部あるいは全体に目を通していただいた上で，フィードバックや修正，助言をいただいた。このような援助は著者にとってかけがえのないものである。とりわけ Anne Jansen と Erik Grønvold は多くの素晴らしい情報と議論を提供してくださった。Benny Lihme は，私の原稿を読み，大変有意義なフィードバックをくださった。さらに Stein Himsett, Amelie Fougner, Åse Broman は，執筆中の複数回の改訂稿に目を通し，素晴らしい助言を提供してくださった。また Roger Mathiesen (2008)

の原稿の一部を拝読し，彼と議論を交わすことができたのは大きな喜びで
あった。

モス／オスロにて

2012 年 12 月 10 日　改訂

JS

【訳注】

1）「環境療法」（environmental therapy ないし milieu therapy）は，病院や施設の環境全
体を治療的なものとすることを主旨として，一つにはアメリカのハリー・スタック・
サリヴァンの精神医療的プログラム，もう一つには，アイヒホルンらの非行少年の施
設治療プログラムに由来する言葉である。日本においても施設養育の議論で参照され
ている。本書では，施設養育（レジデンシャル・ホーム）におけるソーシャルペダゴ
ジーに対して環境療法の概念が用いられることがある。次の文献を参照。川畑直人
（2019）総合環境療法について．心理治療と治療教育, 30, 2-15.

英語版序文

CR

　ノルウェーにおけるソーシャルペダゴジーの議論は，1975年にオスロ大学に築かれたソーシャルペダゴジー研究の基盤が発端とされることが多い。Jæger Sivertsen と Kvaran（2006）によれば，オスロでのペダゴジーの研究および教育は，社会学的な色彩が強いアプローチで，社会志向と急進性を特徴としている。現在のノルウェーでソーシャルペダゴジーに完全に依拠しているものは，「児童福祉ペダゴーグ」の専門教育だけと言えるだろう。ノルウェー政府の児童福祉ペダゴーグ教育基本計画は，次のように述べている。「ノルウェーの児童福祉ペダゴーグ養成は，子どもや若者を対象としたソーシャルワーク教育である。ソーシャルペダゴジー業務は，この専門的実践を指す用語である」（Kunnskapsdepartementet, 2005）。

　本書はもともと，現代のソーシャルペダゴジーを探求し，解説するために書かれた。私は終わることのない議論に飽き飽きし，ソーシャルペダゴジーの実践と理論を定義する難しさに不満を抱えていた。終わりのない議論のためではなく，より明確化するための議論に貢献したかったのである。私にとって，ソーシャルペダゴジーにおける理論と実践の関係が何よりも重要な論点である。本書の冒頭に提示したように，この分野における理論と実践の関係にある危機について語ることができるだろう。最近の論文でさらに展開した考え方である（Storø, 2012）。

　子どもや若者との仕事は魅力的な領域である。この実践領域の複雑性が，それを興味深いものにも難しいものにもしている。ここ数年間に行った旅を通して，さまざまな文化を有する多くの国々の同志に出会ってきた。子どもや若者と働くための考え方の多くが，同じとは言えなくとも，互いに対応していることに感銘を受けた。違いは主に法律や職業内の文化的伝統によるものである。しかし，それらの違いは，「子どもの最善の利益のために」実践するという強い意志によって克服され，その結果，違った国や文化における専門家が，自分たちが何をしているか，自分たちのしていることをどのよう

に説明をするかについて，共通言語を見出すことが多い。その経験に駆り立てられて，私は他の文脈のなかにいる同僚との対話をさらに進めたいと考えた。本書の英語版の出版が，対話を国際的なものとする機会を私に与えてくれた。また，他の国々とは違ったノルウェーのソーシャルペダゴジーの伝統は，他の国々の同僚にとっても興味深く，また知っていただく価値があると信じている。

モス／オスロにて

2012 年 12 月 10 日

JS

第1章

なぜソーシャルペダゴジー なのか

　ソーシャルペダゴジーは，いくつかの異なる専門分野で用いられている概念であり，さまざまな捉え方が可能である。私としては，ソーシャルペダゴジーは，さまざまな課題のある人々を支援するための視点であり，主に子どもや若者に焦点を当てたもの，という理解から出発したい。ソーシャルペダゴジーに関する他のノルウェー語文献は，主に基礎的な理論的問題を扱っており，理論に比べ実践についてはあまり扱っていない。児童福祉ペダゴーグ^{訳注1)}になるために訓練を受けている学生だけでなく，同じくペダゴーグになるための訓練を受けている他の分野の人々のためにも，実践のイメージを豊かにするための文献が求められている。本書は，ソーシャルペダゴジーのより**実践的な側面**を扱う基礎的テキストとして企画された。Ivar Frønesは 1979 年に出版された著書で，社会学習について述べるなかで次のような言葉を記しているが，まさにソーシャルペダゴジー実践を言い表したものである。「それは社会生活の，練習であり，参加そのものであり，理解である。深い治療的な方法ではなく，多様な社会的文脈に参加するためのスキル，さまざまな状況を克服する力という観点からそれらを行うものである」(Frønes, 1979, p.36)。

　私は，実践と理論の間のつながりを見出すために本書を執筆した。ソーシャルペダゴーグの仕事の現実には両者が組み込まれている^{注1)}。実践と理論が一体となることで何が達成されるのかを探求したいと私は考えた。ノルウェーには「ソーシャルペダゴーグ」という職名を与えられた専門職集団はなく，この概念はそれを掲げたい人なら誰でも「利用可能」である。また，この概念を定義したいと考える人がいれば，誰でもある程度それを行うことができる。本書はその定義を与えるための議論の場である。本書のタイトル

がその試みをすでに暗に示していて，あなたのしていることはソーシャルペダゴジー実践だと言っている。それと同時に，ソーシャルペダゴジー的な行為は，個人の思いでいかようにもなるようなものではないことも本書から読み取れるだろう。それは理論の上に築かれると同時に特定の専門的価値観と結びついていなければならない。それによってはじめて，私たちは専門家の行動について，説明に基づいて行われる実践（informed practise）について語ることができる。

　トロンドとメッテを紹介しよう。二人はランチをとる人で混んだカフェでたまたま隣に座っていた。トロンドは，メッテが『ソーシャルペダゴジーの視点』という本を読んでいることに気づいた。「彼女と話してみたい。これは会話のきっかけになる」とトロンドは思った。

　「あの，すみません，何を読んでいるのですか？」
　メッテは顔を上げた。隣の男性は彼女のほうに身を乗り出し，彼女が夢中になっている本にさりげなく興味を示していた。
　「これのことですか。ええと，ソーシャルペダゴジーの話です。ちょっと変な話題かもしれないですね。こんな夏の暑い日に。」
　メッテは笑顔を浮かべて，顔を本に戻して思った。「おしゃべりしている場合じゃない。この新しい本に目を通したいの。静かな場所に行きたくてやっとのことで職場から抜け出せたのに，ここにも私の邪魔をしようとする人がいる。」
　「本当のことを言わせてもらうと，あなたは間違っています。」トロンドは簡単に諦めなかった。メッテは顔を上げてため息をついた。
　「どういう意味ですか？」
　「あなたは間違っているという意味です。全然変な話題じゃない。本のタイトルを一目見て気になったから挨拶したんです。実は僕たちは同僚なんです。」
　トロンドは勝ち誇った笑みを浮かべ，メッテに「乾杯」とコーヒーカップを持ち上げた。
　「なるほど。どうしてそう思うのですか？」
　トロンドは隣のテーブルに身を乗り出した。
　「実は僕はソーシャルペダゴーグです。それだけのことです。あなたもそうなのなら僕たちは同僚のようなものではないですか。同僚みたいに一緒にコーヒーを飲みましょう。」

メッテは，ここは本を読むのに適した場所ではないと観念し，本をしまった。彼女は熱心な「同僚」と一緒にコーヒーの残りを飲んでから，あとでどこか別の場所で本を読もうと心を決めた。こんな日に邪魔されて腹を立てていても仕方がない。

　「わかりました。私たちが同僚だとしたら，あなたはどこで働いているのですか？」

　「僕はこの町のアウトリーチ・チームで，若者を相手に活動しています。もう何年も。若者のなかでも最悪の麻薬中毒者が僕のクライエントです。僕が特にそういう若者たちを相手に仕事をしているのは，一緒に仕事をしている人のなかにはそうした若者とあまり関わりたくないと思っている人もいるからです。でも，個人的には僕は彼らのことが好きなんです。アウトリーチの経験はありますか？」

　メッテは椅子をずらした。

　「そもそも私たちを同僚と言っていいかそんなに自信が持てません。私がソーシャルペダゴーグなのはその通りだけど，私は若者とも子どもとも仕事をしていないからです。」

　「本当に？　もう少し教えてくれませんか。」

　「そう，まあ，あなたが私と同じ専門家の肩書きを名乗っているのはわかりますが，実際はまったく別の仕事です。私は研究者です。新しく出した本に目を通していたんです。今日出版されたばかりの。私のソーシャルペダゴジーが，あなたのと違うのがわかりましたか？」

　「わかった……じゃあ，あなたの仕事は本を書くこと？」トロンドは，頭を右にちょっと傾けているその女性にますます魅力を感じた。

　「見てもいいですか？」トロンドは本のほうに身を乗り出し，メッテが抵抗していないのを見て，それを借りた。

　「『ソーシャルペダゴジーの視点』メッテ・グレブスタッド。裏表紙の写真が素晴らしいですね。」

　トロンドはメッテのほうに本をかざし，繰り返し本人と写真を見比べて微笑んだ。

　「驚きました。私の名前はトロンド・フランツェンです。」

　「こんにちは，トロンド・フランツェンさん。」メッテは笑顔で手を差し出して握手した。

「何について書いているのか教えてくれませんか。」

メッテは，会話のパートナーのために少しかみ砕いて説明することにした。

「いいですよ。この本は，現代の文脈でソーシャルペダゴジー的視点を理解しようとする試みです。私は，ポストモダン社会において新しいメディアの発展によって起こるさまざまな疎外化プロセスに焦点を当てているのです。特に，統合と包摂のプロセスを促進するために学校で利用できるツールを重視しています。」

「わお，なかなかのものですね。」

トロンドは戸惑った笑みを浮かべて，身をそらせた。

「言ってもいいですか。もしかしたら僕たちは結局のところ同僚じゃないかもしれないですね。」

人々と共に働く仕事としてのソーシャルペダゴジーと，理論的視点としてのソーシャルペダゴジー。もう少し違った説明をするなら，一方は課題を持ったクライエントに向けた関心があり，他方は科学への関心がある。私たちは，この概念を理解しようとするときに起こる混乱の**最大のものの核心**に近づきはじめている。おそらくメッテとトロンドの会話がさらに展開していくと，二人が共有できる参照枠にたどり着くだろう。二人は，まったく異なった視点を出発点にしながら，それぞれが日々用いている言葉の理解を共有していけば，専門的な会話を交わすことができるようになるかもしれない。それが可能になるかもしれないが，必ずそうなるとも言い切れない。

ソーシャルペダゴジーとは何かという問題には，第2章のはじめで光を当てたい。ここで見たように，簡単な答えは存在しない。ソーシャルペダゴジーへの根本的な問いかけに関心を持つ専門家の間で，常に議論されている話題なのだから。この問いに最終的な答えを出すのが私の目的ではない。この分野には最終的な答えがまずないと考えていることが，その主たる理由である。ソーシャルペダゴジーという分野は，それが用いられるそれぞれの文脈のなかで理論と実践を創造し，また創り変えていかねばならない分野である。したがって，ソーシャルペダゴーグにとって最も重要な能力のひとつは，分析する力，分析を活かす力である。

私のソーシャルペダゴジーの定義では，それに関係する分野を幅広くとって，クライエントが支援者と出会うさまざまな状況の仕事に，「ソーシャル

ペダゴジー的実践」という概念を適用している。この捉え方を狭めるべき理由はない。何が実践されているかを決めるのは，実践が行われている場所ではなく，実践の内容である。

ソーシャルペダゴジーは ペダゴジー的（教育的）であることと違うのか

　実践分野は一般に，明確な規範と方法と分厚い専門理論によって特徴づけられる。それらのおかげで，対象とする領域が抱える難しい問題に対して，比較的わかりやすい答えが提供されるのが普通である。しかし，ソーシャルペダゴジーの実践分野はそうではない。扱う領域そのものが明確ではなく，答えが簡単に手に入ることもあまり多くない。

　その一方で，この分野について語るべきことは数多い。でなければ，本書を書く意味がない。ペダゴジーあるいは教育という言葉は，学ぶこと，あるいは学ぶプロセスに関係する。ということは，ソーシャルペダゴジーは，社会的な場における学びに関係するはずである。しかし，日常の社会的な場で，そのなかに含まれるペダゴジー的なものに誰もが気づくわけではない。人が集まるあらゆる**ごく普通の場**で学びの側面に焦点を当てるには，ペダゴジー的な姿勢をある程度持っていなければならない。

　　ラビーとリグモアにはそれぞれ 15 歳の息子がいた。ある日二人は散らかった息子の部屋について話していた。ラビーは息子の部屋に入らないこと，片付けをしないことが母親として大切だと考えていた。ラビーは，部屋がひどい状態になるのを経験すれば息子が片付けを覚えてくれるのではと期待していた。リグモアのほうは，息子がいないときに片付けることで満足していた。リグモアにとっては，部屋がきれいで整頓されていることが大切だった。リグモアは，「あなたはいつも教育的すぎるのじゃない？　教育が必要と言ってもいつも教えてばかりいられないでしょ」とラビーに言った。ラビーはそれでも譲らなかった。「絶対にダメ。片付けるなんて私はし̇ま̇せ̇ん̇。でないと彼は，自分で片付けなくてもいいと学ぶことになるでしょ。」

二人のうちどちらが正しいのかを簡単に言うことはできない。はっきりしているのは，一人が他方より学びを気にかけていることである。リグモアにすれば，このような状況で「ペダゴジー的」になるのは誤りで，ラビーには，家庭内のことに無責任な息子をそのまま放っておくことなど考えられない。

　ラビーとリグモアの対話をもう一度読んでみてほしい。そして今度は二人とも入所施設で働いていて，そこに暮らす二人の若者のことを話していると想像してほしい。場を変えると対話は変化するだろうか。施設職員^{訳注1)}として，二人ともソーシャルペダゴジー的な役割を与えられている。彼らはペ・ダ・ゴ・ジ・ー・的に考えることを求・め・ら・れ・て・い・る。しかしその場合でも，リグモアの主張を有効な視点と見なすことができるのではないだろうか。

　ソーシャルペダゴジーが実践される場は，専門的に正しいよ・う・に・見・え・る・こ・とが時に全然正しくないというパラドックスで特徴づけられる。そのような失敗の起源のひとつを，まさに今見たような日常的な場に向けるペダゴジー的視点に見ることができる。時にはペダゴジー的な要素を弱め，他の要素を強める必要がある。支援者とクライエントの二人の関係性のほうが，学びや教育よりも大切になるときである。ソーシャルペダゴジー的な関係性は，助けを要する人と支援者がその場に共にいるという意味で常に社会的である。問題は，その関係性がいつもペダゴジー的でなければならないかという点である。「非ペダゴジー的」であろうとすることも優れたソーシャルペダゴジーになるという言い方ができる。日常的状況における人と人の一般的な協働は，学び以上のものから成り立っている。たとえ一人がソーシャルペダゴーグであり，もう一人がクライエントであったとしても，である。ソーシャルペダゴーグは，社会的状況のなかに学びがすでに含まれていることを知っておく必要がある。私たちはこのことを親と子のごく普通のやりとりのなかに見ることができる。子どもを育てる^{ブリングアップ}という意味で，親は常に教える人^{ペダゴーグ}である。しかし，親はペダゴーグであるだけでなくケアをする人でもあり，子どもと一緒に遊び，楽しい時間を過ごすこと以外の目的を持たずに時間を共にすることもある。ソーシャルペダゴジー的な要素，つまり育てるという営みは，このようなあたりまえで日常的なもののなかにこそある。

　ペダゴジー的であることが人間^{ヒューマン}であることに反していると言っているように聞こえたかもしれない。そういう意味で言ったのではないと強調しておき

たい。ソーシャルペダゴジーを人間的なものとして理解しようとするなかで，私は，ペダゴジーは人にとって重要という結論に達している。しかし，それが「すべて」ではない。ペダゴジー的実践には危険が潜んでいる。つまり，ペダゴジー的な要素が日常的なものを覆い隠してしまう危険である。私たちは，ペダゴーグやペダゴジー的姿勢を持つ人は，基本的に権力を持つ管理者であることを忘れてはならない。そうした人は，たとえば施設職員の場合のように，教育者としての役割上，権力を持つからである。ペダゴーグが，ペダゴジーという言葉の意味に基づいて「学ぶ必要がある」という理由で他者をコントロールする力を行使するかもしれない。私たちはそうしたことを警戒しなければならない。

　そういうわけで，ペダゴジーは，人間的であること，普通であることと相反するわけではない。次のように言ってみよう。幸いなことに，ペダゴジーには，より一般的で人間的なレベルでものを見ていくことができる強みがある。しかし，そのためには注意深くあらねばならない。倫理学を私たちの日々の実践の同伴者とすることで，そのような注意深さを実現できる。言い換えれば，ソーシャルペダゴーグは，実践を進めるなかで，自身の実践に常に批判的な視点も持っていなければならない。専門家としての中心原理であるペダゴジーに向けられるかもしれない批判に対して，常に用意しておかねばならない。

　最初のこの章で強調しておきたい。ソーシャルペダゴジーはエキサイティングな視点だと私は考えている。ソーシャルペダゴジーは重要だと考えている。しかし，「ペダゴジー」という言葉が持つ意味が，人と人の間に広がる多様なあり方を，学ぶことだけに限定してしまう恐れがある。私の見方では，最良のソーシャルペダゴーグが備えているのは，ペダゴジー的なものへの視線と，ペダゴジー的な見方に囚われすぎていて他の見方をしたほうがよいときにそれに気づく，触覚的な感性の両方である。

専門用語について

　本書で用いる用語については，話を進めるなかで説明していくつもりである。ただ，すでに用いたいくつかの言葉にここで焦点を当てておきたい。私

たちが用語を選択するとき，それは偶然ではない。影響を受けている要因を意識していなくても，私たちが他の用語ではなくある用語を使うとすれば，そこにさまざまな好みが働いている。用語の使い方に意識的であることが大切なのはそのためである。言葉はソーシャルペダゴジーの仕事で特に重要な要素である。ということは用語もそうである。これについては，ソーシャルペダゴーグのツールを扱う第7章でもう一度触れる。

　本書で使う用語のなかには，実際は私が行う紹介より複雑なものがある。そのため説明が単純すぎると感じる読者がいるかもしれない。私の説明は，それらの用語を深く掘り下げたい人のためではなく，まず用語に親しむ必要がある人を念頭に置いたものである。ソーシャルペダゴーグの実践現場は専門家として過ごす日々の生活だが，本書によってその生活で役立つ用語の世界に馴染んでいただけることを願っている。また，関心を持たれた読者が後にご自身で用語を深く掘り下げることも願っている。

ソーシャルペダゴーグ

　本書でソーシャルペダゴーグについて述べるとき，能動的に関わる実践的なソーシャルペダゴーグを意味する[注2)]。ソーシャルペダゴジーの実践的要素と私が呼ぶものの意味については第2章で光を当てる予定である。言い換えると，もっぱら分析技法としてソーシャルペダゴジーを用いる専門家は，本書で用いる「ソーシャルペダゴーグ」に含まない。言うまでもなく，「ソーシャルペダゴーグ」という言葉の二つの意味にくっきりとした境界線があるわけではなく，どちらなのか見極めることは必ずしも簡単ではない。実践的なソーシャルペダゴーグも，ソーシャルペダゴジーの学術研究で得られたソーシャルペダゴジー的分析や理論を使っている。

　私の考えでは，分析を行うソーシャルペダゴーグと実践を行うソーシャルペダゴーグの違いは，前者は主に理論家，もう一方は主に実践家という専門性の違いである。前者が理論や政策を重視するのに対し，後者はクライアントの日常の場で活動する。前者は社会や大きな集団に関心を持ち，後者は個人や小集団に焦点を当て，彼らの生活に変化をもたらす実践的な仕事を担っている。

　本書のノルウェー語版の副題は「あなたがすることのすべて」である。個

人で実践するよう私が求めているかのように聞こえるかもしれないが，そうではない。行動を起こすことが重要で，ソーシャルペダゴジー実践は，ソーシャルペダゴーグが実際に何をしているかによって評価されなければならないことを示したかったのである。ほとんどのソーシャルペダゴーグは，個人がとった行動に対して共同責任を持つ専門家集団のなかで実践している。本書の一つの重要な主張は，行動が価値観に導かれ，理論に基づいていなければならないことである。自発的，個人的な理由のみに基づいてソーシャルペダゴーグが行動に踏み出すわけではない。他者の協力のもとに，特にクライエントとの協働のもとに行動する，徹底的に熟考された実践が，私にとって常に変わらぬ理想である。副題に「あなた」を用いたのは，ソーシャルペダゴーグの一人ひとりと，ソーシャルペダゴーグになるために訓練を受けている学生の一人ひとりと，対話を行うためである。本書のタイトルは，あなたが自分自身の専門性，実践，理解を発展させると同時に，自己流に陥らない形で取り組みを発展させるよう促している。実践のなかにソーシャルペダゴジー的な個人が編み込まれており，その実践に入った最初の日から自己研鑽を始めることが求められている[注3]。

クライエント

　ソーシャルペダゴーグの仕事の受け手を表す用語として，私は「クライエント」を用いる[注4]。その点で，「クライエント」という概念を総称として用いる Skau（2003）と同じ選択をしている。本書のような本では，支援を受ける人を表すための概念が何か必要である。その際，文章としてわかりやすいことが重要である。「クライエント」という概念の使用には反対の声もある。時代遅れで，支援を受ける人を上から目線で見ていると感じる人もいることを私は知っている。しかし，この用語を伝統的な価値観と違う意味を込めて使うことが可能と私は考えている。本書が「クライエント」という概念で捉えようとしているものがそれである。また，クライエントという言葉の代替案が提案されているが，それらに問題がないとは言えないことを忘れてはならない。新しい用語のなかで，ここ数年いちばんよく使われるようになったものは「サービスの利用者」である。この概念は，上記の問題をいくらか解決しているように見えるが，新たな問題もはらんでいる（Storø, 2003）。

私は，ソーシャルペダゴジー的実践が変化を目指す取り組みであることを前提として（ソーシャルペダゴーグがいないときでもそうである），その取り組みへの積極的な参加者としてクライエントを捉えたい。クライエントを，ソーシャルペダゴーグとの関わりにおいても彼自身の生活においても，主体的存在と考えるべきである。PartonとO'Byrne（2000, p.9）は，この言葉を同じ意味で用いながら，「クライエント中心アプローチ」が重要と述べている。彼らは二つの意味でそれを主張している。一つは倫理的な次元のもので，クライエントを人として受け止めるということである。もう1点も興味深く，変化の機会はクライエント自身のなかにあるという意味である。クライエントは，別の人になるための手助けを必要としているわけではなく，自分自身を語る新しい方法を見つけるための手助けを必要としている。その意味で，**クライエントからの貢献**について考えるだけでは不十分である。変化を目指す取り組みの舞台となるのは，クライエントの人生の物語である。

変　化

　本書では「変化・変える（change）」という概念が多用される。実践的ソーシャルペダゴジーの仕事は人の生活に変化を生み出すことであるという意味で，「変化」は基本概念である。似た意味の言葉がいくつか現場で使われている。治療（treatment），発達に合わせた取り組み（developmental work），ケアあるいはケアワーク，生活場面における仕事，環境療法などをよく耳にする。本書では「変化」という用語を優先的に用いるが，さまざまな専門職に適用できるだけの幅の広さがこの言葉にあるからである。この用語については第5章で詳しく説明する。

介　入

　「介入（intervention）」という用語は，ソーシャルペダゴーグの**行為**と，ソーシャルペダゴーグが進める実践を指している。**イニシアチブ**の語を用いる箇所もあるが，より公的な介入を意味する場合である。ソーシャルペダゴジーの実践家は，業務という点ではもちろん公人だが，日常生活に近いところで関係を持ちながらクライエントの近くにいる人であることが多い。そのため，私はより広い意味を持つ「介入」という言葉のほうを好む。どちらを

使うとしても能動的で実践的な要素を指している。Madsen（2006, p.220）は，「ソーシャルペダゴジー的実践は，成長，参加，学びを生み出すために他の人の生活に対して行う，目に見える介入に基づく」と述べている。ソーシャルペダゴジーの実践家の活動の核となる部分はそれである。

　「介入」という用語を選んだことについて批判があるかもしれない。理由の一部は「クライエント」という用語と同じで，介入という言葉で語ると，クライエントを受け身的な存在と考えやすいからである。また，この用語を選んだ理由も，「クライエント」の場合と似ている。第一に，ソーシャルペダゴーグの行うことを意味する代表的な用語が必要である。ソーシャルペダゴジーの実践家について語るときに，その実践をシンプルに説明する必要がある。そして，私は，介入という言葉がクライエントを受け身的な方向に性格づけるとはまったく考えていない。介入という言葉には，クライエントを主として協働や協力へと呼びかけるという意味，そして**能動的なクライエント**を求める形で進めるという意味が含まれている。クライエントに，あなたは，あなた自身は，何を考えているのかと問いかけることが，そもそも介入である。ソーシャルペダゴジー的実践における介入は，何より言葉の形で行われることが多い。

本書の読み方

　本書は，章ごとに順番に読み進めることをお勧めする。その主な理由は，最初に説明したことが理解されたものとして後に再び登場するからである。

　また，非常に重要な項目にもかかわらず，限られた紙面しか割かれていないことがある。**コミュニケーション**がその一例である。もしコミュニケーションについてあらゆることを述べていたなら，本書は倍の厚さになってしまっただろう。それに，私よりもわかりやすくコミュニケーションについて書いている人が他にいる。ソーシャルペダゴジー的な能力に含まれるコミュニケーション能力をさらに深く考えるには，一般的なコミュニケーションに関する文献が役立つだろう。

　もう一つの例は**倫理**である。ソーシャルペダゴジー実践には常にモラルが問われる。ソーシャルペダゴーグが行うことのすべては，その実践が倫理的

に認められるかという視点からよく検討するに値するし，またその視点から確かめるべきである。本書のそこここで倫理的視点を重視したが，ソーシャルペダゴジー的実践における倫理のすべてを網羅することを目指したわけではないので，倫理に関する一般的な文献も参照してほしい。

構　築
（コンストラクション）

　ソーシャルペダゴジーの理論と実践にとって有意義な理論的視点と私が考えている社会構築主義を，ここで簡単に紹介しておきたい。人間の営みに対する構築的な視点とは，簡潔に言えば，人は実践的な現実のなかで理解を創りあげていくという考え方である。Burr（2003）によれば，このような構築のプロセスは，理解を構築する際に互いに協働し，経験をやりとりするという意味で，社会的なものである。それは，究極の真理を探すことにあまり価値を置かないことを意味している。ある人にとっての「真実」は，別の人にとっては真実ではないかもしれない。この見解は，正確で実証可能なものを追求する実証主義的視点にとって代わるものと考えることができるだろう。構築とは，言わば，ジグソーパズルの断片をつなぎ合わせて，全体像を，少なくとも私たちが十分に完成していると思う像を，創り出すことである。私たちは，意味のある全体像と考えるものを創りあげる。断片をつなぎ合わせて全体的な理解を形成するときに，私たちは自分が見たものを解釈しているが，解釈は構築でもある。解釈のための学を意味する理論的用語に「解釈学」がある。このように，ソーシャルペダゴジーと社会構築主義は，解釈学の科学的伝統のなかに位置づけられる。

　このことから，ソーシャルペダゴジーのような専門的視点に，まぎれもない完璧な真理は存在しないことがわかる。したがって，私たちは，前提となるものを選択し，それを組み合わせて，できるだけ完成された視点，役立つと考えられる視点を形成しなければならない。これを私は「構築」と呼んでいる。

　構築という見方で考えることには利点がある。それは，自分の経験を利用できる，ということである。自分自身の理解と関連づけて眺め，他の人からの学びと結びつけ，個人の営みのなかで保証された質的に新たなものを創り

出すことができる。また，構築という視点で考えれば，必要と感じたときに再構築する機会が与えられる。私たち自身の想定が更新され発展し，それによって行動を起こす新たなチャンスが生まれる。新たな構築は，それがなされなかった場合の経験を超える機会になる。構築の視点のもう一つの利点は，問題に対する新たな取り組み方を常に模索できることである。本書を執筆中に，友人が構築について新たな気づきを得た話をしてくれた。彼女の学生時代に化学の先生が「これが今日の理解の仕方だが，明日も同じように理解する必要はない」と言った。彼は賢明な教師であった。自然科学の実践においてはできる限り確実で完全な知識が求められるが，その教師は物事を別の見方で捉える可能性に開かれていた。社会科学を起源とするソーシャルペダゴジーには，当然ながら，異なる現実のあり方を許す余地がもっとある。この分野では，決まった現実について語ることにほとんど意味はなく，異なったいくつもの構築について語るほうが意味がある。

　ここで私自身の立場を鮮明にし，社会構築主義的な視点で本書を書いていると宣言した。それは，基本的に，さまざまな物事の見方，判断，行動が存在しているという捉え方に敬意を払うことである。何が最善であるかは，実際に試してみないとわからない。このような見方をするには探求的な姿勢が求められる。常に好奇心を持ち，自分の仕事に対して，次のような問いを投げかけなければならない。「それはうまくいっているのか」「誰のためなのか」「私たちは自分たちの望むことを達成できているか」「私たちの努力の結果は何か」「私たちの支援した人々の生活は改善されたか」「私たちは倫理的に責任ある方法で行動したか」。

ソーシャルペダゴジーに関する議論

　本書の執筆中にもソーシャルペダゴジーとは何かをめぐる議論がいくつかの国で続いていた。Hegstrup（2007, p.54）は，そうした議論が続くのは，「科学的『蓄積』の欠如，すなわち研究論文の欠如」と関係していると考えている。ソーシャルペダゴジーには，より明確な理論的基盤が必要なようである。しかし，それを待っている時間はない。ソーシャルペダゴジーの実践家には待っている時間がない。実践家は日々行動を起こすことを求められな

がら生活している。クライエントと出会い，クライエントの生活に絶えず関わっている。実践家は，今日も明日も来週も，理論とツールを必要としている。それが本書を執筆した理由である。ソーシャルペダゴジーとは何かを明確に述べることはできなくても，実践に携わりながら何を・し・て・い・る・の・か・を見つめることができる。本書は，その実践の一部をまとめたものである。すべてを網羅しているわけではないし，ソーシャルペダゴジーの実践を網羅した本を書くのは不可能な目論みである。その一方で，本書を包括的なものと言うこともできる。本書には，私自身の個人的な経験の多くが含まれており，最新の理論的な議論とそれを結びつけている。本書の主な目的の一つは，理論的なソーシャルペダゴジー的議論とソーシャルペダゴジーの実践家が実際に行っていること[注5]をつなげることである。ソーシャルペダゴジーに関する本の著者のほとんどが実践への志向を持たないため，このような本が必要と考えている。Hegstrup（2007）によると，ソーシャルペダゴジーの本の著者のほとんどは（デンマークでは）社会学者であり，ソーシャルペダゴジーに関する特定の視点にしか関心を向けていない。

　先ほど触れた，「明日」になれば違った理解を採用する準備ができていた化学教師は，彼のテーマにとって素晴らしい姿勢を備えていた。彼は一つの理解を確立していたが，異なる見解を与えてくれる知識が得られた場合，考えを変えることを厭わない姿勢を備えていた。まさにそのように本書を理解してほしい。本書は私のテーマに対する私の理解を述べている。その意味で本書は時間の流れに錨を下ろしており，同時に，批判に対して開かれている。

　本書があなたに役立つことを願っている。

【注】

1）私は主にノルウェーや北欧の事情を土台にしているが，まだその土台の全体的な状況を説明していない。

2）本書のいくつかの部分では，「環境療法士」「大人」「支援者」などの他の用語を用いているが，表現に変化をつけるためにすぎない。本書の著者である私は，高等教育機関の児童福祉講座の教員であるが，児童福祉司（child welfare worker）という呼称は使っていない。それは，記述している仕事の内容が，その特定の専門職集団と明確に結びついていないと感じるからである。ソーシャルペダゴーグ，

幼稚園教諭，教師，社会福祉士，チャイルドアンドユースワーカー，そして専門技術を持たない人々にとっても，本書は役立つだろう。

3）私はソーシャルペダゴーグを「彼（he）」としている。この選択をしたのは，それが私自身の性別だからである。面倒な「彼／彼女」より性別を限定した用語を使ったほうが読みやすいからでもある。

4）私は時々，「子ども」「若者」「支援を求めている人」など，他の用語を使うことがある。表現に変化をつけるためである。

5）私が本書を書くのと並行して，Roger Mathiesen がソーシャルペダゴジーについての本を執筆中である。彼の本は，ソーシャルペダゴジーの教育的基盤に特に焦点を当て，より理論的な側面に関心を向けている。私たちはある程度協力してきたので，彼の発表は私自身の実践志向の視点を補完するものになるだろう（Mathiesen, 2008 を参照）。

【訳注】

1）ソーシャルペダゴジーを学び，子ども・若者ケアにかかわる専門家を，「ソーシャルペダゴーグ」（あるいは単に「ペダゴーグ」）と呼ぶ。大陸ヨーロッパ諸国のなかで，ベルギー，デンマーク，フランス，ドイツ，イタリア，ルクセンブルグ，オランダ，スペインなどでは，ソーシャルペダゴジーの専門教育と結びついたソーシャルペダゴーグあるいはそれに類する名称が正式に存在するが，ノルウェーでは存在していない。そのため，本書のなかでは，ペダゴーグ，環境療法士，社会教育士など，さまざまな呼称が登場する。

第2章

ソーシャルペダゴジーの
理論的展望

　本章では**ソーシャルペダゴジー**の概念を検討する。多くの人々は，ソーシャルペダゴジーが実際に何なのかについてくっきりとした像を描くのが難しいと感じている。おそらくその理由の多くは，複雑な実践現場を理解しようとしているためである。Gjertsen（2010, p.59）は「ソーシャルペダゴジーの理論的理解は不明確である」と率直に述べている。ソーシャルペダゴジーは国によってさまざまな伝統があり，その結果としてそれぞれの現場で異なった理解がされていると彼は指摘している。同時に，ソーシャルペダゴジーが現在，ある特別な歴史的な状況に置かれているという事実を考慮しなくてはならない。Eriksson（2005）は，ソーシャルペダゴジーの現状を形成期と見なすべきだと言う。彼女は形成期の特徴として，ソーシャルペダゴジーの実践の質を保証し，定義・実証し，他の分野との境界を示し明確化する必要性があると述べる。彼女によればソーシャルペダゴジーが学術的な分野となったのは近年のことである。より長期的に見ればもっと明確な定義が可能になるのかもしれないが，短期的に言えば，その内容を定義することがますます難しくなっている。学問化されることによって実践に関する考察が増え，そのために確定的なことを言えなくなっている段階にあるのである。

　同時に，複雑であることを理由に不可解と考えてしまう恐れもある。私は，徹底して吟味しさえすれば，本書の主題について何かを見出すことが<u>できる</u>と信じていることを強調しておきたい。ソーシャルペダゴジーは探求的な姿勢によってのみ理解できるものであり，私が成し遂げたいのはそれである。

　ある概念を探究するひとつの方法は，実際使われている言葉や用語が何を意味しているのかを調べることである。複合語では，二つの構成要素に分けることでわかりやすくなることが多い。面倒と感じる人もいるかもしれない

が，私たちは概念をわかりきったものと見なして理解に十分な時間をかけないことがある。自分が用いる概念を探究することは，専門家の能力の重要な要素である。今の場合，用語を分けることで，「ソーシャル（social：社会的な）」ペダゴジーについて語ることができる（社会に向けられたペダゴジーと言えるかもしれない）。概念の最初の部分〔ソーシャル〕は，私たちが社会的な側面，人と人の間に起こる何かについて扱っていることを示している。二つ目の部分〔ペダゴジー〕は，教育あるいは養育と「何か」関連があることを示している。

『ペダゴジー辞典』（Bø & Helle, 2002, p.235）は，「ソーシャルペダゴジー」という概念について簡略で有意義な四つの定義を示している。以下の通りである。

- 1900年頃から起こったペダゴジー的な理論と実践に関するさまざまな運動であり，養育に含まれる対人的および社会的な目標を強調するもの。
- 教え育てることで生徒の社会的発達を促すことを考えるペダゴジー的な理論と実践[注1]。
- 社会における，社会的・教育的／ペダゴジー的／ケア的な活動の境界領域にある理論，方法，アクティビティ。すなわち，予防的，教育的，（再）適応的な意図，一部は治療的な意図も持つ，社会的および／あるいは文化的な（特に子どもと若者を対象にした）営み。このように定義することで，学校，**環境**療法，組織的な文化的，レジャー的な活動で行われるソーシャルペダゴジー的サービスのすべてが「ソーシャルペダゴジー」という用語で包含される。三つ目の例としては，若者のためのクラブやアウトリーチサービスなどがある。
- 専門学校や大学における幅広い内容の学術的領域。

本書で扱うことに最も近いのは，三つ目の定義の内容である。ソーシャルペダゴジーが，明らかに，（より一般的な概念としての）ペダゴジーとソーシャルワークの両方に関連していることがわかる。ソーシャルペダゴジーは実践を伴う子育て研究であり（Myhre, 1982），ソーシャルワークは支援活動である（Levin, 2004）と言われる。

私が出会ったソーシャルペダゴジーの説明のなかで最もシンプルなもの
は，「子ども福祉ペダゴーグ（child welfare pedagogues）と社会教育士
（social educators）が行う仕事に関するもの」である。しかし，当然ながら
この説明はシンプルすぎる。こうした職名[訳注1]を掲げるあらゆる人のすべ
ての仕事を，同じようにソーシャルペダゴジーと呼べるのだろうか。非倫理
的な実践を行っていたり，実践現場で一部分しか認められていない手法を用
いたりする場合でも，ソーシャルペダゴジーを実践していると言えるのだろ
うか。また，専門教育を受けていない同僚がソーシャルペダゴーグと共に働
く場合，この同僚の行為もソーシャルペダゴジー的と言えないのだろうか。
Mathiesen（1999）は上記の説明に触れ，これは実用的な使いやすさの点だ
けで受け取っておけばよいだろう，と述べている。それでもこの説明にはい
くらかの意味がある。ソーシャルペダゴーグの支援を受け取るクライエント
がどのような人々かについて何がしかを伝えていて，回答を考える手がかり
を与えてくれるからである。クライエントのほとんどは，子どもや若者とそ
の家族であり，彼らは何らかの困難なあるいは周縁に追いやられた状況で生
活している。ソーシャルペダゴーグは，こうした人々に携わり支援する機能
を担っている。

　　したがって，ここで見てきたように，ソーシャルペダゴーグのひとつの
　　側面は，人と接して働くことに関係する。ソーシャルペダゴジーは実践で
　　あると言ってよいだろう。

　次の支脈は，社会科学関係の研究者や専門家によって書かれた専門家向け
の書籍や文献，そして種々の社会集団に関する公的報告に見られるものであ
る。ここで言う社会集団とは，理由はさまざまだが，家庭外の社会的コミュ
ニティのいずれかに属していないことが多い集団である。そうした文献を読
むことで，人々や集団を排除するメカニズムを理解するための視点と，排除
への対処法に関する示唆が得られる。しかしそうした文献に書かれた示唆
が，個人や小さな集団に向けて書かれていることは稀である。この文脈にお
けるソーシャルペダゴジーは，大きな集団に焦点を当て，その暮らしを支配
する社会の力を扱うことが多い。

こうした側面のソーシャルペダゴジーは，研究，仮説，政策と結びつい
たものである。ソーシャルペダゴジーは理論であると言ってよいだろう。

　このように，ソーシャルペダゴジーは理論と実践の両者から成ることがわ
かる。理論は（優れた）実践をまとめ，その結果，実践に指針を与える。逆
に言うと，実践は理論の道具であり，行動の場であり，そこで，関係する
人々に向けた実践にアイデアが用いられる。それだけでなく，実践によって
得られたものが理論的な水準へと返り，理論がさらに発展する。理論と実践
から成っている領域は必ず複雑であり，理論と実践を分けることで全体像が
得やすくなる。しかしその意味では，すべてとは言えないとしても，実践の
場の多くはそういうものである。ならば，ソーシャルペダゴジーをとりわけ
特徴づけるものは何だろうか。

　ソーシャルペダゴジーにおいては，理論と実践の関係が独特な仕方で整理
されている。その最も重要な理由は，ソーシャルペダゴジーがきわめて広範
な**対象領域**を持つことである。私はここで，自分の表したいことを「対象」
という概念によって説明したい。それはその領域で**関心が寄せられる対象**を
指す。ソーシャルペダゴジーでは社会と教育の両方における，個人から集団，
そして社会までのすべてのレベルの状況や問題が，関心が寄せられる対象と
なる。たとえば，第1章のメッテとトロンドの会話がそのヒントになるだろ
う。この幅の広さはこの分野の強みでもあるが，課題でもある。ソーシャル
ペダゴーグが調査やアセスメントを実施するとき，対象の広さが，さまざま
な視点からそれを捉えることを可能にする。しかし同時に，広さがソーシャ
ルペダゴジーを把握することを困難にし，ソーシャルペダゴジーの扱いを困
難にする。Madsen（2006, p.58）は，対象となる領域を「社会において争い
が存在する場にあり，周縁化や排除と統合の間の緊張関係がある領域にいる
個人や集団」と述べている。彼は，自身の関心が「社会の安定が脅かされて
いる争いの場への（中略）介入」（Madsen, 2006, p.58）に向けられていると
言う。社会学的志向を持つソーシャルペダゴジーの方向性を示している。

　私自身の関心は主に，周縁化された，あるいは周縁化される恐れのある個
人や小集団に向けられているので，本書の対象は必ずしもMadsenと同じで
はない。他方，対象として個人（あるいは家族のような小集団）を強調して

いると，考えがいつの間にか心理学の領域に入っていきやすい。それもまたここで扱いたい領域ではない。伝統的な心理学の多くに見られる明確な個人への志向性は，ソーシャルペダゴジーとは異なるアプローチを提供する。言い換えると，ソーシャルペダゴジーは社会学とも心理学とも異なっている。個人と社会の間にある多種多様な関心をカバーする領域において，私たちは社会学とも心理学とも異なる対象に出会うのである。

　デンマークでは，「共通の第三項（コモン・サード）」の概念が，ソーシャルペダゴジーの対象を表す語として用いられることが多い。その考え方によれば，ソーシャルペダゴジーでは，ソーシャルペダゴーグ（一人）とクライエント（もう一人）が共通の第三の場で出会うが，その場は二人がそれぞれの個人の立場から発展させるものである（Lihme, 1998；Madsen, 2006）。Lihme は，子どもや若者自体が対象なのではなく，ソーシャルペダゴーグが子どもや若者と共に創りあげるものが対象だと述べている。彼らが共に創るものは，子どもや若者がコミュニティに包摂されるために生活のなかに必要とするものである。これまで見てきたように，社会学や心理学はソーシャルペダゴジーと密接に関連する専門領域であるが，同じものではない。ソーシャルペダゴジーは，その両方の知見を用いながらその間に橋をかける，と言えるだろう。知識を広い分野を横断するものと考える専門家は，「包括的」という概念を用いればよいと感じるだろう。Bronfenbrenner（1979）は，人間の発達においてミクロからマクロまでのすべての水準に目を向ける包括的な視点を提唱した。特に彼が貢献したのは，さまざまな水準における事象を結びつけたところである。彼の専門領域は確かに心理学者だったが，容易に見て取ることができるように，彼の全体的な関心はソーシャルペダゴジーの関心と重なりあうものだった。

　ソーシャルペダゴジーのように，明確に定義された知的基盤がない実践現場は，理解の混乱を引き起こす恐れがある。どの視点によって，あるいはどういう複数の視点の組み合わせによって，ソーシャルペダゴジー実践を記述できるのかを疑問の余地なく明確に述べることは容易ではない。言い換えると，自分が何らかの形でソーシャルペダゴジーに関わる仕事をしていると考えるなら，誰でもソーシャルペダゴジーが実際何なのかについて，何か重要なことを述べることができるとも言える。他の実践領域では，対象をより狭

く，より明確に定義することができる。たとえば一般的なペダゴジー理論を見ると，それは明らかに教えることに関連しているのがわかる。そこには，よりはっきりと定義された実践と理論的理解がある。一般的なペダゴジーの理論はそれゆえ把握しやすい。一般的なペダゴジーの実践領域の数は少なく，方法論的な手法も説明しやすい。

　対象となる場が広いという事情は，実践家（日々のジレンマと個々の子どものことで頭がいっぱいな者）と，用いる概念を共有していない理論家（より一般的な視点に関心を持つ者）にとってだけではない。多くの人が，社会的・教育的な活動はマクロレベルの社会の力の理論的分析と異なると見なしている。それぞれのソーシャルペダゴーグたちが，同じ対象，同じ専門的関心を共有していないことをこれは意味する。私たちはそのため，ソーシャルペダゴジーの理論が，ソーシャルペダゴジーの実践とつながっていないように見えることがあるという，やや奇妙な状況に直面する。Mathiesen（1999）は，ソーシャルペダゴジーの実践家は，ソーシャルペダゴジーの領域に関する理論が曖昧で寄せ集めであることをそれほど気にしていないと言っているが，それは正しいだろう。実践家たちは，たぶん，理論的な明快さの欠如よりも，専門家として地位が確立されていないことに頭がいっぱいなのである。しかし，一方で，何かで頭がいっぱいな状態は，まさに抽象化のプロセスが進行している印だとも言える。つまり実践家は，一方で行動することを求められながら，他方で自分の実践を抽象化することから逃げられない，という二重性に直面しているのである。

　ソーシャルペダゴジーは何かと問う代わりに，**優れたソーシャルペダゴジー実践**の特徴は何かと問うことができるだろう。Madsen（2006）が問いかけている問いである。ここでこの問いへの彼の答えを少し見てみよう。彼は，答えを三つの部分に分け，ソーシャルペダゴジーの科学は，理論，方法，価値観からなると主張している。理論は，ソーシャルペダゴジーの実践家が慣れ親しみ，実際に活用することが期待される，いくつもの学問にわたる知見に基づいている。方法は，**実際にソーシャルペダゴーグが行うこと**である。それらは技法の単純な適用ではなく，常にクライエントのニーズと関わりながら行われる。ソーシャルペダゴジー実践における価値観は，「知識をどのように適用するか，そしてどのような目的のために用いるかについて

の公式または非公式な基準という次元」（Madsen, 2006, p.50）である。ソーシャルペダゴジーの倫理がここでの問題である。以上に基づくと，ソーシャルペダゴジーは理論，実践，価値観の三つの柱から成り立っている。それらは互恵的な関係にあり，相互に依存し，相互に結びつきながら，互いの拠り所となっている。

　ソーシャルペダゴジーの実践家が専門的な実践を行うとき，その人は日常的なことと特別なことを同時に行う。日常的なのは，毎日の環境が活動の場であり，クライエントと共に過ごすことには日常的な面があるからである（Grønvold, 1997）。ソーシャルペダゴーグは，クライエントと食事をし，宿題を手伝い，散歩をし，一緒に TV を見る。他にも数えきれない日常的なことを共にする。ペダゴーグの仕事はこうした毎日の平凡な対人関係的な状況で行われる。もちろん，よりテクニックが求められ教育的な志向性を持つ状況もある。たとえば，ソーシャルペダゴーグが何か特別な話題について若者と話すときなどである。しかし，そうした会話でさえ毎日の対人関係的な関わりの一環である。そのような状況はごく日常的なものであることが多いので，たとえば，施設におけるソーシャルペダゴジー的な交流や介入と，家族のなかで普通に起こるやりとりと何が違うのか説明しようとしても，うまくできないことがある。

　ソーシャルペダゴジーの実践家が行う実践を特別なものとするのは，それが理論に基づいて行われるところである。加えて，その仕事は倫理ガイドラインに基づいており，「普通の日常的なこと」より体系的である。ソーシャルペダゴーグが介入を計画しており，適用される理論を理解していることによって，実践に体系的な要素が生まれる。そして，介入が持つ効果と，理論の用い方を確かめるために自身の介入の評価を行う。そう考えると，実践を志向するソーシャルペダゴーグも，理論を志向するソーシャルペダゴーグと同じくらい理論を用いていると言える。トロンドもメッテと同じくらい理論を用いているのである。違いは主に，理論を用いる際の抽象化の程度が異なることと，実践家はクライエントへの介入に確たる基盤を持つために理論に添って自らを振り返ることである。

　本書のようなテキストでは，扱う主題に定義を与えておくほうが便利である。私は，個人的には，ソーシャルペダゴジーという，ここで使っている概

念を定義したくなかった。なぜなら，それはきわめて多面的であり，ある程度無秩序に広がっているからである。他方で，私はここで，話題をソーシャルペダゴジーの実践家とその仕事に絞ることにしたので，その要素，つまり実践内容をより正確に定めておくのが私の責務である。そのなかで私が選択したのは，簡潔で曖昧さを排した定義を記さないことだった。そうした定義は，少ない言葉のなかにできる限り具体的な情報を盛り込もうとして，ほとんど理解できなくなる問題があるからである。かわりに私が記すことにしたのは，定義的な説明と私が呼ぶ次のようなものである。

　ソーシャルペダゴジー実践は，専門的なアセスメントに基づき，日常的な普通の状況で営まれる，ペダゴジー的な方向性を持つ実践の総称と理解できる。それらの実践は，支援を要する子どもや若者，あるいは支援を要すると訴えることが妨げられている状況に置かれている子どもや若者，その家族，関係する人々，そして彼らを取り囲む環境に向けて行われる。仕事の主な目的は，コミュニティへの包摂である。介入は，価値観と理論の導きによって進められる。

　ソーシャルペダゴジー実践の三つの主要な要素——介入，価値観，理論——を分けて以下に記述する。

- 実践的な関与は，社会的コミュニティにクライエントを包摂することを目的とした多様な**介入**として行われる。特に，彼らの問題解決能力を高めることで，彼ら自身が問題を解決することを支援する。ソーシャルペダゴジーの実践家は包括的な視点を持ち，個人と集団の両方に関わる。変化を目指すこの活動の主な領域は，日常的で普通の環境，およびそれに類する状況である。したがって，通常の人間的な（対人関係的な）ソーシャル関与を目指しているという意味で，介入も日常的なものである。ただし，理論的基盤を備えた体系的なアセスメントを伴う点で，他の人々による関わりとは異なっている。
- ソーシャルペダゴジーの実践は，倫理的なガイドラインと行動に対する倫理的省察によって定式化された**価値観**によって導かれる。価値に向けられたソーシャルペダゴジーのガイドラインの最も重要なものは，それが対象に向けられ，リソースの発見，開発に向けられた実践でなければ

ならないということである。民族や文化の違いを超えた包摂と平等という考え方に基づく実践でもある。

● ソーシャルペダゴジーの実践は，いくつかの理論的観点に立脚している。その一つは，包摂・排除・周縁性に関わる社会のプロセスに焦点を当てるソーシャルペダゴジー**理論**である。その理論は個人に焦点を当てるが，集団やコミュニティへの参加者としての個人である。自立した個人への関心もあるが，その個人が暮らす環境を常に含んでいる。実践の要素は，部分的に適用される観点として導入される他の専門領域の理論によっても導かれる。ここで言うのは，社会学や心理学の理論，学習や社会化やコミュニケーションや集団のプロセスに関する理論のことである。これらの理論とのつながりが，ソーシャルペダゴジーの実践家が営む毎日の状況に科学の目をもたらす。

この記述における三つの要素は，現象の異なる側面を扱っている。実践，価値観，理論の三つであり，Madsen（2006）にも同様の記述がある。後により詳細にこれらを扱うことにする。この記述に含まれる心理学と社会学という他の二つの専門的視点の位置づけも重要である。

先に進む前に，民族性もソーシャルペダゴジー実践の理念における包摂対象のひとつであることを強調しておきたい。支援を求めるクライエントのニーズは，必ずしもその人が困難な人生を送っているという事実だけに関連するわけではない。その人が周縁化されたり，周縁化の危険に瀕したりするには多くの理由がありうる。その理由のひとつが，その人が少数民族[注2]に属していることかもしれない。Hamburger（2001）は，文化というもの自体が，人々を周縁化するためのもっともらしい説明となっていると主張する。彼は，ある人の文化的起源は，その状況の内に向かってと外に向かっての双方向的に理解され構築される可能性があると述べている。そして，コミュニケーションが円滑な状況では，類似性と共通経験に焦点を当ててそこに関与する人々が観察されるが，さまざまな理由によって葛藤的でコミュニケーションが困難な状況下では，文化の違いが排除の理由となることが多いと言う。こうしたコミュニケーションのパターンは，そこに関与する人々には見えないことが多い。

ソーシャルペダゴジー理論

　本書はソーシャルペダゴジーの実践に光を当てており，その結果，ほとんどの章で実践を取り扱っている。しかし，本章では，理論としてのソーシャルペダゴジーを詳しく見ていきたい。以下の説明は不完全ではあるが，この概念から私が学んだことを簡潔に記述してみる。ほとんどの参考文献はスカンジナビアのものである。他の国々のソーシャルペダゴジーについてさらに知りたければ，Madsen（2006）や Mathiesen（1999, 2008）などを参照されたい。

　ソーシャルペダゴジーの歴史的背景を把握するために，時間を遡ってみよう。Madsen（2005），および Eriksson と Markström（2000）は，過去 400 〜 500 年をヨーロッパ社会の大激動の時期と表現している。中世とその封建社会が過ぎ去り，大航海時代，近代科学，資本主義経済の時代の出現により，人々の関係性も変化した。産業社会の到来は古い体制の消滅をもたらし，新しい社会の考え方に基づいた子育てを必要とするようになった。それは，多くの人々が徐々に賃金労働者となり，今までとは違う理解や行動を求める現実に直面せざるをえなかったからである。Eriksson と Markström（2000）によれば，フランス革命がもたらした自立と形成に関する人権理念が，ソーシャルペダゴジーの考え方の発展に重要であった。その社会の出現は市民の新たな能力の発展を意味していた。産業社会が求めたのは，たとえば，労働者を一定時間拘束することであった。統合と周縁化の新たなプロセスが展開され，そのなかに包摂された人は自分の居場所を新たな経済のなかに見出し，新たな規範に適応していった。しかし，すべての人が統合に向かったわけではなかった。Madsen は，すべての人を統合しようとする社会の試みが，私たちが今日ソーシャルペダゴジーと呼ぶものの基礎を形成したと考える。ソーシャルペダゴジーは，標準から逸脱した人々とつながるための社会のあり方として捉えることができると彼は言う（Madsen, 2005）。これまでの歴史的経過のなかで，さまざまな手段による融合の取り組みがどのようになされたかも説明している。18 世紀と 19 世紀には，排除と隔離の強固な伝統が出現した。Madsen によれば，この特殊な問題解決方法は，現在

に至るまでさらに高度化してきた。ただし，今日では，社会に自分の居場所を見つけることができない人々に対して，施設を解体して問題を予防するほうがはるかに重要な戦略となっている。

　包摂された人や周縁化された人は，今日ではかつての産業社会のときと同じような形では見えないことがほとんどである。ソーシャルペダゴジー実践は，限られたある一定の社会と時間の文脈において機能する。したがって，ソーシャルペダゴジーにとっては，それが機能する社会と時代を理解しておくことが肝要である。Frønes（2001）は，社会から周縁化されることを，職を持たないこととは別のことと理解する。今日，周縁化されている人とは，自分の潜在的な可能性を実現できていない人であり，現代社会のなかに「ふさわしい」アイデンティティを見つけられない人である。その意味で，ある人のライフストーリーは，納税によって社会に貢献しているかどうかより，恥の感覚に密接に結びついている。効力あるライフストーリーを持たないことが恥となる（Frønes, 2001; Storø, 2005）。同時に，仕事をしている人が金銭的資本を利用できるという意味で包摂されていることも事実である。お金は，疑いようもなく，近代社会のさまざまな場面に「受け入れられる」手段である。今日では一般に，個人にとって教育を受けることが有益な包摂戦略と見なされる。Madsen（2006）によれば，社会（包摂されている側とそこで捉えられるもの）は，包摂される人と排除される人を区分する新たな方法を常に発展させる，という事実に注目しなければならない。言い換えれば，何が普通かという定義は移ろいやすい。自らを**普通**と定義する人たちは，自分たち以外の他者を**外部者**と定義する。内と外の区別は，通常モラルに基づいているが，そのモラルは常に，その時代に市民に浸透しているモラルである。こうした区別に関する重要な側面のひとつが，Madsen（2006, p.17）が「自己罪悪感 self guilt」と呼ぶものに関する議論である。周縁化の責任が社会にあるのか周縁化された人自身にあるのかという問いが重要である。周縁化された人を，役立たずで不適応者で怠惰な人と捉えるのと，傷つきやすく幸運に恵まれなかった人と捉えるのでは，大きな違いがある。当然ながら，周縁化された人をより肯定的な概念で定義することが可能である。たとえば，伝統に囚われないライフスタイルを取り上げることができるし，「伝統的な価値観とは異なるものを選んだ」人々という表現もできる。周縁

化された立場に自らのアイデンティティを見出す人もいる（Storø, 2001）。ソーシャルペダゴジーにおける周縁化の概念は，一般的に「個人の人格ではなく，人々と社会の関係性」（Hämäläinen, 2005, p.35）としてそれを理解する。それによって個人の周縁化のプロセスを**実践の対象**とすることが可能になる。

　Madsen（2006, p.19）によれば，ソーシャルペダゴジーは，三つの異なる要素に取り組む。ソーシャルペダゴジーは，「個人，個人の社会的・文化的環境，人々とその社会的環境との複雑な相互作用のそれぞれへのアプローチ」である。彼はさらに，「中心的なコミュニティに社会参画するための条件作りが，ソーシャルペダゴジーに課せられた務めである」（Madsen, 2006, p.19）と述べている。この課題は，個人と社会の両方の水準で理解することができる。ソーシャルペダゴーグの一人ひとりは，互いにかなり異なった多様な環境下で働いているため，相当異なった課題に直面しているが，上記のように定式化することでそれぞれの課題を結びつけることができる。ソーシャルペダゴジー実践は，関与のなかで「社会のなかの葛藤をはらむ領域にいる個人とコミュニティの間をつなげ，相互連携する社会環境を創出あるいは再創出しようとする」（Madsen, 2006, p.19）のである。「葛藤をはらむ領域」とは，先に述べた，包摂されている人と周縁化されている人の間にある葛藤と，その葛藤を見定めるプロセスに対応している。

　Roger Mathiesen も，ソーシャルペダゴジー理論について論じており，ソーシャルペダゴジーの先駆者と見なされることが多い Paul Natorp（1854-1924）[訳注2] に言及している。ソーシャルペダゴジーは，コミュニティにおける包摂を可能にする養育および社会的教育に関する**実践的哲学**であると Natorp は主張した（Mathiesen, 1999）。彼はソーシャルペダゴジーを**意志のペダゴジー**と表現している。Mathiesen（1999, p.87）は次のように言う。

　Natorp が焦点を当てた人間の意志には，人々はお互いにどのような関係を結ぶのかを選ぶことができるという理解が含まれている。しかし彼は同時に，コミュニティの影響に焦点を当てて，個人が行う選択が関係性や社会条件に影響されるとも述べている。

Mathiesen（1999, p.59）は，論理的に思考し自らの行動を振り返る能力が人間にあることは，「自らの行動に責任があり，それゆえ自分の人生の主体的存在である」ことでもあると言う。人間が個人でありつつ社会的存在でもあることの可能性に焦点を当てる，人間へのポジティブな見方がここにある。Mathiesen（1999, p.15）によれば，Natorp の「人間は人間との相互作用によってのみ人間になれる」という主張は，「社会的責任を持って考えなければならないことを意味する」。ソーシャルペダゴジーの実践家は，クライエントだけに焦点を当てるのではなく，クライエントが置かれている状況を，その地域の環境も含めた広い視野から捉えることを心にとどめておかなければならない。Natorp は，「子育ての目標は，その人の人生すべてにおける社会化と道徳的発達である」（Mathiesen, 1999, p.55）とも述べる。ソーシャルペダゴーグが担う子育ては，子ども個人に相応の人生を与えるにとどまらないのである。子どもは，社会の一員になることを目指して育てられ教育される必要がある。同時に，Natorp は子ども個人についても考え，「個人主義を豊かにすることは，コミュニティを豊かにすることである。真のコミュニティは個人主義に居場所を与えることができる」（Mathiesen, 1999, p55）と主張する。Eriksson と Markström（2000）も，人間とコミュニティは相互依存的であり，コミュニティは人々を束縛するのではなく解放するという Natorp の考えを強調している。ノルウェーのペダゴーグ，Tone Sævi（2007, p.130, 強調点は原典のまま）も同様である。

　　大人と子どもの人生において，ペダゴジーは，個人的・直接的・多様・互恵的な形で，**共にある**ことを意味する。それは一瞬しか持続しないが，逆説的に永続的な性質を持つ。そして，その最も深遠な目標は，子どもを**人間**にすることへの貢献である。

　この主張は，私たちを形成（formation）^{訳注3）}の概念に導く。ソーシャルペダゴジーにおいてとりわけ重要とされる概念である（Madsen, 2006; Mathiesen, 1999, 2008）。一般的なペダゴジーの概念と関係づけることでソーシャルペダゴジーの理解を進めてくれるのは，まさにこの形成の概念である。形成は難解な概念である。私たちが形成されること，形成されて何者か

になることを想像するより，何かを学ぶことを想像するほうがやさしいからである。形成というこの概念には，社会と親世代による規範と価値観の伝承という意味が暗に含まれており，それゆえ何か保ち続けられるものがあることを表している（Savater, 1998）。しかし，Savater（1998, p.133）によれば，この形成の過程において，私たち人間は，「存在しているがまだ現実になっていない望ましいあるいは恐ろしい可能性」をも表す。形成は招待状であると言い換えることもできる。若い世代が，自分の両親たちがそれに基づいて人生を築いてきた文化や前提条件を学ぶとき，何か新しいもの，これまでと違うもの，今までを覆すものを創造するための手立てが提供される。本書の理論的背景のなかで最も有益なものが，この形成というダイナミックな概念である。形成とは，**いま何者であるか**を理解し，**これから何者になりうるか**を見出すための手立てを獲得することである。

　Bisgaard（2006）は，ペダゴジーの三つの古典的側面と彼が呼ぶ，知識，スキル，姿勢について述べながら，古典的ペダゴジーは，三つのなかで最初の知識を特に強調することを示している。ソーシャルペダゴジー実践は，主に教室の外で行われるペダゴジーとして捉えなければならないため，残りの二つの側面が特に重要である。とはいえ，日常生活で活用可能な知識をクライエントに提供することを考えれば，ソーシャルペダゴーグにとって知識も大切である。この側面を，**普通の（そして日常的な）知識**と呼べるだろう。

　Bisgaard（2006, p.9）は形成を次のように定義する。

　　一部はプロセスであり，（発達や成熟で起こるように）形成すること，あるいは（他の人々や環境からの影響の結果）形成されることである。一部はそうしたプロセスの成果や結果である。こう理解すると，ペダゴジー的な意味での形成の概念は，多くの場合，子育てや教育のような概念と一致する。

　本書が描くソーシャルペダゴジーの実践は，多くの場合，養育（upbringing）と社会教育（social education）に結びついている。その結びつきが重要なのは，子ども福祉に関わるペダゴーグや関連する現場で働く専門家が，子どもや若者を育てる責任がある立場にいるからである。たとえば社会的養護の

ように，「親の立場」で働くこともある。親に寄り添いながら子どもの養育を支援することもある。ここで言う養育には，いくつもの理解の仕方がある。第一に，子どもや若者の一人ひとりが，最も身近な所属集団（家族，里親，施設，学校）の一員になるよう育てるという意味である。第二に，子どもや若者に知識，スキル，態度を伝達しそれらを高めることで，彼らが社会に包摂される機会が増えるようにするという意味である。その意味では，社会化された子どもとは，包摂された子どものことである。ペダゴジーは，それが適応なのか変化なのかという問いに対して明確な見解を持っていない（cf. Eriksson & Markström, 2000）。ここに存在する重大なジレンマを，こう言い表すことできる。ペダゴジー的な現象としての形成は，単に社会規範へ適応することなのか，それとも変化のプロセスという性格を持つのか，と。別の言い方をすれば，ペダゴジーの考え方や実践が寄与するのは，順応なのかそれとも解放なのか，である。この問いには本章の少し先で立ち戻ることにする。

　ペダゴジーの危機（pedagogic emergency）という概念について，Madsenと Mathiesen の二人が述べている。Madsen（2006）は，デンマークのソーシャルペダゴジーが発展した二つの流れのうちの一つとしてそれを説明している[注3]。Mathiesen（1999, p.12）のほうは，その状況こそが本当の**ソーシャルペダゴジーの主題および課題**だと理解している。ペダゴジーの危機状況とは，Eriksson と Markström（2000）の唱える**脆弱な生活状況**という考え方に近い。それは，「子どもや若者世代の養育の不足や躓きを補償しようとする取り組み」（Mathiesen, 1999, p.12）を必要とする状況である。この理解は，ソーシャルペダゴジーの実践家は，子どもや若者が成長する上で何らかの問題がある環境に踏み込まねばならないことを意味している。その問題は，家族にあるのかもしれないし，子どもや若者や家族が暮らすコミュニティに問題の根っこがあるかもしれない。ソーシャルペダゴジー理論のこの部分に注目することが重要である。危機状況というこの概念は，何らかの問題が生じていることと，その修正の必要性があることを指し示している。ソーシャルペダゴジーの文脈のなかで養育が語られるとき，その真の意味は「育て直し」であることが多い。別の言葉で言えば，幼児期や思春期にある子どもや若者，そして特定の生活環境にいる子どもや若者の養育に起こって

いる問題の修正を図るペダゴジーである。そうしたさまざまな状況の全体を捉えることが重要である。ソーシャルペダゴーグが，単に「子どもの親よりも優れている教育者」としてその場に登場しなければならないということではない。ペダゴーグは，子どもが育ち，育てられた，より全般的な生活環境にしっかり焦点を合わせることが求められる。この焦点づけにより，ソーシャルペダゴジーの実践家は，まず問題の原因を理解することができ，それによって，自身が取り組むその状況を非難してしまうのを避けることができる。したがって，育て直しという考え方は，両親が専門家（つまりソーシャルペダゴーグ）に自身の課題を委ねてしまわず，自身の過ちを正せるようにすることを意味する。それでも，専門家が踏み込み，子どもや若者に対する全責任を負わなくてはならない事態も時に起こる。ここでは特に，社会的養護や保護命令（care order）のことを念頭に置いている。もう一つの重要な点は，ペダゴジーの危機状況に対応できる優れたソーシャルペダゴーグは，こうした状況の予防に貢献できなければならないということである。ソーシャルペダゴジーの実践現場は，周縁化のプロセスに対抗し，その影響を減らすために予防的に働きかける方法を持つべきであると一般に考えられている。

　ソーシャルペダゴジーの起源は他にもある。Eriksson と Markström (2000) は，そのうち特に二つに触れている。一つは，Jane Addams と Mary Richmond に代表されるアメリカのソーシャルワークの伝統である。もう一つは，20 世紀のペダゴジーの文献である。後者では，アメリカの John Dewey とブラジルの Paulo Freire がとりわけ重要である。Gjertsen (2010) も，過去 100 年間にソーシャルワークとソーシャルペダゴジーが並行して発展してきたことを示している。また彼は，ソーシャルペダゴジーが，ペダゴジーに関する基本的議論に起源を持つことを解説している（Levin, 2004; Mathiesen, 2008 も参照）。Eriksson (2005) は，ソーシャルペダゴジーと心理学の理論的伝統の類似性を指摘している。ノルウェーでは他の北欧諸国より両者が近い関係にあるかもしれない。ノルウェーでは，子ども福祉のペダゴーグ養成において，ソーシャルペダゴジーに環境療法が結びつけられている（Grønvold, 2000）。

　ソーシャルペダゴジーの基本的な課題を考えると，私たちはもっと実践に

結びついた次元に導かれる。Gjertsen（2010）は，ソーシャルペダゴジーをソーシャルワークの二つの伝統のうちの一つ（もう一つはソーシャルケースワーク）と理解している人もいると述べる。彼は，国際ソーシャルワーカー連盟（IFSW）による，ソーシャルワークの定義を用いる。そこでは，「人権と社会的正義の原理」と「人々のウェルビーイングの増進のためにエンパワメントと解放を促すこと」（Gjertsen, 2010, p.47）という価値観を基準としている。Gjertsen（2010, p.47）は，その倫理的な原理を「人道主義と民主主義の理想から生まれ育ち，その価値観は，すべての人間の平等性，価値観，尊厳を尊重することに基盤を置いている」と要約する。同じような考え方は，「ソーシャルペダゴジーの課題は，人々を**支援し，刺激し，動かす**ことになった」と言う Eriksson と Markström（2000, p.47；強調原著者）にも見られる。これは，ペダゴジーが解放をもたらすことに特に関心を寄せていた Freire（1990）と一致する。

　こうした抽象的なレベルのソーシャルペダゴジー理論は，たとえば Madsen（2005, 2006）の論のように，何よりまず説明または理解のための理論として役立つ。そうした理論は，周縁化，貧困，犯罪といった現象について，なぜそれらが発生し，環境に応じてどのように働くのかを教えてくれる（Eriksson & Markstrom, 2000）。Gjertsen（2010, p.65）も，「心理的，社会的，物質的な条件が，どのように社会的な，そしてペダゴジーの危機をもたらすか」を知るためには理論的基盤が重要だと言う。確かにその側面は重要であり，ソーシャルペダゴジーが他の理論（たとえばより個人志向の説明モデルである心理学）と違うことを示している。しかし，説明のための理論は，**アクションセオリー**（行動のための理論）と同じほど有用なのだろうか。「アクションセオリー」という概念を用いて私が注目したいのは，ソーシャルペダゴジーの実践家が，自らが働く危機状況のなかでどのような関わりに着手すべきか理論的に考えることである。ソーシャルワークが実践のために概念と理論を練り上げ発展させることができていないという Parton と O'Byrne（2000）の指摘[注4]と同じ姿勢である。利用者志向に基づきクライエントのエンパワメントと自立の促進を謳うノルウェーの新しい定義には，実践家が必要とするスキル，知識，理論を理解し行動に移すための明確なガイドラインが与えられていない，と彼らは言う。本書で焦点を当てるのは，

実践における実用性なのである。

　ソーシャルペダゴジーにおける，説明のための理論と実践のための理論のこのような関係が，ソーシャルペダゴジーが難しいと見なされ，ソーシャルペダゴジーが実際に何を指すのかについて意見が分かれる理由のひとつなのだろう。私の見るところ，ソーシャルペダゴジー理論は，もっぱら説明に役立つ理論として発展してきた。研究者は，ソーシャルペダゴジーの実践家が日々の仕事に用いる，実践のための理論の開発にあまり携わってこなかった。理論というものは集団や社会のレベルで構築されることが多いが，ソーシャルペダゴーグの実践は個人に対して行われる。すべての理論が潜在的には実践のための理論であるのはもちろんのことだが，本書の冒頭のトロンドとメッテの会話のように，実践家は，抽象的なレベルで説明する理論を，クライエントとの間で体験している現実からかけ離れたものと感じるだろう。こうした状況は，ソーシャルペダゴジーにおける理論と実践の危機と呼べる。ソーシャルペダゴジーが多くの点で実践志向の学問であるにもかかわらず，その職業の理論的基盤に実践が十分に組み込まれているとは言えないように見える。

　Mathiesen も，私たちがソーシャルペダゴジー的能力と呼ぶものに触れている。彼の考えでは，ソーシャルペダゴジーは，

　　これまで子どもがその中で育ってきた関係性に焦点を当て，その関係の内容と構造のどこに問題が生じたのかを発見しようとする。ソーシャルペダゴジーの目標は，失われていたケアが子どもに与えられるためにどのような関係性が必要か見出すことである（Mathiesen, 1999, p.57）。

　この言葉は，ペダゴジーの観点から危機と見なされる状況が子どもにもたらすものに焦点を当てている。ソーシャルペダゴーグの仕事は，子どもが今までに持たなかったものを与えることである。

社会構築主義

　ソーシャルペダゴジーの理論について基本的前提のいくつかを述べてき

た。次に，その理論に関する私自身の見解を展開する必要がある。すでに本書の冒頭で若干触れたが，ここでさらに詳しく述べよう。本書の目的の一つは，実践を志向するソーシャルペダゴジーについて述べることである。もう一つは，社会構築主義理論によってソーシャルペダゴジーの基本的な考え方を展開できないか探ることである。本節で扱うのはこの二つ目の目的である。多くの研究者が，ErikssonとMarkström（2000）のソーシャルペダゴジーの核心は何かという問いに答えようと試みてきた。結論はいつも，この問いに明確な答えを与えるのは難しい，というものだった。とすれば，問いの立て方が間違っているのだろうか。本質的な定義を求める「それは何か」という問いは，本来確定的に表現できない現象に対して根本的な真理を求めてしまっている，との批判を受けるかもしれない。もう一つの問いの立て方は，何がソーシャルペダゴジーではないか，というものである。その場合，焦点は本質から遠ざかるが，その代わりに境界（他の領域との境目）を確かめることができる。それは意味のある作業であり，本書はそういう境界も暗に示している。しかし，境界を引いても，境界の中にあるものの理解にはあまり貢献しない。

　三つ目の問いの立て方は，「何がソーシャルペダゴジーになりうるか」である。この問いによって，Hämäläinen（2005）やErikssonとMarkström（2000）が強調しているように，社会の変化に沿って動的に変わっていくソーシャルペダゴジーの可能性を広げることができる。ソーシャルペダゴジーとは，何が問題を構築しているのか，それに対して何がなされるべきかについての理解であり，その理解は変化し続けている（Madsen, 2006）。ソーシャルペダゴジーは，したがって，そうした変化のプロセスを対象にせねばならない。「何がなりうるか」という問いは発展に向けられた問いであり，他の二つの問いはそれに比べれば静的な問いである。

　この第三の問いは，ソーシャルペダゴジーにとって重要な理論として，社会構築主義に目を向ける機会を与えてくれる。なかでも私が参照しているのは，心理学の実践現場に足場を置いているイギリスの学者，Vivien Burrである。興味深いことに，Burr（2003）自身，社会構築主義の見方は伝統的心理学とさまざまな意味で相入れないと言っている。彼女は，社会構築主義という用語がもっぱら心理学分野の著者によって用いられていると言いなが

ら，同時に，それは学際的であり，社会科学のさまざまな幅広いアプローチを含んでいると言う。特に，心理学と同じ現象に関心を向けることがあることから，関連する領域として社会学を挙げている。社会学と心理学が交差する地点は，まさにソーシャルペダゴジーの領域である。ただその交差する地点を確認するにとどまらず，私は社会構築主義の学際的な姿勢を，ソーシャルペダゴジーも共有していることを示したい。社会構築主義は，特にソーシャルペダゴジー理論と結びつくべきだというのが私の仮説である。

　Burr は社会構築主義を簡潔に定義するのに消極的だが，その見方に含まれる重要な基本的仮定をいくつか挙げている。第一に，その立場ではいかなる知識も自明と見なさない。社会構築主義は，現実を確定したものあるいは客観的なものと受け取ることなく，私たちが現実と認識している現象をさまざまな方法で捉え直す機会を与えてくれる。つまり，社会構築主義は，実証主義的な現実の捉え方と科学——客観的に定義された現実が存在することを最も重要な基本的仮定とする考え方——に鋭く対立する。第二に，現実に対する私たちの理解は，私たちが生きている特定の歴史的，文化的な文脈と関連している。この二つの仮定は，私たちが現実と認識していることが，他の人や文脈や時代や文化においては異なるかもしれない，ということに気づかせてくれる。言い換えれば，この立場によれば，知は，主観的で文脈に縛られた一つの次元として，つまり現実の一時的な理解と捉えられねばならない。第三に，私たちは現実に関する知を定めるとき，個人としてではなく，社会的・対人的プロセスへの参加者としてそれを定めている。私たちは共に行動しつつ，私たち自身と私たちの周囲を理解するために役立つ理解を構築する。その多くは，言語と結びついた社会的・対人的プロセスを通して起こる。こうして私たちの理解は，主観的，個人的な理解を超えた，間主観的な理解となる。一緒に行動し互いに対話する人々の間で理解が共有されることを，それは意味している。ある理解が他の理解よりも高い妥当性と長い耐用年数を有しているとき，私たちはそれを文化の表現と考える。Burr（2003, p.5）は，「交渉を経た」理解という考え方について述べ，第四の仮定として，異なった理解は異なった行動を引き出すと指摘する。

　私が理解（understandings）を複数形で記していることに注目してほしい。社会構築主義の立場では，同じときに起こる同じ現象のように見えるものに

ついて，各人が複数の理解を構築し，それらの理解を「携えている」と見なすことができる。それぞれの個人の内部で，何が優勢な理解であるべきか，どのような言語表現が与えられるべきかについて，継続的な交渉が進んでいる。Burr（2003）によれば，心理学における純粋な社会構築主義の視点は，個別性や個人の違いを考慮していないため，ここで問題に直面する。そこで彼女は，個人の感情も視野に入れる社会構築主義を提唱している。そうすることによってはじめて，なぜ人は自身の最善の利益と思われるものに反して行動することがあるのか理解することができる。

　一層具体的なレベルで言えば，Burr の仮定は，言語的な相互作用の中で，驚きや内省を通して自己と他者の新しい捉え方が生まれ，それが次に新たな行動様式を作り出すということである。

　この四つの仮定（それ自体が社会的構築の一つの産物である）は，自然科学とは異なる社会科学の知を捉えようとする試みのひとつである。ソーシャルペダゴジーは，社会科学および〔聖書や文学作品などの〕解釈学の伝統と密接に関連しているので，このようにソーシャルペダゴジーと社会構築主義を並置する十分な理由がある。両視点の密接な結びつきを強調するのは，社会構築主義がソーシャルペダゴジーに与えてくれるものに注目したいからである。その際，二つの点が私にとって特に重要である。

　第一に，ペダゴジー的な要素を再活性化するに当たり，社会構築主義がソーシャルペダゴジーの複雑性を理解するのを助けてくれる。伝統的に，ペダゴジーは教室と強く結びつけられてきた。日常会話でこの概念を用いるとき，学校教育および教師と生徒の視点から理解されていることが多い。そこには，知識の与え手としての教師と受け手としての生徒という強固な階層的理解がある。ソーシャルペダゴジーは，先に Bisgaard（2006）を参照して述べたように，学習に対して異なる考え方を持っており，ペダゴジーを単なる学習を超えたものと捉えている。

　ソーシャルペダゴジーという言葉が学校で用いられるとき，「社会における，社会と教育の境界にある仕事の理論，方法，アクティビティ」（Bø & Helle, 2002, p.235）が強調される。その目的は，「生徒の心身の健康の保持，ウェルビーイングの増進，コミュニティ感覚の強化」（Bø & Helle, 2002, p.236）であり，プロセス学習と生徒の関与を重視したグループワークの基

盤作りである。社会構築主義の見方からすると，知（ペダゴジーが伝統的に扱ってきた知だけではなく，すべての知）は，社会的プロセスのなかで定められる。すべての知は，つまりすべての理解は，社会的に構築されるものとなる。

　理解は社会的な交渉に基づくと前提すればどうなるだろうか。第一に，ペダゴジーの専門的見方に必要な，複雑な理解のプロセスを経ることが避けられない。第二に，伝統的なペダゴジーが暗に抱える硬直性が，教師以外の人からの貢献に開かれたはるかにダイナミックなものに変わる。社会構築主義は，何が現実なのか，何が正しく何が間違っているのか，何が善く何が悪いのかなどについて，それぞれの人が持つ見方に焦点を当てる。この見方によれば，私たち一人ひとりが自分自身の認識を創りあげ，ペダゴジーが人々に与える解放の力とつながることができる。同時に，一人の個人ではなく，協働する個人に焦点が当てられる。言い換えれば，私たち一人ひとりが，そしてすべての人が構築に携わることによって，私たちは社会的プロセスの参加者となる。その際，ソーシャルペダゴジーの実践家に，伝統的な教育者と異なった方法で行動する機会が与えられる。ペダゴーグを，社会的な構築のプロセスのなかで作用しあう人々の一人として捉えるペダゴジーは，伝統的なペダゴジーと質的に異なっている。社会構築主義の見方からすると，クライエントに提供する既成の回答をペダゴーグが持つことはほとんどない。言い換えると，教えるべきカリキュラムを持たない。けれども，ソーシャルペダゴーグはプロセスを熟知しており，プロセスの一部である人々が包摂と統合に到達できるよう，理解を構築するためのさまざまな方法について優れた助言を与えることができる。ソーシャルペダゴーグは，構築のプロセスにも影響を与える。これはクライエントと協働するソーシャルペダゴーグの仕事の本質である。このようにしてソーシャルペダゴジーと社会構築主義をつなげることは，社会構築主義にも有益であろう。構築には社会的なものと教育的なものの両方の目標がある。社会構築主義の文献の多くが心理学に立脚しているため，ソーシャルペダゴジーは独自の社会構築主義の理解を生み出さなければならない。

　Parton と O'Byrne（2000）によれば，構築主義的ソーシャルワークでは，クライエントが自らの物語をそれまでと異なった方法で語り直すプロセスと

機会が専門職によって与えられなければならない。そう考えれば，自分の人生についての専門家はクライエントであり，専門職はプロセスの専門家として機能する。Durrant（1993）が示した施設職員の働き方モデルにも対応する考え方である。専門職とクライエントは，それぞれ独自の立場から貢献する異なったタイプの知識と課題を持つとともに，両者の関係性からなる対話を通して，それぞれの知識と課題を結びつけていかなくてはならないとParton らは言う。彼らにとって実践とは，「クライエントと向かい合って（face-to-face で）行う仕事」である（Parton & O'Byrne, 2000, p.3）。クライエントとの対話のなかで形になるすべての理解が，構築の現れである。たとえば，何を問題と呼べばよいか，何が解決策となるのかはあらかじめ明確ではない。それらの構築は，交渉を通じて行われねばならない。

　社会構築主義的な考え方は，周縁化された人々が理解を構築する新たな方法をもたらす。それによって，コミュニティへの包摂の道を開く新たな行動の仕方を獲得することができる。Berglund（2004, p.136）も，ソーシャルペダゴジーと社会構築主義の視点を関連づけている。

　　ソーシャルワークは，社会的な要素とペダゴジー的な要素を併せ持つ。ソーシャルペダゴジーが採用する，ナラティブで健康生成論的なアプローチは，社会構築主義に基づくアプローチである。これはソーシャルワークが，ソーシャルエンジニアリング〔将来を見据えた社会設計〕よりも，教育的な挑戦になることを意味している。ペダゴジーは，クライエントがいる場所から始まり，あたりまえの日常の社会的相互作用を資源および源泉として用い，実際に役立つ実践によって支えられている。問題に固執せず，変化のための機会と潜在的な可能性を重視する[注5]。

Berglund は，ソーシャルペダゴジー実践と社会構築主義理論の働きを分けるよう提案している。彼は「振る舞い方」について，言い換えれば「ナラティブ」や「健康生成論」といった概念から生まれる実践的要素について語る。それはソーシャルペダゴーグが実践する活動行為である。同時に彼は，社会構築主義的な理論について語る。彼は，ソーシャルペダゴジーの実践の側面と理論の相互作用のなかに，子どもや若者と共に働くための機会を見

る。

　社会構築主義がソーシャルペダゴジーに役立つ第二の点は，社会構築主義を携えるソーシャルペダゴジーを，ポストモダン社会という新時代に取り入れることである。Holst（2005, p.17）によればこうである。

　　現代社会における個別化とグローバル化のプロセスはペダゴジーへの挑戦であり，ポストモダン社会における個人とコミュニティの関係の評価はもちろん，コミュニティの発展力と統合力に新しく熟慮と分析を加えることが求められる。

　発展プロセスと，個人とコミュニティの関係性を新たに考え直すことで，ペダゴジー実践も考え直すことが必要になる。私たちはもはや，教師と生徒の関係，支援者と助けを求める人々の関係，周縁化された人々と社会の関係を，メカニズムとして理解することができない。個人の自己構築にさらに焦点を当てると，そうした構築に必要な資源がクライエントに与えられなくてはならないことになる。周縁化された人々と社会の関係も違ったように理解できるようになる。何が包摂され何が周縁化されているか，そのプロセスが実際にどのように起こるのか，とりわけ，周縁化されている人ないしその恐れのある人が，自分に関する理解をどのように構築するかについて，共に構築した視点から光を当てることができる。言語の観点から見たその例としては，近親姦を経験した人々が，使用されることの多い「近親姦被害者（incest victims）」から「近親姦のリスクにさらされた人（those at risk of incest）」へ変更するよう主張したケースが挙げられる。これは構築によって被害者性から離れることになった，わかりやすい例である。

　ポストモダニズムの定義について本書で深く掘り下げることはしないが，1930年代に発するこの概念は，近代が強調する客観性と合理性以外の考え方を記述しようとしたものであった（Parton & O'Byrne, 2000）。ポストモダンの考え方は，「受け入れられた真実」を解体し，多様性と断片化へ焦点を当てる。Berglund（2004）によれば，ポストモダンを最も特徴づけるのは，私たちは個人のアイデンティティを常に構築し続けているという理解である。「ポストモダニズムの申し子」とも言える社会構築主義と密接に結び

ついた理解である。すでに述べた現実というものの新しい理解に照らして，彼は，ペダゴジーの企てを「問題のある子ども時代と困難な生活状況に取り組み，克服すること」（Berglund, 2004, p.135）とする。ソーシャルワークが人々の問題を研究する際，ほとんどが回顧的で，問題のみに焦点を当てていると彼は言う。人々の構築的な活動における本質的な要素が失われる危険がそこにある。私たちは自らの人生を，後向きにではなく前向きに歩んでいるからである[注6]。Berglund はさらに，「人々は時に，解決不可能な人生の状況を予想もしない方法で解決し，専門家が驚くような前向きな解決への道を探る」（2004, p.137）と言う。こうしたプロセスで実際何が起こるかに彼は関心を向ける。そうした過程は跡づけることが困難で，科学的に説明するのが難しい。個人の構築過程に関心を寄せるとき，私たちは，それぞれの個人に意味を与えるそれぞれの「回復プロセス」も認識しなければならない。これは，Burr（2003）による社会構築主義の説明に近いと思われ，ポストモダンにおける一つの考え方と見なすことができる。ちなみに，Parton と O'Byrne（2000）は，「社会構築主義」と「ポストモダニズム」の概念を区別し，前者を一定の方法論的理解，後者をより基本的な概念と捉えている。

　ソーシャルペダゴジーは，社会との関係性のなかにあるクライエントに焦点を当てるため，その時々に社会の視点から行われている構築を理解することが欠かせない。この文脈で「社会」は，小さな意味と大きな意味の両方，つまり，個人にとって最も身近な人間関係を構成している社会集団と，全体としての社会のいずれとしても理解することができる。この見方によって，私たちが今まで馴染んでいる以上に，社会的交流に大きな意味が与えられる（Berglund, 2004）。私たちは，他者と相互作用するだけではなく，社会的なプロセスの一部として自身を構築しているのである。そう考えると，昨今のポストモダン的な論理が，ソーシャルペダゴジーにとって有意義な視点であることが見えてくる。これは一見，ソーシャルペダゴジーは産業社会における周縁化の問題に取り組むものであるとする主張（Holst, 2005; Madsen, 2005）に反する見方である[注7]。私はそれに対し，個人や集団が，内部にいるのか外部にいるのかというソーシャルペダゴジーの基本的主題は，産業社会でもポストモダン社会でも有効であると主張したい。他方で，個人が置かれた文脈から理解の構築がなされることも重要であり，そのため，ポストモ

ダン時代における社会からの周縁化は，産業社会におけるそれとは異なって見える。先に触れた Frønes（2001）などが言うように，以前は仕事を持たないことが恥と見なされたが，現在では，自己の表し方をめぐって恥の感覚が生まれるようになっている。そう考えると，自己実現している個人としての自らを，意味ある存在として示すことができれば，恥ずべきものに属すのを避けることができる。言い換えれば，周縁に位置するのを避けることができる。

　現在のソーシャルペダゴジーが，多くの点で社会構築主義の視点に基づいていることがわかる。内部と外部は確定されたカテゴリーではなく，社会的に構築されたものである。Gustavsson（2008, p.10）によれば，現代のソーシャルペダゴジーの関心は，「何がいわゆる『正常』と『異常』を区別するのかに直接向けられるだけでなく，正常と逸脱，参加と排除が，複雑な社会化のプロセスのなかでどのように構築されるかに向けられている」。言い換えれば，その区分が構築されるプロセスは，常に動き続ける社会的プロセスなのである。

　ソーシャルペダゴジーはペダゴジーの危機状況に焦点を当てる。その焦点づけを社会構築主義に結びつけることは，一見矛盾するように見えるかもしれない。ソーシャルペダゴーグのクライエントに，過去に不適切な養育などにさらされたことによる被害があれば，損傷を修復し，トラウマ的な作用に対処し，問題がさらに悪化することを防ぐことが専門家の責務である。そこで求められているものは構築より修復だと言われるかもしれない。しかし私は，ソーシャルペダゴジー実践は修復より構築に結びついていると考える（Storø, 2001）。もちろん問題の悪化を防ぐことは重要であり，多くの場合，まず最初に欠かせない仕事である。しかし，その後クライエントと触れ合って全体の状況の共有ができれば，前を向くことが可能になる。構築主義の視線は，クライエントと仕事に取り組む際に，過去に焦点を当てて関わることではなく，クライエントの変化する力を高めることに向けられる（Parton & O'Byrne, 2000）。そう考えることで，後ろ向きになりがちな，深刻な問題というナラティブから解放され，代わりにクライエントの資源，未来，そしてソーシャルペダゴーグがいなくてもうまくやっていくために，クライエントが必要とすることに焦点が当たる（Storø, 2008）。構築に関する理論が特

に必要なのはこの段階である。未来とは創造されるものである。そして，ソーシャルペダゴジー的な働きかけの結果，クライエント自身がうまくやれるようになるべきと思うなら，クライエント自身が手にしている構築の材料によって自身の未来を創りあげることが重要になる。Skau（2003）が述べるように，支援者は自身を**利用可能**にするような形で働かねばならない。Sævi（2007, p.123）は，このプロセスの中核となるものをこう語る。

　　子どもが成長するよう，成長していく人に・な・る・よう援助する仕事は，子どもが人として理解され，語りかけられることで実現する。それは，彼または彼女がすでに成し遂げることができる人で，自分が何をまだできないのか，何をまだ知らないのかをわかっている人で・あ・る・か・の・よ・う・に接することである。

　この見方に立てば，社会構築主義の姿勢を持つソーシャルペダゴーグとは，あるがままの今のクライエントと，これからなる未来のクライエントの両方に関わる人である。

　これを踏まえた上で，構築主義の視点は，私が「修復への支援」あるいは（どの程度明確に区切ることができるかは別にして）「修復段階」と呼ぶものにも役立つと言っておかねばならない。社会構築主義の視点には，理解は私たちが構築するものであるという仮定がもともと組み込まれている。したがって，**問題を構築すること**あるいは**私たちの状況理解の構築**も支援の重要な部分である。ソーシャルペダゴーグとクライエントが最初に交わす会話を考えてみるとよいだろう。会話のはじめに，二人は，何が起きたのか，クライエントはどのような状態か，クライエントは自分の状態をどのように感じているかについて丁寧に見立てていく。そのプロセスには社会的に構築される部分が数多くある。どのような行動をとるか決める上で，その会話によって選んだことが決定的な意味を持つ。

　本節の最後に，ナラティブという考え方についてもう一度触れておきたい。Berglund（2004, p.158）の表現によると，ナラティブという考え方によって，

人々のナラティブが高められ，社会的な相互作用と変化しうるアイデンティティという社会構築主義の考え方が強調される。人間は，抱えるさまざまの問題で成り立っているわけではない。問題を，人生上の難しい状況に対処するための文化的，社会的，個人的な方法と見なすべきである。ソーシャルペダゴーグは，今のものに代わるナラティブを引き出し，新たな道筋に沿ってクライエントが自分のナラティブを発展できるよう支援することで，社会的でペダゴジー的な仕方で働きかけることができる。ペダゴジー的なアプローチは，状況を固定させず，紡ぎ直したり変化させたりする機会を提供する。状況そのものについても，代わりとなるさまざまな解決策についてもである。そのようにして一定の影響力を持つ機会を得ることで，クライエントは協働プロセスに欠かせないパートナーになるのである。

社会構築主義は，クライエントが置かれた状況とその状況に対してクライエントが行うことを，個人的なものとしても非個人的なものとしても捉えるよう求める。個々のクライエントに焦点を当てることによって，個人的なものが維持される。しかし，その人の行為の理解は，社会的協働への参加のあり方と関連している。置かれた状況をその人がどう物語るか，どう解釈するかが重要であり，それがソーシャルペダゴーグとクライエントが協働する一つの媒体になる。本書の例のほとんどは個人に由来するが，与えられる解決のヒントは社会的なものである。個人との仕事が社会を志向することを逆説的と思う人がいるかもしれない。クライエント（およびすべての人）の行動は根本的に社会的，言語的，交渉可能なものであり，ナラティブを通して可視化される，という理解を提供するのが社会構築主義なのである。

ソーシャルペダゴジーは
隣接科学から何を取り入れるのか？

Mathiesen（2008）は，ソーシャルペダゴジーの隣接科学として，心理学と社会学を挙げている。それらとどのように隣接しているのか，ソーシャルペダゴジーが最も近い専門領域からどんな視点を取り入れようとしているの

か考えてみよう。それを図示しようとしたものが図2.1のモデルである。

　この図で私は，ペダゴジーと心理学と社会学の中央にソーシャルペダゴジーを配置した。この図に問題がないわけではなく，たとえば三つの科学が同じ大きさで均衡してソーシャルペダゴジーに影響を与えているように表現されているが，それは事実に反する。またこのモデルは，ソーシャルペダゴジーが他の三つに与える影響については何も述べず，他の三つのソーシャルペダゴジーへの影響だけを表現している。さらに，その他の理論的視点からの影響がない形で三つの隣接科学がソーシャルペダゴジーを取り囲んでいるかのように見えるのが問題である。もしこのモデルが包括的であろうとするなら，とりわけソーシャルワーク，犯罪学，神学との関係を位置づけるべきだろう（Mathiesen, 2008）。こうしたモデルは，いくつかの話題についてはうまく表してくれるかもしれないが，説明モデルとして限界があることが多い。

　とはいえ，この三つの分野がどのようにソーシャルペダゴジーに寄与しているか少し見ておきたい。社会学から始めると，ソーシャルペダゴジーは，個人が社会のコミュニティと持つ関係についての理解をそこから得ることができる。社会は個人に制約をかけるが，同時に共同性というものを通して個人に機会も与える。問題ある子どもの養育についてのソーシャルペダゴジー

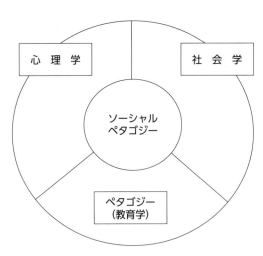

図2.1　ソーシャルペダゴジーと隣接領域の関係性

の理解——ペダゴジーの危機状況——は，個人がそのなかで育つコミュニティについて考えることで説明することができる。しかし，人は単にコミュニティの一員であるだけではない。人は同時に，感情や関係性や内的世界を持った個人である。心理学は，プライベートな個人としての人間のそうした側面について理解するのを助けてくれる。そして，それは多くの場合にソーシャルペダゴーグが扱っているものである。心理学は，個人内の不適応についても人間関係内の不適応についても，より個人に焦点を当てた説明を提供してくれる。ペダゴジーの危機状況についても，それらの要素を含んだものとして理解することができる。ペダゴジーは，周囲の三つの専門性のなかで特異な位置を占める。厳密に言えば，ペダゴジーは，他の二つと同じ意味での隣接科学ではない。「隣に」住んでいる隣人ではないのなら，家族の一員として同じ家に同居していることになる。ペダゴジーは，ソーシャルペダゴジーときわめて近く結びついたものとして理解しなくてはならない。このモデルにおけるペダゴジーの機能は，ソーシャルペダゴジーにおける専門家としての視点を提供することである。私たちが形成というまさに中心的な概念を見出すことができるのは，ペダゴジーにおいてである。ソーシャルペダゴーグは，養育，教育，変化，形成に関わって働く。彼らの働く現場は領域横断的だが，ペダゴジーを根底に置いているのである。

　章を終えるにあたって一点触れておく。心理学を説明する際に，その専門分野が持つ個人への視点を強調してきたが，心理学はコミュニティに関する理論も持つという点である。ソーシャルペダゴジーにおそらく最も近い心理学の分野，すなわち文化心理学は，個人と共同社会（あるいは文化）の両方を包含しようと試みる。例として，子どもの心理的発達における文化の重要性を強調した Gulbrandsen（2006, p.251）を挙げることができる。彼女は，「人々が共有された意味体系を発展させたり意義を唱えたりするのは，対人関係を通してである」と言う。Paul Natorp の「人間は人間との相互作用によってのみ人間となる」（Mathiesen, 1999, p.15）という主張と対応しているのは明らかである。Oppedal（2007, p.287）の考えでは，文化心理学の見方は，「個人に固有の能力と，その個人を取り巻く環境に存在する言語的，社会的，文化的な資源との間の相互的な影響関係を強調すること」によってペダゴジーと拮抗している。それゆえ個人の形成と社会的な形成を，互いに独立

したものと見なすことはできない。多くの点でペダゴジーから派生した形成の概念が，心理学的な文脈でも用いられているのは興味深い。これは，ソーシャルペダゴーグとサイコロジストの学際的つながりが，これまで考えられていた以上に価値があることを示している。心理学によってソーシャルペダゴジーの視点の発展にインスピレーションが得られることも示している。

【注】

1）これを一般的なペダゴジーの社会的側面と呼べるかもしれない（私個人の見解）。
2）他のマイノリティを含めることもできるが，そのすべてを列挙すると長くなりすぎる。
3）彼はもう一方を「学校，保育園，家族で行われる社会化」と表現している（Madsen, 2006, p.37）。
4）Parton と O'Byrne の本はソーシャルワークの専門性を構築主義の視点から扱っている。私は彼らの書いたものを，ソーシャルペダゴジーに関連する（対応する）いくつかの場で資料として用いている。
5）「ナラティブ」という用語は，たとえばクライエントが自分自身について語る物語など，物語を語ることを意味する。これについては，本章の後半および第7章の「言葉」の節で説明する。「健康生成（salutogenic）」という用語は，（私たちを病気にするものとは対照的に）私たちに健康を与える要因を指す。
6）「人生は後ろ向きにしかわからないが，前向きにしか生きられない」という有名なキルケゴールの名言に批判的な光を当ててみよう。社会構築主義の理解からすれば，私たちは，人生を生きる過程のなかで自己の理解を構築すると言ったほうが正しいだろう。自己理解の土台となるのは，過去の人生だけではない。現在の行動と将来の計画もそうである。このように，理解や意味を生み出すことを私たちの生き方として理解することができる。あるいは，私たちは生きることを通して意味を生み出していると言える。
7）Madsen は同時に，近代性にも関心を寄せている（Madsen, 2005, p.58 など）。

【訳注】

1）いずれも日本にはない職名である。「子ども福祉ペダゴーグ」は，児童福祉施設で働くケアワーカー，「社会教育士」は，主として教育委員会が運営する「社会教育」に携わる教員に対応する。日本における保育所，学童保育，児童福祉施設の職などにあたる。しかし，日本の「社会教育」は生涯教育や地域教育を目的とするものが多く，子ども・若者を対象とするものが少ない傾向がある。
2）パウル・ゲルハルト・ナトルプ（Paul Gerhardt Natorp, 1854-1924）。ドイツの哲

学者・教育学者で，ペスタロッチの影響を受けたソーシャルペダゴジーの先駆者のひとり。

　『社会的教育学』（篠原陽二訳，玉川大学出版部，1983）で，「人間は人間的社会を通じてのみ人間となる」（p.103）とした。この有名な言葉における「社会」は同書の訳者が「共同態」と訳す Gemeinschaft である。

3）ドイツ語の Bildung を起源とするこの概念の日本語訳には，「陶冶」「形成」があり，「ビルドゥング」と表記される場合もある。ここでは最も簡明な「形成」を用いる。

第**3**章

理論から実践へ

　本章は，理論と実践のつながりを説明することを目指している。「視点から行動（アクション）へ」と呼ばれるものと同じかもしれない。ソーシャルペダゴジー実践におけるすべての活動は，理論あるいは理論的な視点とつながっており，すべてのソーシャルペダゴジー理論は，実践的なものに，つまり活動の水準に向けられるべきである。

　まずソーシャルペダゴジーにおける理論と実践の関係を振り返ることから始めたい。ソーシャルペダゴジーが（も）実践的な職業であるなら，ソーシャルペダゴジー的な方法論と呼べるものを見定めることができ，ソーシャルペダゴジーの実践的要素について語ることができる。実践を志向するソーシャルペダゴーグは，決してその場の思いつきで仕事をしているわけでない。理論によって導かれれることで，思いつきに頼らない行動が生まれることは先に述べた。思いつきに頼らない行動は過去の実践経験によっても導かれるが，そのほとんどは文献に記されない。実践現場で数多くの場数を踏むことで実践家は経験を積み，その経験自体が次の実践で行動する際の指針になる。このプロセスに関心を示した著者たちがいる。たとえばSchön（2001）は，実践家は自らの実践を振り返り省察すること（reflecting）訳注1）によって，実践力を身につけると述べる。Herbergと Jóhannesdóttir（2007）は，実践経験だけでなく，ソーシャルワーカーやソーシャルペダゴーグが実践するために必要な訓練は何か，という問題に関心を寄せている。彼らは特に実践の振り返りの重要性に焦点を当て，スーパービジョンおよび「社会的に学ぶコミュニティ（social learning communities）」によってそれを行おうとする。Schön（2001）の最も重要な貢献の一つは，（多くの専門領域に共通する）実践家が仕事をしながら自

らを振り返る方法を理論化したことである。このような，行動しながら自分を見つめる振り返りは，行動のあとで行う振り返りよりも捉えることが難しい。ソーシャルペダゴジー的な実践に関する私の理解は，Schön（2001）の実践概念に基づいている。

　実践的な合理性と技術的な合理性を区別したSchönの考え方は，私たちが実践を理解する上で重要である。単純化して合理性を「考え方」と言い換えてみよう。技術的な考え方は，記述し解決することができる明確な問題に焦点を当てる。数学の問題は技術的な課題の一例である。たとえば巨大な橋の設計に膨大で複雑な計算が求められるように，そのような問題が複雑になることももちろんある。しかし，現実のなかの技術的問題を構成するそれぞれの要素がシンプルであることに変わりはない。なぜなら，それらの要素は論理的だからである。ソーシャルペダゴジーのような領域における実践的問題はそれと異なり，論理的な計算だけでは解決できない。そうした実践的問題には，多くの場合，その問題の最終的解決と見なせるような唯一の論理的解決がないという意味で，正解がない。実践家が一つの問題を解決する必要がある場合，同じくらい妥当と思えるような複数の解決法のなかから一つを選ばなくてはならない。したがって，その選択をするために必要なのは，技術的な合理性に基づいた論理的要素だけではない。ソーシャルペダゴジーの実践家が何かを選択をする場合，価値観に基づいたアセスメントを用いなくてはならない。たとえば次のような問いがそこに関わってくる。「いま問題になっているその人にとって何が最善か」「その問題に関して理解すべき文脈はどのようなものか」「その問題に関わる人すべてにとって，どの解決策が最も役立つか」。これらの問いに答える際，実践家は特に，評価の目安となる次の二つのアセスメント指標に向き合うことになる。第一の指標は臨床経験に基づくもので，「私（あるいはクライエント）の経験に基づくと何が最も役立つか」と表すことができる。もう一つは，倫理的省察に基づくもので，「何が倫理的に最も正しい行動だろうか」と表すことができる。

　児童福祉で働く人々は専門家としての判断を求められることが多い。自分で判断するには，まさに実践的な合理性を用い，関わる人々にとって何が最善の解決策か熟考する必要がある。判断の概念には，他のすべてに優

る唯一の解決策があるわけではないという考え方が含まれている。同じように妥当と思われる複数の解決策のなかから選択することが求められる。ノルウェーの児童福祉法には，そのような判断を下す際の指針となるいくつかの原則が含まれている。最も重要な原則は，すべての決定は**子どもの最善の利益のために**なされるべきというものである。この種の原則は，それが価値観に基づいた規定であることの表れである。省察による実践というものを現場に即して表現したものが，判断を用いるという表現になるのかもしれない。省察＝振り返りとは，理論的仮定と実践的体験の両方を視野に入れ（Schön, 2001 を参照），両者の統合を目指すものである。したがって，省察と判断の違いは，省察はさまざまな選択肢を検討する熟考のプロセスを表すが，判断を用いる際には意思決定も求められることにある。

　とはいえ，実践家は理論にも注意を払わなければならない。私は理論を，経験をまとめたものと考えている。実践家が自らの経験をどのように理論化するか理解するために Schön を参照することができる。実践家が実践しながら蓄積する経験に注目したいが，Schön（2001）によれば，そのような経験の蓄積が経験から勝手に生まれるわけではない。経験の蓄積は，実践家が自身の実践について，つまり自らがどう行動しその結果何が生じたかについて，振り返ることを通して形成される。そのような振り返りは実践している間に生じることが多く，Schön は，実践しながら経験を蓄積する基本的な機能として，**行動内振り返り**（reflection in action）という概念を提唱している。つまり，実践的合理性は，振り返ること，実践から学ぶこと，実践する状況で発生する想定外のことに目を向けること，解決策に含まれる一見ばらばらな要因から重要な意味を見出すこと，その場の即興で振る舞うこと，その他のさまざまから成り立っている。実践家はこうした機能（働き）を用いて理論を創りあげる。このようにして実践家は，どの機能が役に立ち，どの機能があまりうまく役に立たないかについての自らの理解を組み立てていく。実践に向けられた理論の発展は，そのようにして実践と共に始まり，実践のなかで，実践のなかで振り返るなかで，さらに発展していく。

　実践家は，実践に取り組んでいくなかで理解を構築していく。しかし，このプロセスを美化しすぎないように気をつけなくてはならない。一般的

に，実践的な問題には論理的要素も含まれる。論理的な要素が中心を占め，実践家はそれをまとめて全体像を示すだけでよいこともあるだろう。無から構築が行われることはない。建築家がどう実践を進めるかを例に使ってみよう。建築家はいくつかの論理的な要素（素材の強度計算など）を用いるが，優れた建築者はある種の芸術性を発揮し，それまで誰も見たことのないような建築物を創りあげることができる。Schön が特に関心を持ったのは，経験豊富な実践家は高度に発達した芸術的手腕を発揮するが，それを誰かが学ぼうとしたり，さらには真似することはできても，自身が同レベルの経験を積まない限り成功する可能性は少ない，という点である。

　そのような構築のもう一つの側面は，ある種の実践で特に際立つことだが，実践家は自分一人で仕事をするわけではないことである。それはクライエントや同僚たちという他者と対話しながら仕事をしているソーシャルペダゴジー実践家にとって重要な側面である。そのため，私たちは，ソーシャルペダゴジーの実践家を，個としての構築者というだけでなく，社会的な構築者と表現することができる。行動しながらの振り返りが最もうまくいくのは，実践場面におけるさまざまな関係者たちとの議論によってである。Schön（2001）の実践家理解と「行動内振り返り」に，Burr（2003）の「社会構築主義」概念を組み合わせることによって，重要な理解をめぐる交渉が絶えず行われる社会的な共同作業の多面的プロセスを描き出すことができる。そうした理解によって，その後の実践遂行に向けた行動を起こすための基盤が形成される。これに Parton と O'Byrne（2000）の「クライエント中心アプローチ」を加えれば，クライエントの強みを最大限に伸ばすためにクライエント自身が貢献することを中心に据えた実践，という像を描くことができる。

　ソーシャルペダゴジーの実践家は，その実践に幅広く多様な理解が役立つことを知っている。だから実践家は，さまざまな要素から構成される実践力を育むために仕事をしたいと考える。優秀なソーシャルペダゴーグは，一人のクライエントを相手にする場合でも，解決すべき問題に関するできるだけ幅広い理解を目指して，クライエントの家族，友人，地域環境，仕事，学校などに焦点を当てる。さらには，理論的な枠組みが提供するできるだけ幅広いメニューの中から，適切な行動を選択しようとする。

その日の夜，トロンドはメッテのことを Google で検索した。彼はランチタイムのカフェで出会った女性に強い興味を抱き，彼女のことをもっと知りたいと思った。そして，メッテが行った講義がはじめから終わりまで収録された資料を見つけた。トロンドはそれをプリントアウトし，腰を据えて読むことにした。30 分後にトロンドはある感想を抱いた。彼は，その講義のなかに「社会への包摂の視点から見て，新しいメディアの現実のなかでどのように振る舞うかという能力は，最も重要な切り札のひとつになる」という一文があるのを知った。そしてすぐに，彼のクライアントたちは，全体的に言って，メッテがその文で言っている文脈の外に置かれていることに気づいた。彼女ならおそらく「周縁化」と言うだろう。彼はこれについて議論したいと強く感じた。そして，検索で見つけたメッテのメールアドレスをクリックし，次のように書いた。

「あなたの書いたことにとても興味を惹かれました。しかし，その内容をどうやって役立てればいいのか，少なくとも僕にとっては，よくわかりません。薬物の過剰摂取のあと目を覚ましたばかりの若者に向かって何をすべきか理解する助けにはなりませんでした。つまり，それは個人の内面の問題じゃないのか，ということです。いつか，このことについて話をしたいものです……ビールでも飲みながら。」

ソーシャルペダゴジーの理論は広範囲にわたっていて，ソーシャルペダゴジー的な方法とは実際何なのかを示す明確なガイドラインは存在しないので，何がソーシャルペダゴジー的な実践で，何がそうではないのかを定めるのが難しいことがある。ただ，ソーシャルペダゴジーの実践家は，知識を持ち（理論に導かれる），実践を志向し（彼らの行動とそれに導かれて生まれるもの自体が重要である），多様性を持つ（さまざまな水準と領域にわたる幅広い多様な理論と方法を用いる）と言うことができる。トロンドとメッテの視点の相違から，トロンドがその時々の状況で行動する際に，理論に基づくよい指針を見出すのに苦労していることがわかる。彼はソーシャルペダゴジーの理論は現実から距離があると感じているようだが，確かに，ソーシャルペダゴジーにおける理論と実践の関係には他にない性質がある。ある一人のクライアントに近づけば近づくほど，トロンドは他の理論，特に心理学理論を用いるように見えるだろう。それは，私がソーシャルペダゴジーにおけ

る理論－実践関係の危機という言葉で言いたいことの例である。多くの実践家は，理論を追うことで実践的活動にたどり着きたい，彼らが実際に行うことにたどり着きたい，と考えている。

　幅広い理解が，ソーシャルペダゴーグの仕事に**行動のための基礎**を提供し，用いることができる多くの方法をまず手にすることができる（Eriksson, 2005）。Gjertsen（2010）も述べるように，実践を目指すソーシャルペダゴーグは，理解と行動のどちらの次元も手にしている。理解の次元は，実践を目指すソーシャルペダゴーグと理論を目指すソーシャルペダゴーグのどちらにも共通する。ただ，この二人は，ソーシャルペダゴジーの視野のうち異なった側面に関心を寄せている。両者は行動の側面を同程度に共有しているわけではない。少なくとも，一人ひとり異なったニーズを持つ具体的なクライエントに向けられた行動の次元についてはそう言える。

　ソーシャルペダゴジーの実践家にとって，クライエント個人だけに注目しないことが大切である。実践家とクライエントの二者関係のなかで生じることだけが大切というわけでもない。実践家の関心は，クライエントが生きている文脈に向けられなければならない。ソーシャルペダゴジーの理論に依拠していると言うからには，理解するためには社会的な側面を考慮しなければならない。クライエントはコミュニティの一部として理解されねばならず，コミュニティにおける包摂といった価値が，クライエントと仕事をする際の方向性を示す重要な指標となる。Mathiesen（1999, p.37）によれば，実践のなかでソーシャルペダゴジーの理論を用いるのを怠ると，問題の理解が個人化されてしまう恐れがある。そうした過ちによって，問題を，もっぱら個人が実行すべきモラルや内的な病理に由来すると理解されてしまう。個人的なものへの注目は大切だが，個人性に一面的に焦点を当てると，ソーシャルペダゴジーだからこそ提供できる貢献が薄まってしまう。ソーシャルペダゴジー理論の固有の視点は，クライエントの状況に影響を与える社会のなかの力に対して，常に批評的な視点を持つことである。社会のなかの力とは，たとえば彼らをクライエントにしたり，クライエントであることを維持させたりする状況である。これがソーシャルペダゴジーの実践を，医学ないし心理学の実践から分かつ点である。医学や心理学では，固有の身体，思考，感情，行動を持つ個人が対象となる。先に定義を述べた箇所の最後（p.19）で

示したように，ソーシャルペダゴーグも個人に関心を持つ。しかしそれは，視点全体の一部に過ぎない。ソーシャルペダゴジーでは，常に，**社会における個人**が主たる関心の対象である。身体を扱う場合でも，ある一人の身体のみに焦点を当てるのではなく，よりマクロな文脈において，同じ文化のなかで同じ社会生活を営んでいる他の多くの身体の一つとしての身体に注目する。心理職にとって，多くの場合，心理的な視点を磨くことが専門家として正しいと見なされる。たとえば情動の問題を解決するために，個人のレベルである特定の心理学理論を用いるなどである。ソーシャルペダゴーグにとっては，ある意味正反対だが，いくつもの視点の中に適用可能な理解を求めることが役立つだろう。単純化して言えば，心理職が個人の人生史を扱うのに対し，ソーシャルペダゴーグは個人を取り巻く社会的コミュニティの中に存在する複数の他者の個人史と共同して構成された個人史を扱うのである。

　ソーシャルペダゴジーと関連するもう一つの領域にソーシャルワークがある。この二つの類似点と相違点を考えることに時間を費やすつもりはない。その区別を重要と考える人もいれば，そうでない人もいるだろう。Herbergと Jóhannesdóttir（2007）は「双子分野」という言葉を用い，両者は共通の歴史を持ちながらも，別の分野として独立していると言う。いずれの分野も発展しつつあり，おそらく今後も並行して発展していくだろうが，それは両者の関係が発展していくことも意味する。ただ，ここで触れるべき明らかな違いが両者にある。Mathiesen（1999, 2008）も強調していることだが，「ペダゴジー（教育学）」という用語がソーシャルペダゴジーの概念に組み込まれている点が，その違いである。それにもかかわらず，ソーシャルペダゴーグは多くの点でソーシャルワーカーでもあると言う人が多いようである。ソーシャルペダゴーグの実践家を，ペダゴジー（教育学）的な職務を持つソーシャルワーカーと表現することができる。ソーシャルペダゴーグのクライエントは，つまるところ（まず第一に，そして何よりも）子ども・若者である。両専門家はどちらも実践に関心を向けているが（Herberg & Jóhannesdóttir, 2007），ソーシャルペダゴジーの実践が子ども・若者を対象とする一方で，ソーシャルワークにはそのような年齢区分がない。

　ソーシャルワークに関する著書で，Levin（2004, p.11）は次のように述べている。「ソーシャルワークは，社会的な管理と規制を担わねばならないの

と同時に，児童福祉や社会的サービスがそうであるように，思いやりのある連帯をクライエントと結ばねばならない数少ない職業のひとつである」。言うまでもなく，ソーシャルペダゴジーの実践家も同様のジレンマにさらされる。Levinはソーシャルワークに認められる三つの「緊張関係の場」を挙げている。それは，「理論と実践の関係」，「支援と管理の関係」，「個人と社会の関係」である。いずれもが，ソーシャルペダゴジー実践にもソーシャルワークにも関連している。Levinが「緊張関係の場」の概念で強調するのは，三つの次元の両端から一方を選ぶことはできない，ということである。いずれも，一方が他方に影響を与え，依存しあっている。どの次元も静的なものではないので，それぞれの**中間領域**にあるものを考えた方がよい。「緊張関係の場」のうち一方のみを考えること，つまり時によっていずれかだけを見ることに意味のある専門分野もある。しかし，ソーシャルワークとソーシャルペダゴジーの実践にとってそれは意味がない。そこでは，相対するものの間にある弁証法的な関係性にこそ意義がある。そこにソーシャルワークとソーシャルペダゴジー実践の明らかな類似性を見出すことができる。

ソーシャルペダゴジー実践家の理論との関わり方

　どんな行動も理論とつながっている。言い換えると，同じようなことを考えた人がいつも誰かしらいるということである。それらについて書かれたものも多い。ソーシャルペダゴジーの実践家には，今でも理論なしに対応しようとする人がいる。私からすると，それはお勧めできない。私たちが行っている実践に**説明がなされるべき**であり，と言うことは，理論に基づいた知識が伴っていなくてはならない。HerbergとJóhannesdóttir（2007, p.59）も次のように主張をしている。「理論を用いることも実践の一種であり，理論的視点がその状況にどのような光を当てることができるのかを理解するための訓練や体験が求められている」。ソーシャルペダゴジーの実践家は，自らの実践を理論と結びつけていなければ，自らをソーシャルペダゴーグと名乗ることはできない。実践家と名乗ることはできるが，知識が伴わない実践は，単なる実践でしかない。もちろんそのような実践も多くの優れた仕事を含んでいる可能性があるが，偶然に左右される恐れがある。これまで述べて

きたように，他者と働く際には価値観が重要である。しかし，訓練を受けていない人は，価値観から行動に至る道が直線的になりやすい。**よい行動**だという考えだけに支えられて，訓練に基づかない方法で行動するのである。スキルを持ったソーシャルペダゴーグは，それとは違った考え方をしなければならない。彼の仕事の出発点もやはり価値観だが，価値観と行動の間に，理論と吟味された方法論がある。これを図3.1のように図示することができる。

　訓練を受けた人は，自らの実践に理論的根拠を示すことができる。彼らの実践は思いつきで行われるものではない。異なる理論を用いるときは，観察された現象に異なった意味づけをしていることが明確になる。つまり，単に価値観に基づくだけではなく，理解という要素を持つことが重要なのである。

　理論を参照するには，さまざまな異なった理論から知識を構成する必要がある。介入する際に，支援者がその介入を選択する根拠となる理論あるいは理論的視点を意識するとは限らない。ソーシャルペダゴジーの専門性には幅広く熟慮し省察することが必要で，自らの介入について，どのようにしてそうするに至ったのかについて，十分に説明することがきわめて重要である。幅広い視野を取り入れる際によく使われる言葉だが，ひとつの理想は，折衷的であることである。折衷的とは，複数の視点からいくつもの要素を集め，意味のある新しい全体を創りあげることである。**折衷的である**という表現は，ある特定の態度，あるいは自らのあり方を示している。では，折衷的な**行動**とは何だろうか。さまざまな見方を学習し，ある実践状況で可能な複数

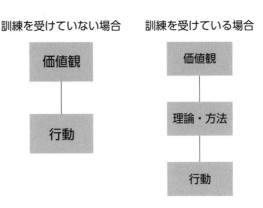

図3.1　訓練を受けている場合と受けていない場合の理論との関係

の方策を手にした上で，熟考に基づいて，自覚的に，妥当と思われる方法を選択することが，折衷的な姿勢による行動である。二つの異なる理論に基づいて，二つの行動や介入を選ぶ場合もあるだろう。真の折衷とは，自らの選択に，説明と根拠を与えることができる場合である。

　ソーシャルペダゴジーの実践現場で，折衷的な姿勢をとっていると自称する専門家によく出会う。そうした人は，決まった見方に囚われないことが重要だと強調することが多い。そして，その根拠はふつう，人間の言動をたった一つの視点だけに基づいて説明することは困難であり，倫理的にも無責任ではないか，という主張である。そう理解すれば，折衷的な態度をあるべき理想とみなすことができる。他方で，介入に際して詳細な説明をしないで済ませようとして折衷的な姿勢と称するなら，もちろん好ましくない。「折衷主義」という概念を持ち出すことで，「職業的怠惰」に寛容になってしまう場合もあるだろう。真に折衷的な人は，さまざまな見解から要素を集めた上で，自分のしたことを説明できなくてはならない。彼が構成した視点に含まれる複数のピースを選んだ根拠を説明できなくてはならない。実際は，真の意味で折衷的であることは，一つの専門性に従うよりもはるかに難しい。

　ここで私が「理論」という概念を，普通より広い意味で用いていることに注意してほしい。ここで言う理論とは，本に書かれているものだけでなく，私たちのすべての行動の出発点になるものである。たとえば，もしある父親が，「車で娘をスポーツクラブに連れていこう。友人と活動することは彼女にとってよいはずだ」と言ったとしよう。この父親の理論は「活動はよいことだ」というものである。活動には社会性を高める力があるという理論も彼は持っている。彼は，健康を保つために運動が重要であるという理論には触れていない。これも同じように重要でありうるし，他の父親にとっては同じスポーツクラブに自分の娘を連れていくための最も有力な理論になるかもしれない。では，最初の父親にとって身体的活動はあまり重要でなかったのか，と問うてみよう。父親がそれを語らなかったとしても，彼にとってそれが重要ではないとは決して言えない。尋ねて確かめなければ，どちらなのかわからない。行動について，それが行われているという単なる事実以上のことを知るためには，お互いが持つ理論を探ることが重要である。私たちが自身の行動について持っている理論を掘り下げることで，なぜ私たちは，今，

そのように行動しているのかをより深く知ることができる。また，行動と理論の両方について話し合うためのツール，つまり言葉というツールを持つことができる。理論をそのようにして学ぶことで，他の人と協働する機会も生まれる。

　その児童レジデンシャル・ホーム^{訳注2）}には担当職員が二人いた。子どもたちがほとんどの時間にどちらかと過ごせるように，二人は交替制で勤務していた。この体制はルールとしてはうまく機能していたが，キャリアンヌを担当しているハンナとヴィグディスは，何をすべきかについて意見が合わないことが多いのに気づいた。会議での話し合いではおおむね合意に至るが，個々が働いていると全然違うことをしているのがわかった。二人がばらばらに動くことでキャリアンヌが混乱しているのに二人は気づいた。互いに合意したと考えたあとでも違う方法で仕事をすることが多く，それぞれが不満を持った。同僚として二人は親密で，お互いを専門家として尊敬していると感じていたにもかかわらず，である。

　その頃，二人の同僚のシリが研修を受けており，理論と実践の関係について学んでいた。彼女は課題論文を書くために同僚間の協働について調査することにした。シリは二人にインタビューして，キャリアンヌへの関わりで重要と思うことを話してもらうことにした。インタビューを録音し，文字に起こし，その内容を一文ずつ検討した。彼女の仮説は，職務のなかで言葉にされないまま起こっている不一致を見極めることが仕事上役立つ，というものだった。

　シリは次第にあるパターンを見出していった。キャリアンヌに必要な支援をハンナに尋ねたとき，発言内容に情緒面の記述が多かった。一方で，ヴィグディスはキャリアンヌが習得すべき事柄に多く言及した。シリは，この二人の同僚間の不一致が，理論的視点の違いによるという理解にたどり着いた。一方は精神力動的であり，もう一方は学習理論に基づくものだった。

　彼女がそれをハンナとヴィグディスに伝えると，二人はとても驚いた。二人は，確かにお互いの働き方や大切に思っていることに違いがあることに気づいていたが，それが理論とそれほど明確につながっているとは考えてもいなかった。何かが起きたときに，重視する点が違うことには気づいていたが，たまたま起こった違いと受け止め，考えたとしても，理論に基づく考え方よりは，性格の違いによるものと受け止めていた。

ハンナとヴィグディスが遭遇した状況は，多くの人に馴染みがあるだろう。同僚とチームで動く際に，メンバー間に違いが見られるときがある。しかし，その多くを私たちは，それぞれが自分独自のやり方を持っていることの表れと考える。つまり，個人的要因が主な理由だと考える。それが大部分を占めるのかもしれないが，もしそうなら，その「個人的要因」に多様な側面を含める必要がある。ある人は子どもや若者に関わる際の深く複雑な問いに関心を持ち，ある人は活動に専心しているだけといった，ソーシャルペダゴーグの個人的性質の問題だけでなく，現象や出来事をどう扱うかについての理解のあり方も個人的要因に関係しているのである。そのような理解のあり方のなかに，たいてい何らかの明確な理論的視点の痕跡，あるいは影響が見られる。理論の由来はさまざまである。それは自らの育ちや個人的価値観の断片であったり，かつて読んだ理論が書かれた著作であったりする。理論的視点は多様な形で個人の内面に深く根を下ろしており，少なくともその人自身がそれと気づくのは難しい。多くの場合，「なぜそうしたのですか」と尋ねられても，「よくわからない。それが一番いい方法だと思ったので……」と，はっきりと答えることができない。そのような会話を交わすとき，私たちは，そういう発言を受け入れることが多い。相手が十分に理由を説明できないことを私たちは受け入れる。しかし，もっと食い下がり，徹底的に尋ねれば，行われた選択の背景にある理論を発見することができるだろう。それは，本に書かれているような種類の理論かもしれないし，書き留められることは稀な，誰かの日々の暮らしから導き出されたものかもしれない。

　シリの課題論文は，私たちに，そして児童レジデンシャル・ホームの彼女の同僚職員に，理論がどれほど深く埋め込まれているか，そして，その理論に気づき言葉にすることがどれほど難しいかを示している。ソーシャルペダゴジーの実践家は，用いられている理論について，折に触れて探索すべきである。

　あるレクリエーション・センターの記念日にあたり，記念セミナーが企画された。主任のラッセはこの機会に職員の持つ理論への理解を深めたいと考えた。副主任のモナと協力して計画を練って，22名の従業員に，「本施設の最も重要な要素は何で，そこで働く人々の長所を何と考えているか」という質問に答えるよう

求めた。ラッセとモナは多くの回答を得たが,「予防を大切に考えている」「若者の文化や活動を重視している」というものが多かった。いずれも施設のプログラムとしてラッセとモナが取り組んできたことであり,前回のセミナーでも話し合われてきたことだった。ところが,これまで目にしたことがない意見もあった。施設の特色でもある異文化圏の若者との活動に触れている職員が数名いたのである。多文化という視点に触れること自体は,異文化圏のルーツを持つ移住者が近年増えたこともあり,それほど意外ではなかった。しかし,職員たちが,多文化の視点を持つことがこの施設の日常における重要な側面であり,そうした若者との関わりを長所と感じていたことは,ラッセとモナが予期していないことだった。ラッセとモナは,この主題をどのようにプログラムに組み込めるか検討することにした。そして,主任として今まであまり重視していなかったが,その分野で質の高い活動を続けるための取り組みが必要だと合意した。

　行動を遂行し,それについて振り返って理論や倫理に照らし合わせ,そうした振り返りに即して次の行動を起こすという流れは,実践を豊かにするために不可欠な循環である。そのような振り返りが発展への道として機能することが重要である。実践への意欲が,すでに習得していたり,仕事に役立つとすでに知っていることをもっとしようとすることに限られる場合がある。実践から学ぶことにはよい面もあるが,実践の範囲だけで学ぶのは危険である。すぐに同じことの繰り返しになるからである。そのような考え方の職場は,短期間ならある程度よいパフォーマンスを見せるだろうが,しばらくすると真の活気が薄れていく。反復は機械的となり,創造性を破壊する。そうした職場には,**反復の風土**に染まってしまう恐れがある。昨日したことをもっと多くするだけでよい,という考えに同意するソーシャルペダゴーグはほとんどいないだろう。ソーシャルペダゴーグは,新しい働きかけを見出し,それを形にすることに熱心である。すでによく知られた課題に新たな方法で取り組むこともあれば,目にしたことのない問題や困難に直面して,新たな手法を学ぶこともある。したがって,現実には,発展が求められるに応じて,私たちは新たな問題解決の方法を発見していかなければならない。何より,私たちは,支援を必要とする新たな人々に出会い続けるからである。しかし,私たちには学ぶ責任があることをしっかりと確認しておかなけれ

ば，最良の学びを得ることはできない。その確認の方法の一つが，自らの実践の振り返りである。Herberg と Jóhannesdóttir（2007）によれば，専門家としての私たちのアプローチに，倫理的な問いかけ，規範意識，価値観を組み込むためには，振り返りが欠かせない。実践を振り返る際に，私たちは，その実践の何がそれをよいものにしたかを見つけようとすることが多い。そして，それが理論的見解や価値観に基づいた見解につながっていく。そうした理論的振り返りは，日常理論の領域でも行われるが，境界を接した学術的理論に求めることもできる。自らの実践の多くについて頻繁に振り返りをする職場では，次第に**振り返りの文化**[注1] が醸成されていく。振り返るための時間と場所が用意され，管理職や指導的立場にある人が振り返りの意義を重視していると，そうした文化が発展しやすい。

　それゆえ，ソーシャルペダゴジーの仕事に従事する職場の一つの理想は，振り返りの文化を醸成することである。それによって，行動やその背後にある考え方を常に検討し，そこから学び，その結果，どのように実践が行われたかについて理解を深めることができる。しかし，北欧諸国のソーシャルペダゴジーに関する Eriksson（2005）の研究によれば，ソーシャルペダゴジーの実践家は，ソーシャルペダゴジー理論に基づいた振り返りをそれほど行っていないようである。同研究によると，ソーシャルペダゴジー的な振り返りは，理論を重視するソーシャルペダゴーグと研究者が行っている。とすれば，実践に振り返りを取り入れ，実践の発展のために振り返りを積極的に活用することは，ソーシャルペダゴジーの実践家にとって新しい挑戦である。この点で，トロンドにはメッテから学ぶべきものがあるだろう。

視 点 化

　ソーシャルペダゴーグが仕事をするとき，自分がどのような理論を用いているのか，あるいはいま採用している行動がどのような理論につながるのかを理解しようとすることで，熟練していくことを見てきた。それぞれの理論は，ある現象をそれぞれの方法で捉え，それぞれの視点から眺めている。私たちが行うことのなかの「行動の部分」は，動詞で表すほうがわかりやすく感じる人もあるので，動詞を用いるなら，**視点化する**（perspectivate）と表

現できる。しかし言葉としてこなれないので，一つの（あるいは複数の）視点を採用する，となる。私たちが一つの視点を選んだこと，いくつかの異なった視点のなかからそれを選んだことを理解しておかねばならない。そうした選択は恣意的に行われるものではなく，これまでに学んできたことや理に適うと考えていることに基づいている。すでに構築されたものを踏まえて視点を構築するとも言える。私たちが構築する視点には非常に明確なものもあれば，それとわかりにくいものもある。自らが選択している視点に，より意識的になる必要があると私は考えている。

「視点」について理解するため，特別な眼鏡をかけている状態に例えてみよう。私たちがものを見るとき，ある性質を持った眼鏡をかけており，その眼鏡を通した見方をしていると想像してみる。そして，一人の同僚が誰かに次のように話すのを想像してみよう。「その言い方は，君が問題行動の眼鏡をかけているように聞こえる。君はクライエントの資源に目を向けていない」。私たちは資源の眼鏡も持って，頻繁にそれをかけるべきだという考えをそこから読み取ることができる。多文化眼鏡や貧困眼鏡などが役に立つことがあるかもしれない。このイメージは，私たちが認識したり知覚したりしている現実は一部でしかないことを示している。部分的な視点を採用することは必要でも有意義でもある。しかし，大きな絵画の一部しか見ていないことに無自覚であるとしたら問題である。ある特定の眼鏡をかけるなら，自分がかけていない眼鏡のことを意識しておく必要がある。

山に登って頂上からふもとを見ることに例えることができる視点もある。それによってあなたは，ある特別な視点を与えてくれる位置に立つことになる。山の頂からふもとの街を見下ろすことを，「俯瞰視点」と呼ぶことができる。その視点からあなたは，ある部分（屋上やあちこちの道で起きていること）は非常によく見えるが，その他の部分（家のなかで何が起きているか）はかなり見えにくかったり，まったく見えなかったりする。山の頂に立って，街を見渡せるとあなたが言うなら，うなずいてそれを認め，同意してくれる人もいるかもしれない。街の家屋や道路の数や，それぞれの道がどこに通じているかを伝えることもできる。その街が海岸沿いにあるのか内陸にあるのか，経済的な基盤はどのようなものかについて言えることもある。しかし，この視点から見えていない部分があまりにも多く，それだけで全体

像を見ているとは言えないと異議を唱える人がいるだろう。街で何が起きているかがもっとわかる視点を持つには，街へ下りて歩き回り，呼び鈴を鳴らして住人を訪ね，何をしているかを知り，会話することが必要である。それも，「近接視点」と呼べるような一つの視点である。さらに，街の家に引っ越して，その街で職を得れば，参加の視点あるいは「内部者視点」を持つことができる。

　このイメージは，質的研究と量的研究の関係に対応している。現在主流のこの二つの研究方法は，非常に異なった視点を扱っている。研究に関する現代の議論では，優れた分析には，複数の視点や方法を組み合わせることを必須とする人が多い。上の例で言えば，街の全体像を十分把握するために，全体を俯瞰し見渡すために山の頂上に登ることと，街を歩き回り街の人々と話し合うことの，両方を行うことを意味する。

　理論も視点の一種である。精神分析理論には，人は成長するなかで一人の個人としての発達を遂げていくという視点がある。フロイトが子どもに寄り添って各発達段階を追っていったかのような理論だが，フロイトが実際それを行ったわけではない。それにもかかわらず，彼の理論の視点は，主として個人へ，子どもへ，そして情動へ向けられる。フロイトの理論が，たとえば集団のプロセス，社会環境，民族性などに言及することはほとんど，あるいはまったくない。フロイトはそうした視点にはほとんど関心を示さない。子どもがそのなかで成長する社会的環境への視点が欲しければ，たとえば，Bronfenbrenner による発達の生態学的モデルに着目する必要がある。その視点は，人間を取り巻く多層にわたる社会的環境における社会の力を理解することと強く結びついている。しかし，個としての子どもの心理的発達への視点としては，Bronfenbrenner の理論は明らかに不向きである。

　山の頂に立つ理論家もいれば，街を歩き回る理論家もいる。つまり理論家はそれぞれ異なった立ち位置で，そこから見えるものを述べている。彼らの説明は私たちの理解を助けてくれる。しかし，彼らが唯一の真実を伝えていると捉えるのは誤りである。彼らの一人ひとりは，一つの視点を提供すること「だけ」しかできない。彼らは，それぞれの立ち位置から，見えているもの，彼らの目に興味深く映るものを教えてくれている。他方で，視点は，視点に「すぎない」わけではない。視点は，大いに役立つものである。それ

は，「ここに立てば，役立つものが見えるよ。ここに来て見てごらん。あなたにも役に立つものが見つかるよ」と教えてくれる。他の視点を採用することも，同じように重要な選択なのかもしれない。そう考えることで，私たちが今しようとしている行動に役立つ一つの視点を選ぶ機会が与えられる。社会構築主義的な考え方では，新しい理解の枠組を常に作り続けていくことが専門家の責務となる。私たちが用いるさまざまな考えや視点は，あらゆる状況で一律に使われる「既製パッケージ」ではない。私たちは，選んだ理解を，働きかける対象である状況や人にそのつど適合させる必要がある。このような視点の「整理」は，ソーシャルペダゴジーの実践家が，専門家としての毎日の生活で常に行うメタ活動（自身を対象化する活動）である。

　ソーシャルペダゴジーの活動における視点化を考えるとき，三つの目標を掲げたい。第一に視点への意識を高めること，第二に一つの視点を保つこと，第三に視点を変えることができること，である。

　私たちが，ソーシャルペダゴーグに，彼が行っている行動について話しかけるとき，彼が自分の理論的視点に意識的かどうか探るとよいだろう。彼がある状況でなぜそのような行動をしたのか尋ねてみて，それに対する答えが理論とつながっているか聞くのである。そんな質問への回答例をいくつか見てみよう。回答者が持つ視点は次のようなものかもしれない。「その子にはそれが役立つと私は思う」，「社会的養護のもとにいる子どもたちは，できるだけ親と過ごす時間を持つべきだと私は思う」，「子どもはソーシャルスキルを身につけることが重要である」。質問の目的が理論的視点を見出すことであれば，これらの答えだけでは不明確で，もっと詳細に見る必要がある。

　一つ目の回答に特定の理論を結びつけるのは難しい。理由づけはかなり私的な性質のものである（「…と私は思う」）。関わっている子どもについてこのような言い方をする人には，次のような点についてさらに語ってほしいと求めるべきである。変化を目指す取り組みにおいて何が役立つのか，なぜそれが役に立つと思われるのか，どのようにしてそれが役に立つのか，そして可能であれば，彼がどのような理論的視点を用いてその想定に至ったのか，などである。

　二つ目の回答は，それより考えられたもののように見える。このソーシャルペダゴーグも「…と私は思う」と言っており，ある程度私的な視点が表れ

ている。しかし，この私的な視点は，少なくとも一つの意見として表現されており，その背後に何か考えがあるとみなすべきである。彼の意見の背後にある理由づけがもっと一般的な視点と結びついている可能性がある。このソーシャルペダゴーグは子どもの最善の利益に関する法律的な原則に関心があるのではないか，子どもと大人の関係性についての研究や理論の文献を読んだことがあるのではないか，あるいは子どもの法的権利に強い関心があるのではないか，などと推測してみることができる。この発言をした人の興味が，心理学にあるのか，法律にあるのか，他の理論的な分野にあるのかなどはわからない。このソーシャルペダゴーグと議論しているのであれば，その発言で何を言おうとしているのか尋ねたほうがよいかもしれない。たとえば「その発言が正しい理由は何ですか？」「あなたはその発言にどんな根拠を持っているのですか？」などと尋ねてもよい。そうすれば，彼が単に個人的なもの以上の視点を持っているか，先に挙げたいくつかの理由のうち，どれ（あるいはそれ以外の理由）が彼にとって重要なのかを知ることができるだろう。

　三つ目の回答のみ，明確な視点の手がかりを与えてくれる。このソーシャルペダゴーグは，自身の考えが理論的な物差しに基づくものであると伝えている。彼が自分の考えを，学習理論，おそらく社会的学習理論の視点に結びつけていることがわかる。このソーシャルペダゴーグに尋ねれば，自分の仮説の基盤についてもっと何かを話すことができるだろう。彼は明確な視点を持つ専門家なのかもしれない。もし彼が，「学習理論に基づいて，彼女の社会的スキルを伸ばす介入を導入すべきだ」などと言っていれば，はじめからもっと明確だったろう。しかし，専門家同士の会話であってもそこまで特定することは稀である。

　というわけで，私が推奨したい最初の目標は，ソーシャルペダゴーグは自分が用いる視点に自覚的であれ，というものである。シリの課題論文とラッセとモナによるセミナーの準備で，視点への意識を高める方法を二つ見てきた。シリは，行動の背後にある考え方を見出すためには，すべてを一文単位まで分解する必要があることに気づいた。第三の方法は，同僚集団に一歩踏み込んで質問する実践を導入することである。提案された介入や特定の行動の背景にある考えをさらに展開させるために，同僚に問いかけることが可能

なはずである。もちろん肯定的な形で行われることが必要であり，決して尋問するような風土を助長することではない。同僚の発言に一貫性がないのではないかと，彼らを「捕えて」直面させようとするものではない。むしろ，他者の考え方に，つまり彼らの視点に関心を示すような，肯定的な風土を育てるべきである。そのために役立つ問いかけには次のようなものがある。

- その背景にある考えはどのようなものですか？
- そう提案するとき，あなたが大切と考えているのは何ですか？
- どのようにしてその発言に至ったのですか？

あるいは，次のようなものでもよいかもしれない。

- そう発言するとき，どんな理論を当てはめているのですか？

　視点を持てると，新しい課題に直面することが多い。問題の捉え方はさまざまある。そのため問題解決の方法もさまざまあるはずである。ある状況になって，考え方を変える必要性に急に気づくかもしれない。職員集団では，さまざまな人がさまざまな方向へ議論を引っ張ろうとする。集団に長く属してきた職員であれば，特定の視点に固執する職員や，時によって視点を変える職員を見ているだろう。一つの視点にとどまり続けることも，視点を切り替えることのどちらも，集団の議論によい影響をもたらしうる。また，どちらも議論を阻害する逆の働きをすることもある。後に両方の方向性を話題にするが，まず，判断しないでおくのではなく，明確な判断を持つことについて述べよう。

　ソーシャルペダゴジーの現場で働くと，何をすべきかだけでなく，そもそも何かすべきかどうか選択を迫られる場合がある。二人の子どもが言い争っている場面に遭遇したとして，そこに介入する場合がよいときもあれば，彼らだけで解決させることがよいと思われる場合もある。ソーシャルペダゴーグは，「自分は行動したほうがよいのか，見守ったほうがよいのか」について，自分の考えに意識的であることが重要である。それは，「なぜ自分はそのような選択をするのか」についての省察を深める方向への第一歩である。

こうした現場の状況にいるあなたから理論までの距離は，たった二歩である。それ以上距離を空ける必要はない。二人の子どもが言い争っている例に添って，少しその背景情報を述べよう。

　　放課後のデイケア施設で，ビョルンは，ソフィーとナスリーンが押し合い，言い争っているのを見た。ビョルンはこの二人から数メートル離れたところにおり，加えて周囲が騒がしかったので，二人が言い争う内容は聞こえなかった。ビョルンの頭に，これは当事者二人で解決すればよいという考えが最初に浮かんだが，それでも何が起きているか見ていることにした。ナスリーンが相手につかみかかった。かなり激しい勢いだったので，ソフィーが倒れた。ビョルンは介入することに決め，声をかけた。「はーい，二人は何をしているのかな」。ビョルンは女児たちに近づいた。

　このエピソードで最も興味深い点は，ビョルンの気づきのレベルである。最初に彼は，自らが見たことに対して何も行動しないという判断をした。しかし流れがよくない方向に向かうと，彼は自分の判断を変えた。どちらの判断も，それぞれのときの状況を踏まえれば理に適っているように思われる。ビョルンは二つの判断を意識的に行い，それに基づいて行動を起こした。どちらでも彼は受動的な観察者ではなかった。それも第三の選択肢だったと言えるだろう。つまり，ビョルンには次のような選択肢があった。(a) 行動しないと決断する。(b) 何かをするかしないか決断しない。(c) 行動する決断をする。ビョルンが判断を実際に行ったと言えるのは，このうち (a) と (c) の選択肢についてだけだった。図3.2 は，三つの選択肢を並べたものである。

　この図では，二つの望ましい選択肢が左右両端に位置している。その後どうなるか予測できるからではなく（これだけのエピソードでは何もわからな

(a) 行動しないという判断をする	(b) 行動するかしないか判断しない	(c) 行動するという判断をする
気づきのレベル：高	気づきのレベル：低	気づきのレベル：高

図3.2　気づきのレベルによって分類される三つの選択肢

い），その二つの選択肢が意識的な決断に基づくからである。(a) と (c) の選択肢について彼が行った行動は，考えた上での決断だった。その考えは，瞬時にほとんど直感的に浮かんだものだが，確かにあった。中央と右端の選択肢は，どちらもビョルンが介入しないことが内容となっており，実際の行動だけ見ると結果は同じである。しかし，その二つの根拠は大きく異なっている。十分な情報がないため，ビョルンが行った二つの行動の是非を判断することはできないが，彼がどちらも意識的に判断したことは評価に値する。ビョルンはある視点を選択し，状況に応じて別の視点を選択したように見える。理想的には，選択を行ったときに何を考えていたかをもっと説明し，それを理論と結びつけることができればなおよかっただろう。

　次に，第二の方向性，つまり一つの視点にとどまり続けることに移ろう。ソーシャルペダゴジーの専門家が置かれた環境における日々の生活は，相当混沌としたものになりうる。次から次と何かが起き，関わる人たちがさまざまな意見を述べるため，優先順位をつけ難い場合がある。

　次の場面では，若者を対象とした入所施設で職員の引継ぎが行われている。日勤の職員が業務を終え，夜勤の職員が夜間の予定を話し合っている。

　　マリウスを担当する生活職員のティンは，マリウスがここ数日なぜ学校に行こうとしないか直接話し合おうと考えていた。引継ぎの際にティンはこの話題に触れ，「ちょっとプレッシャーをかけようと思っています。学校に行きたい気持ちさえあれば，大丈夫だと思います」と話した。彼女の同僚のアンデルスは，眉をひそめて答えた。「先週末にお母さんと言い合いになったらしく，昨日マリウスと話したときはかなり調子が悪かったです。今日は彼にあまりプレッシャーをかけないほうがいいと思います。それより何か楽しいことを一緒にしたほうがいいのでは」。「賛成です」と，日勤が終わり帰宅しようとしているロルフも同意した。「今朝もかなり調子が悪そうでした。ただ，私は，学校に行かないことがしばらく続いて，担任の先生と関係が悪くなっているのが大きいのではないかと思います」。ティンはため息をついた。この二人の職員の言うことは一理あるが，今のマリウスには厳しく接し，自分に向き合うべきだというティンの考えは変わらなかった。ティンは，問題にきちんと対応しない結果，状況が悪化してしまうと考えていた。

マリウスへの関わりをめぐるこの短い議論では，子どもや若者に関わる職員集団によく見られるいくつかの解釈が表れている。また，いくつもの解釈があるだけでなく，解釈する人自身もその解釈が生まれる環境への参与者である。それが「冷静な頭を保つ」ことを難しくすることがある。このような状況では，山の頂に登って眼下の風景全体を眺めることで自由になれるかもしれない。

　ここで明らかにティンは，マリウスの調子が悪い理由について人の解釈を聞きたいと思っていない。ティンの関心はマリウスの登校に向けられている。「結果」という言葉が彼女の考えのキーワードである。おそらく彼女の視点は「結果のペダゴジー」であり，一方で彼女の同僚たちは，心理学的解釈のほうに向かっていたのだろう。もしティンがその夜以降にマリウスに関わるなら，いくつかの選択をする必要がある。一つの選択肢は，彼女のもともとの視点を保ち続けることである。もしそうしようと彼女が決めたのなら，当然同僚との合意が必要になる。

　この引継ぎミーティングでの話し合いが，特定の理論に基づくものではないこともわかる。少なくとも，交わされた議論が理論に導かれているようには見えない。この引継ぎのときの話を次のスタッフ会議の話題にしてほしいとティンから依頼された施設のスーパーバイザーは，次の週にこの件を取り上げた。

　ティンは，会議の冒頭で当時の状況を振り返った。彼女は，その日の夜の勤務が始まったときには，何らかの働きかけを自分ができそうもないと感じていたことを伝えた。しかし彼女は，2カ月前にマリウスへの支援計画を策定したときには，自分のプランが支持されていたと考えた。そのため，マリウスに少しプレッシャーをかけたいと引継ぎで話したのである。

　スーパーバイザーは，ティンと，引継ぎで発言した二人の同僚に，それぞれが話したことを支える理論的視点を説明してほしいと求めた。ティンは，人間性心理学や実存主義の観点による関わりに一番関心があり，マリウスが自分で選択することに焦点を当てていると言った。ティンは，彼が自らの選択がもたらす結果に向き合うことを学ぶのが重要だと考えていた。だから，その状況に含まれる社会的学習の問題を意識していたとも考えた。彼女は，他の若者と交流できる社会

的な場への参加がこの少年にとって重要だと話した。そうでないと，将来同年代の人々との交流に必要になる規範や社会的スキルを身につけるための十分な機会を持てないことを心配していた。スーパーバイザーがロルフに尋ねると彼は下を向き，自分がどんな理論を使っていたかはわからず，その男児が調子が悪いのを見ただけだが，それが重要な情報だと思ったと話した。他方，アンデルスの考えにはもっと省察された理由があった。彼が最も重要だと感じているのは，マリウスにとって最も明確に「重要な他者」と位置づけられる人との関係性だと述べた。アンデルスは両者の関係がこじれたままでは，結果や選択について話し合ってもうまくいかないと感じていた。彼は自分の視点は力動的な立場の基本的理解に基づいていると考えた。

　　スーパーバイザーは，これらの視点について話し合うように職員に伝えた。スーパーバイザーは，この少年に関わる際にどれを最も重要な視点として選ぶべきか話し合う必要があると考えた。「いくつかの視点を組み合わせることができるかもしれない」と言ったものの，会議で出たいくつかの視点の「渡り歩き」に少年をさらしてはいけないと考えた。スーパーバイザーはロルフに，観察を続ける必要があることと，彼が捉えたことを明確な理解の枠組みに位置づけたほうがよいことを伝えた。ロルフは同感しうなずいた[注2]。

　　このようなディスカッションによって，同僚たちが描いているイメージが明確になるだろう。それによって，視点の選択をしやすくなるのか，それとも難しくなるのかはわからない。しかしこの会議を経たあとは，選択がより熟考されたものになるはずである。それによって，より包括的な理解と働きかけがなされ，職員の団結がもたらされるだろう。

　　この職員集団によって合意されたマリウスへの支援計画に基づく介入は，あまり実践に焦点を当てていないように見えるかもしれない。切り取られたその時点だけ観察するなら，専門家としての彼らの議論は——得られた合意を見る限り——これから始まろうとする勤務で，どのように仕事を組み立てるかについてのものではなかった。取り組まれたのは，何が「最善の」視点かについての議論のようである。参加者たちは，自分が特に関心を向けていることを推進しようとしているようにも見えた。クライエントに実際に関わるために費やすべき時間の多くを視点についての話し合いに費やしている職

員集団は，ほとんど何も成し遂げられないだろう。クライエントが，あちら
こちらの違った方向を向いたペダゴジー的選択の結果だけを受け取ることに
なってしまうのは，クライエントにとってよい状況ではない。

　ティンの職場では，管理職が，職員が自らの専門実践を振り返る力を育む
ことの大切さを理解しているようである。スーパーバイザーはそのために配
置されている。それによってティンと同僚たちには，さまざまな視点をめ
ぐって競い合っていた状況から，実践を導く一つの視点を選択する方向に移
行できるという希望が生まれた。マリウスへの関わりをめぐるこの物語で
は，ティンの論点が最もソーシャルペダゴジー的だと言えるだろう。彼女は
社会的状況における学びを重視しており，少年の他者との関係性に関心を寄
せていた。彼女が述べたことには，社会的視点とペダゴジー的視点の両方が
ある。

　視点に関する三つ目の目標，すなわち二つの視点を切り替えることができ
るようになる，という目標を取り上げることも私は約束していた。これはい
ま述べたことのもう一つの側面と捉えることができる。ある一つの視点を主
張しつつ，二つの視点の間を行き来して交互に眺められるようになることが
大切である。アンデルスの考えは妥当だったのだろうか。彼が重要と考えて
いたことを，マリウスへの関わりに採用すべきだったのだろうか。もしそう
だとしたら，マリウスとの関わりですでに選んでいた視点への疑問は，シフ
ト開始の引継ぎの時間とは別の時と場所で出してもらうように，アンデルス
に頼むのが最善であろう。彼は，自分の考えを書き留めておいて，マリウス
への支援計画を評価する次の会議で取り上げるべきだった。視点を切り替え
るという目標は，専門家として振り返る対話を重ねることで自らの視点が明
確化されてはじめて達成できる。

　私たちが見た会議から２カ月後に行われた支援計画の検討場面を見てみよ
う。アンデルスはしばらくの間，自分の視点を横に置いてみては，という助
言を受け入れ，最初に同意された支援計画に沿って活動していた。つまりこ
の期間，ティンも同じ計画に基づいた視点で関わっていた。マリウスへの関
わりが４カ月経過した後，次の期間に向けた活動評価と支援計画作成の時期
となった。

アンデルスは助言に従い，マリウスへの関わりに必要な視点について意見を述べることをしばらく控えていた。さらに管理職は，ティンと協力する形で支援計画を変更する説得力のある提案をするよう彼に依頼した。二人は協力しながら，マリウスに彼らが関わってきた期間にどんなことがあったのかを振り返りながら準備を進めてきた。二人はその仕事の背後に職員集団がいることが重要だと同意した。ティンは次第に別の視点を採用する大切さがわかるようになり，会議では，次の段階に，マリウスと母親の関係にもっと焦点を当てる計画を提示した。彼が登校できるようになるための努力が実を結び，別の側面に目を向ける時期になっていた。

　ひとつの視点を維持することから複数の視点の間で切り替えていくことへ目標を広げるには，この分野で優れた実践とは何かという見方を少し拡大する必要がある。二つの目標への配慮を組み合わせることによって，私たちはよい実践に向かう道に導かれる。それは矛盾するように見えるかもしれない。私の提案は，活用する視点の数を限定するよう同僚間で合意しておくことである[注3]。そうすることで，私たちは，一貫性，明確性，予測可能性の獲得と，幅広い理解の獲得という両方の要請に配慮することができる。職員が視点の数を限定することに合意した上でソーシャルペダゴジー実践を行っている職場は，この分野における実践の複雑さを深く受け止め，その限定された基準に基づいて行動する。それと同時に，彼らはソーシャルペダゴジーの多様性も忘れない。このような取り組みによって，合意した内容を評価し，再度話し合い，更新する重要な機会が得られる。言い換えれば，職員は自らの実践を定期的あるいは不定期に評価することができる。視点は，切り替えることが可能である。ただし，どの視点が最も有効かを適切に評価した後にはじめて切り替えることが可能になるのであり，それまでは視点の切り替えは控えるべきである。
　この文脈で留意すべき点は，自らの視点を知るという目標は，個人と集団の両方のレベルに当てはまることである。個人のソーシャルペダゴーグは，自らの視点を掘り下げ，発展させる必要がある。職員集団も同様の作業をすべきだが，それは協力して行う必要がある。Bastøe ら（2002）は，職員間で一緒に振り返りをする手段として自由討論を特に大切にしている。そのプ

ロセスを経て，集団の体験は「組織化され，体系化され，文章化される」
（Bastøe et al, 2002, p.107）のである。職員集団において良質な振り返りの
プロセスを確保するためには，開かれた対話を行うと同時に，個々の視点に
関心を寄せなければならない。またこのような振り返りを行うために，適切
な時間と場所を確保しなければならない。

介　入

　「ソーシャルペダゴジー的な実践とは何か」という問いに対して，考えう
る一つの解答が，ソーシャルペダゴジーの実践は介入からなる，というもの
である。言い換えれば，ソーシャルペダゴジーの実践は，ソーシャルペダ
ゴーグによる介入を通して生まれ，可視化される。ここで介入という言葉で
指しているのは，立ち入って何らかの行動をとることである。介入はソー
シャルペダゴジー実践の核心をなしている。介入はソーシャルペダゴーグと
いう専門家のツールである。彼が状況を分析し，現実の何らかの状況で支援
を必要としている人のニーズをアセスメントし，その結果を専門家として利
用可能な理論や実証的データ[注4]に関係づけたあとに使えるツールである。
　ソーシャルペダゴーグは，変化を促進するために，担当するクライエント
の生活に介入する。介入の結果，行動，他者との関係のあり方，自らが置か
れた状況の考え方など，さまざまなことが変化しうる。Madsen（2006,
p.220）によれば，「ソーシャルペダゴジー実践は，育ち，参加，学びをもた
らすために他者の生活に目に見える形で介入することから成っている」。支
援を必要とする人々に関わる際に，ソーシャルペダゴジー実践が他の実践と
違うのは，個人への焦点づけ，社会的な理解，ペダゴジー的意図のすべてを
含もうとすることである。そうした介入は直接的な場合もあれば間接的な場
合もあり，クライエント個人に向けられる場合もクライエントを取り巻く環
境に向けて行われる場合も，その両方に向けられる場合もある。介入の方法
にはさまざまな形がありうる。ソーシャルペダゴーグ自身も，クライエント
の観察を経てようやく問題が把握でき，介入することを選択するかもしれな
い。原則としてこれらの活動はクライエントとの対話を通して行われる。介
入を必要とする課題を指摘するのは，クライエント自身からの場合も，クラ

イエントの身近な人や社会的ネットワークの中の誰かからの場合もある。

行動を起こす必要性

　これまで見てきたように，ソーシャルペダゴーグは自発的に介入する必要がある。あたりまえのように聞こえるだろうが，ソーシャルペダゴーグの職業上の実践業務において，いつもこれが明確になっているわけではない。ソーシャルペダゴーグの実践に関する文献において，行動を起こす必要性はそれほど論じられていない。「ノルウェーにおける児童福祉ペダゴーグ，ソーシャルワーカー，社会教育士の業務倫理指針」（FO, 2002）では，どのように行動が行われるべきかに多くの言葉が割かれており，確固とした価値観に基づかねばならないことが特に強調されている。他方で，この指針は，行動の部分で，職業実践家が介入の機会を活かすことは当然のこととしている。

　行動を起こす必要性は，ソーシャルペダゴーグが支援を求めるクライエントのニーズに気づき，その状況の改善に何が必要かアセスメントを終えたときに生じる。ソーシャルペダゴーグは，専門的な知識を用いて，そのアセスメントをクライエントの最善の利益に適うような一つあるいは複数の介入の形に移さねばならない。近年では，多くの人が，行動はクライエントとの共同作業で設計すべきであると主張しているようである（FO, 2002）。この目標は重要で，できる限り順守すべきである。しかし，それはソーシャルペダゴーグが自ら行動を起こさなくてもよいということではない。専門的な行動への期待にはいくつかの理由がある。ソーシャルペダゴーグが職業人として置かれた環境，つまり同僚集団は，ソーシャルペダゴーグの行動を期待してよいはずである。クライエントの身近な環境という意味でも，より大きな社会という意味でも，社会も同じ期待を抱いてよいはずである。その期待を次のように表すことができる。「そのためにソーシャルペダゴーグがいるのです」。この一文には，それを解決する訓練を受けているソーシャルペダゴーグが問題を解決することを，少なくとも解決を試みることを，社会が期待してよいという信頼感が込められている。

　最後に大切なこととして，クライエントが支援者の行動を期待できなくてはならない。多くの場合，クライエントは自らの人生をソーシャルペダゴーグの手に託しており，支援者に適切な専門的能力を期待することができなく

てはならない（Skau, 2003）。行動が求められるときに何もなされなければ，クライエントは支援者からの行動を不要と考えるかもしれない。それは非常に否定的な結果をもたらす可能性のある事態である。

　倫理的判断は，もっぱらソーシャルペダゴーグが専門的活動のなかで行った選択の結果に関心を向ける。つまり，彼が行動するかどうかよりも，彼がとる行動に関心を向ける。それでも，介入するかしないかという問いが，最も重要な倫理的ジレンマの一つと見なされなければならない。ソーシャルペダゴーグという職業全体の正当性がこのジレンマにかかっている。ソーシャルペダゴーグに投資するのであれば，彼らが特別な専門的知識と能力を持つ分野で仕事をすることを期待すべきである。行動を起こさないという選択が妥当だと思われるなら，同時に十分な説明があるべきであり，それを明確に伝える必要がある。児童福祉司は，リスクにさらされている子どもの家庭に介入しなかったことで批判を受ける場合がある。その場合，なぜ何らかの行動を起こさないことを選択したのかについて，彼らが説明することを期待すべきである。

　行動する必要があるという主張に対する風当たりが，このところ強くなっている。支援の利用者も支援プロセスの参加者であるべきだという近年広まった考え方は，時に，クライエントから要望がなければソーシャルペダゴジー的な行動を起こす必要はないという誤解をもたらす。言い換えれば，クライエント（支援の利用者）自身が求める介入のみが正しい介入である，という考えに陥る恐れがある。Skau（2003）の言う通り，この考え方は狭すぎる。ソーシャルペダゴーグの行動への要請は，彼の専門的能力によって生じるものであり，その能力はクライエントに恩恵をもたらすことを目指した訓練と経験によって習得されたものである。もしそれが活用されなければ，クライエントの状態を悪くする。それはまるで，歯医者は，患者が痛いのはいやだと言えばドリルを使わない選択をすべきだ，と言っているようなものである。歯医者に求められる行動は，患者がためらっていても，ドリルで歯に穴をあけることの必要性を説くことである。ソーシャルペダゴーグがどのような行動を起こす必要があるかという問題は，その場のニーズを満たすことよりはるかに複雑である。加えて，行動の必要性には，権力とその行使の問題も関わる。

ソーシャルペダゴーグが他者の生活に介入する際の最良のシナリオは，結果としてその人に新しい機会がもたらされることである。介入によって，クライエントがそれまで長く切望していた新しい機会が見出される。ここで言う「新しい」には括弧をつけておきたい。よくあることだが，ソーシャルペダゴーグからの優れた提案は，クライエントがすでに試みてきたことの上になされる場合が多い。ソーシャルペダゴーグは物事をクライエントとは異なる角度から捉えることができるので，提案がまったく新しい光に照らされて見えるということだろう。そのようなプロセスを，クライエントが構築してきたものの再構築と呼ぶことができる。ソーシャルペダゴーグにとって重要なのは，介入とは，常に目覚ましいものである必要はないし，これまで考慮され実行されてきたものとまったく違うものである必要もないのをわかっておくことである。それでも，クライエントのニーズ，クライエント自身によるアセスメント，クライエントが置かれた現実の状況，利用可能な機会と限界の把握，ソーシャルペダゴーグが貢献できる実践的ないし理論的な知識などを総合しながら，介入を始める必要がある。ソーシャルペダゴジー的な介入は，きわめて多様な要因の組み合わせの上に構築される。それらの要因が組み合わされて理解が生まれ，何らかの「新しい」と思えるような具体的提案がなされれば，クライエントは変化への機会を手にするだろう。
　介入はさまざまな形をとることがある。

- リタは，レクリエーションセンターで，自己主張に乏しい数名の少女たちの茶話会を始める。リタは少女たちがこのグループを通じてお互いをより身近に感じ，人と関わる力を高めてほしいと願っている。
- リーフは，以前から関わりのある16歳の少年の支援に関する提案書を提出する。支援の目的は，少年が一日中コンピューターの前に座っているのをやめて，外出の機会を増やすことができるよう助けることである。
- メレッテは，施設で生活している若者を対象に，ネガティブな言動を自分で記録するシステムを導入する。その目的は，少女たちが周囲をどのぐらいの頻度で傷つけているかに気づき，その気づきが行動の変容に結びつくことである。

- チハンは，地域の里親家庭へ助言するスーパーバイザーと契約を結ぶ。彼が担当する地域の何戸かの里親家庭には，16歳前後の青年が暮らしている。青年たちができるだけよい形で自立生活へ移行してほしいと彼は思っている。
- オイスティンは，彼が勤める学童保育に通う子どもたちに，1週間に数回本の読み聞かせをしようと決心する。彼は，読むのが苦手な子どもがいると教師の一人から聞いて，子どもたちに読書の喜びをもっと感じてもらえるよう貢献したいと思っている。
- リンディスは，保護命令を受ける可能性があるケースについて，郡の社会福祉評議会で説明する準備を始めた。それを通して，彼女がこの1年のあいだ関わってきた双子に安全な生活が訪れることを願っている。
- ジューンは，保育園の遊び場の一角にある大きな木に，登るためのロープを吊すことにする。最もルールを守れない男児たちを集めて活動しようとしている。毎日の昼食後の時間を使って，交替で順番に使うといった社会的スキルを練習させることが彼女の目的である。

クライエントにとっての新たな機会を，介入のなかに含むことができる。ここで重要なのは，「誰か」が，この場合はもちろんソーシャルペダゴーグが，クライエントの代わりに，肯定的変化のプロセスをスタートさせることである。ただし，この状況には問題が内在している。そこで実行される介入が，クライエントの最善の利益に沿っているかどうかわからない，という点である。何が最善かについてさまざまな意見があることが多い。これについて，いくつかの要素を検討して，介入に対する評価がさまざまに分かれる理由を示してみたい。

役割と業務に基づく優先順

さまざまな役割を担う人々が支援プロセスに関わり，何が必要か判断するとき，それぞれが違う結論に到達することが多い。その最もわかりやすい例は，支援者と支援を求める人が違う視点から状況を見ている場合である。両者は，まったく違った役割を持つが，他方で互いに補い合っている。支援者の役割は，一部は，他者に開かれた姿勢，共感性，独創性といった肯定的な

価値観によって特徴づけられる。しかし同時に，支援者は権力と支配を行使する（Skau, 2003）。支援を求める人は，旧来は，援助の受け手，問題の持ち主，変化する準備が（多かれ少なかれ）ある人として描写されてきた。この言葉の古典的な定義は，**援助者からの援助を受けている，援助が必要な人**（Johanssen et al, 1965）である。このイメージはここ20年間で大きく変化した。支援者とクライエントの「古い」関係と「新しい」関係を結ぶ線上の位置を指標にして，重要な性質を理解することができる。

　多様な役割は，それぞれの役割に応じてさまざまな務めがあることも意味する。従来は，私たち支援者は支援を求める者に問題をそれと定める役割が与えられ，支援者はその問題の改善を目指して介入を実行する役を担う傾向があった。支援を要する者自身が確信的に定めたものこそが「本当の」問題と見なされ，それが形になった後に介入が行われることが多かった。このイメージでは，支援者が積極的な役割を果たし，支援を受ける者は受け身的な受け手であった。現代では多くの場合，支援を求める者は，自らの支援プロセスに積極的に貢献する存在であると捉えられている。しばしばアクター視点（actor perspective；Williams et al, 1999；Storø, 2003）[訳注3]と呼ばれるものである。そこでは問題を定めることと，その問題を改善するための解決策を見出すことの両方が行われ，特に，具体的な変化のプロセスに支援を受ける人が積極的に参加することが期待される。このような視点が当てはまる実践分野はいくつもあるが，構築主義の指向を持つ実践において特に顕著であろう。

　支援プロセスにおけるそれぞれの立場と，それぞれの立場に与えられる務めは異なった事柄である。それゆえ，それぞれの立場の人が介入をどう感じるかを考えてみると興味深い。支援者が提案あるいは開始しようとしている介入が，支援を求める人に多大な労力を求める場合を想像してみよう。おそらく支援者も支援を求める人もその提案自体はよいと思うだろうが，支援を求める人が，その介入に必要な活動に乗り気になるか，あるいは活動できると感じられるかどうかは定かでない。

　　ティンはある学校で環境療法士として働いており，12歳のトルルスに関わっている。トルルスは宿題を一切せず，クラスの他の生徒と比べて学習が遅れてし

まっている。彼の担任によれば，トルルスは以前よりさらにクラス内で孤立している。ティンは，勉強とクラスメイトとの交流の両方がもっとうまくいくように支援することに決めた。彼女が提案した介入のひとつは，トルルスに宿題の助けが必要ということだったが，トルルスは乗り気ではない。何かが必要だということはわかっているが，学校の勉強にうんざりしていると言う。

　支援者が支援を必要としている人と関わる環境を把握するため，周囲の人々の役割に目を向けてみよう。すると，母親，父親，きょうだい，祖父母，近隣の人，支える人などの役割の人々が彼の周囲に登場する。提案あるいは開始する介入に対して，それら多様な役割の人々はそれぞれの見方を持っている。

　　ティンは，トルルスの両親との話し合いを求めた。話のなかで彼女は，宿題の手助けが必要ということを話題にし，子どもが宿題をしたかどうかチェックする役割をいくぶんか担ってほしいと提案する。両親はこの提案に乗り気ではない。両親は子どもに十分対応していると感じており，子どもの学習に関する問題の解決は学校の仕事ではないかと言う。

　誰が何をすべきかという問いが，ソーシャルペダゴジー実践の中核にある。それぞれのアクターが介入を違った風に評価しているという状況がこの領域で特によく見られる。正しい介入の中身についての意見の相違もあるだろう。トルルスの両親との意見交換から，両親にとって学校こそが学習の場であり，正しい介入は学校で行われなければならないと考えていることがわかる。
　このように，介入の評価は，部分的には，与えられた役割や務めから，そしてそれぞれのアクターが持つ支援プロセスとの関係から生まれる。

個人的好み
　ソーシャルペダゴーグが，介入することは正しいのか，最善の介入は何か，を見極める際に，私的ないし個人的な好みが影響を及ぼす。言い換えれば，介入はある程度は個人次第であり，その人の判断と経験に基づいてい

る。それまで個人への介入がうまくいった経験のある支援者であれば，彼の取り組みは個人に向けたものになるだろうが，集団のなかで活動することや，あるいは社会的ネットワークに対して働きかけることを好む支援者もあるだろう。

　ティンは，トルルスへの支援を始める前に，介入を始める際に子どもの親をうまく巻き込んだ経験を持つ同僚と話をすることにする。宿題の支援を始める際に，自分がしたことのない経験から何かを得られるかもしれない。両親と会ったとき，何かしようという意思を彼らからあまり感じ取れなかったために思いついたアイディアである。

　ソーシャルペダゴーグの個人的好みは，行動のための，介入のための出発点となる。しかし，そのような好みは専門家としての実践の幅を狭めてしまうこともある。支援者は自分の個人的好みを自覚し，専門家として，より幅広い評価を行うために，それを越えていく必要がある。

状況のアセスメント

　支援が行われる状況はいつも重要な要素である。「文脈」という用語を好む人は，正しい介入を選択するためには，文脈のアセスメントが重要であると言う。

　支援を必要とする人が置かれている状況には，あるいは文脈にはと言ってもよいが，介入の選択に影響を与える決定的な要素が含まれている。どんな要素がそこにあるだろうか。それは，現実の状況を構成する，考えうる限りのすべての側面である。「個人レベル」と呼べるものには，誰が関わっているか，どこでその状況が発生しているか，関わる人の間の関係性，実行される行動の目的が含まれるだろう。実践レベルでは，予算状況，建物の構造など，物質的な枠組みが一つの要素として働く。さらに一般的なレベルでは，経済的，社会的，文化的な要素が状況に影響を及ぼしている。文脈とは，はっきり定められ分離できる現象ではなく，多様な社会的活動を含み，その状況に関わる人々の活動に影響を与えるさまざまの環境要素からなる複雑な集合体である（Reichelt, 2006 を参照）。すべての状況は，同時的にあるいは

その前後に発生する他の状況とつながっているため，ある状況下で何が重要かを見極めることは難しい。状況のアセスメントには，慎重な裁量という要素が間違いなく存在する。

　　ある日，トルルスの担任は，イースター休暇まであと2週間しかないので，トルルスの宿題支援を始めるのはもう少し待ってほしいとティンに伝える。イースター休暇が明けて，生徒が学校に戻ってきたあとに行うのがよいのではないかと彼は考えている。

　このように，置かれた状況の評価はアクターによって大きく異なる。トルルスの担任は，「休暇の前」の状況より，「休暇の後」の状況のほうが宿題の支援開始に適していると主張している。

初期視点の相違

　起こりうるもう一つの事態は，支援者が違えば，自身の行動に違った視点を持つことである。それは理論的な視点かもしれないし，経験に基づくあまりしっかり体系化されていない視点かもしれない。理論的な視点は，そこから介入の振り返りが生まれる基盤になるだろう。前述したように，理論と実践の関係は，異なったレベルの抽象度で現象を理解することであり，実践は考えの現実化と理解することができる。考えが（精緻に体系化された理論ではなく）あまり体系化されていないものであれば，明確なものにまだなっておらず，考えている人がそこから専門的概念を形成していることはないであろう。そんな場合それは，**個人的な好み**に近いものである。個人の好みに基づいて活動する支援者でも，じっくりと話し合えば，より明確な思考の筋道を見つけることができるかもしれず，一貫した考えの筋道が見える形にすることができるだろう。暗黙知が形をとることによって，（その暗黙知の「持ち主」にとっても）聞き取れるものになるプロセスをそこに見ることができる。私はこのような形成のプロセスを大切にしている。近年，「暗黙知」の概念は，実践志向の専門家の間で一定の地位を得ている。しかし，私見では，その知を形にすることについて論じた優れた論考がまだ見当たらない。
　支援者の視点が明確になれば，他の人たちと協働しやすくなることが多

い。一定の視点を持って実践することを推奨する理由である。

　最近ティンは，変化をもたらす認知的な技法を学ぶ講座を受講し，トルルスへの働きかけを始めるにあたって，そこで学んだ視点について考えている。妥当な介入を見定める際に，トルルスの学校での頑張りに焦点を当てるという視点である。社会的ネットワークを重視する彼女の同僚と話し合うなかで，その視点を持つことでケースの見え方がまったく異なることに気づいた。

　同僚たちとの対話を通じ，与えられた状況における最善の介入を見つけ出すことが可能になるだろう。議論のなかで，提案の背景にある考えについて同僚たちが説明してくれれば，最善の介入を見つけ出すことがさらに容易になるだろう。

適切なとき

　ソーシャルペダゴジーのこの数年の流れで，「適切な方法を適切なときに」という表現がよく用いられている。どんなに優れた介入であっても，効果が発揮されるのは適切なときに行われた場合である，ということである。タイミングがすべてである。この表現に賛同するのは簡単だが，逆に言えば，専門用語として用いるには一般的すぎることを表している。ここで説明するにあたっては，もっと具体的に述べる必要がある。

　「適切なとき」を見極めるということは，時間の次元を含む状況だと理解することである。ある時点で与えられているその状況が，介入が効果的に働くために最適な状況でなくてはならない。反対に，多くの要素が関わっているなかで，特定のタイミングというものが決定的な意味を持たない状況もある。トルルスの担任の宿題の支援を休暇明けまで待ちたいという言葉は，その状況を理解するにあたって「適切なとき」が重要な側面だという視点の表現であった。

　時間の次元が，支援プロセスにおいてアクターたちに**十分な時間**を与えることとして現れる場合も想像できる。ソーシャルペダゴーグは時に，たとえ優れた介入の提案があっても，新しいことが起こるという考えにクライエントが慣れるよう，開始を延ばすこともある。

トルルスの担任は，休暇前に彼と話し合い，休暇後に学校が再開したら宿題の支援が始まることを伝える。そうすることで，学校が彼と共にする取り組みにトルルスが積極的に参加する気持ちになることを，担任は願っている。

クライエントに**十分な時間**が与えられれば，これから起こることに対してモチベーションを高めることができる。言い換えれば，クライエントが変化を受け入れるための十分な時間を与えずにソーシャルペダゴーグが介入を始めてしまうと，クライエントがその介入に反発する恐れがある。

一次的タスクと二次的タスク

子どもや若者と関わるには，やらなくてはいけない業務が多数ある。たとえば対話すること，活動すること，居心地よく過ごさせること，食事を提供することなどであり，個々の子どもや若者に接する業務もある。また，そういった関係が起こる場の周辺にある実践環境を整える業務もある。施設の管理，予算編成，報告書作成，専門的方法論の指導や発展などである。Larsen（2004）は，これと同様の区分を，一次的プロセスと二次的プロセスという表現で行っている。この二つの業務プロセスは，二つの異なるタイプのタスクからなる。この業務分類では，一次的プロセスないし一次的タスクが優先される。子どもないし若者に直接関わることこそが，ソーシャルペダゴーグにとって最も重要な業務であることを示している。ただし，二次的タスクを軽視してはならない。二次的タスクの仕事によって一次的タスクの仕事が可能になるからである。

振る舞い方

この章を締めくくるにあたり，Eriksson（2005, p.65）の記述に戻りたい。彼女はソーシャルペダゴジーのもう一つの見方を導入している。

そこにあるのは，唯一優れたソーシャルペダゴジー理論ではなく，民主主義の原則を強調し，常に変化していく社会とそれぞれの個人を資源とし

て捉えるような姿勢あるいは共通の価値観という基盤である。

　Eriksson は，これまで行われてきた理論の明晰性の追求を，別の考え方に，すなわち**姿勢**に，置き換えようとする。言い換えれば，ソーシャルペダゴーグの振る舞い方について語るのである。私はこれを，価値観に基づく一つの立場を示すものと受け取っている。私は Eriksson の示唆を，ソーシャルペダゴジーに共通する何か，理論的な性質を持った何かを見出そうとする試みと考えている。彼女はその共通点を，理論の世界のどこかではなく，理論とつながった価値に基づく物事の行い方のなかに見出そうとしている。理論がどのように用いられるべきかについての彼女の解釈を示しているのである。現在のソーシャルペダゴジーが三つの立場を包含しているとする Holst (2005, p.19) の結論をこれに加えることができる。第一が哲学への志向，第二に社会学への志向，そして第三が実践への志向である。「第三の立場はソーシャルペダゴジーを専門領域や専門職と捉える出発点であり，社会的に脅かされている人々の社会的包摂に貢献することを使命とする」。続く章で考えていきたいのはこの最後の志向性である。

Date：2008 年 4 月 18 日（金曜日）11:07:23
From：メッテ・グレブスタッド
To：トロンド・フラントセン
Subject：Re: こんにちは！
　トロンドさん，こんにちは。もちろん覚えています。楽しかったです。あのときの私の返答に気分を害しておられなければよいのですが。本当はあの日はあまり議論する気になれず，ただ本を眺めていたい気分だったのです。
　あなたのおっしゃることは，興味深いです。ご指摘くださった問題については，これまでに十分取り組んでいないと言わざるをえません。誤解してほしくないのですが，あなたがなさっていることは，とても重要で興味深いことと考えています。ただ，私が強く惹かれるのは，理解の構造や全体のつながりなのです。あなたのおっしゃる内容から，私が著書を通して主張したいことを理解しようといろいろ考えてくださったように思いました。拙著も購入いただいたようで，私には少なくとも一人読者がいることになります (^_^)。このような問いかけをいただいたのははじめてです。私が書いてきたこの種の本は，実践を

行っている方に向けたものというよりは，学術的あるいは理論的な関心のある方に向けたもののように見られているかもしれません。

　それはともかく，あなたからの問いかけに応えたいと思っています。あなたにとって理論がどのような意味を持つのか，そして私にとってどんな意味を持つのか，議論を続けると楽しそうです。

　来週火曜日であれば都合がつきます。午後7時はどうでしょう。指定の場所は学生のときに通っていたので，よく知っています。それではそのときに！

MG

【注】

1）「反復の文化」「振り返りの文化」という用語は，1984年にオスロ児童福祉局の後援で行われた Erik Larsen と Mats Marnell の「過程とプロフィール」の連続セミナーで用いられたものを引用した。

2）Grønvold（2000）は，環境療法の実践に役立つさまざまな視点を概観している。

3）私はこのような考え方を，同僚の Erik Grønvold から学んできた。

4）第1章で述べた介入の概念について，私の理解を再確認しておきたい。私の介入概念では，クライエントを，「ソーシャルペダゴーグの介入にさらされる」受動的存在と捉えるべきではない。私の介入概念では，介入は，クライエントから行動を起こす必要があることを前提にしている。

【訳注】

1）文中の reflecting/reflection(s) は，各文のニュアンスに合わせ，「省察」，「振り返り」のいずれかの訳語を当てた。原著で用いられている reflecting/reflection(s) は，自らが体験した感情や考え，イメージ等を言語化し，対話によって対象や自己の理解を深めていく行為として用いられる。

2）「レジデンシャル・ホーム」は居住型施設であり，この箇所では，日本の「児童養護施設」にあたる。ただ，およそ3歳から18歳までが暮らす日本の「児童養護施設」と異なり，ヨーロッパでは年齢別の施設が多い。本書では青年期を対象とした施設を指している場合もあるため，「児童養護施設」の訳を用いず，「レジデンシャル・ホーム」とする。

3）翻訳の難しい用語である。関わるそれぞれの立場の人が，それぞれの立場から行為（act）するという意味で「行為者視点」，あるいはアクター（actor）の別の意味を活かして「登場人物視点」「役者視点」といった訳も考えられるが，いずれの語でも不要なニュアンスが加わってしまう。

第**4**章

誰がソーシャルペダゴーグなのか

「ソーシャルペダゴーグ」という名称を独占している専門職は存在しない。本書では，おおむね児童福祉領域のペダゴーグを念頭に置いているが，社会教育士，子どもや若者の支援者，ソーシャルワーカー，教師，幼稚園教諭なども，本書で述べる仕事に取り組んでいる。加えて，本書は専門家以外の多くの方々にも参考になるだろう。

　ここではソーシャルペダゴーグが担っている役割や実践する仕事を参照しながら，ソーシャルペダゴーグとは何者なのかを探ってみたいと思う。とりわけ，ソーシャルペダゴーグが何をするのかに焦点を当てたい。また，ソーシャルペダゴーグのすることと，他の専門家がすることの類似点にも注目したい。

ソーシャルペダゴーグとは何か

ソーシャルペダゴーグはソーシャルワーカーなのか

　そうである，と言ってよいだろう。ソーシャルワーカーは，特定のあるいは複数の問題を抱え，その問題解決のために他者の助けが必要な人々を支援する職務に従事している。Herberg と Jóhannesdóttir（2007, p.15）は，ソーシャルワークとソーシャルペダゴジーは「共通の関心領域，すなわち共通の実践を持つ」と明確に述べている。ソーシャルワーカーはジェネラリストであり，助けを必要とするあらゆる人々の支援に携わるが，ソーシャルペダゴーグの専門領域は子どもと若者に限定される，と言う人もいるかもしれない。大人と関わるソーシャルペダゴーグは多いが，対象となるのは，普通，主たるクライエントである子どもや若者の親である。先に述べたように，

ソーシャルペダゴーグは，その業務で特に教育的志向を持つソーシャルワーカーと見なすことができる。Herberg と Jóhannesdóttir（2007）は，いずれの分野にも属する上の世代の専門家として，特に Jane Addams と Mary Ellen Richmond の名を挙げているが，二人は，Paul Natorp をソーシャルペダゴジーの重要な先駆者と見なしている。

ソーシャルペダゴーグは教師なのか

そうである。教師の役割や職務も，ソーシャルペダゴーグの日常的な仕事を代表するものである。教師はまさに，ペダゴジー的なあるいは教育的な活動を表す一つの用語である。Natorp のようなパイオニアが記述して以来，教育的な側面はソーシャルペダゴジーの中心に置かれてきた（Mathiesen, 2008）。しかし，ソーシャルペダゴーグは，教室で教える教師と同じような意味での教育者ではない。ソーシャルペダゴーグの教育的課題は，学校教育よりも養育と形成に密接に関連している（Madsen, 2006 を参照）。Wivestad（2007）が養育と教育（の両方）としてペダゴジーを語るように，現代のペダゴジーの考え方には純粋な教育以外の要素を確かに含んでいる。しかし，その点で，学校は今でも最も重要な場である。一般的なペダゴーグ，すなわち教師は（ソーシャルペダゴジー実践の要素を持ちながら）教えることに従事している。他方，ソーシャルペダゴーグは（伝統的なペダゴジーの要素を持ちながら）養育に従事している。教師が対象とするのは，一般的な子どもや若者，および大人である。他方，ソーシャルペダゴーグの対象は，社会的危機状況に置かれた子どもと若者である（Mathiesen, 1999; Madsen, 2006）。

ソーシャルペダゴーグによる教育は，自ずと社会的なものになる。学びは日々の社会的状況（あたりまえの日常生活）のなかで起こる。学ぶ主題は，それぞれの個人が生きる社会生活で役立つスキルや価値観や姿勢である。一般的な生活の要素を含む特別に設定された状況，つまり，普通，施設という形をとる状況において，それが行われることもある。教師のなかには，これに抗議し，具体的で味気のない事実以上にはるかに多くのことを教室で教えていると主張する者もいるかもしれない。それは不当な抗議ではない。一般の教師も，ソーシャルペダゴジー的な想いに駆り立てられていることを示しているに過ぎない。だとしても，一般的な教師が行うソーシャルペダゴジー

的な側面と，ソーシャルペダゴーグが行うソーシャルペダゴジー的な活動を区別することが重要である。前者は知識の習得の一側面であり，後者は，言ってみれば，**生活のなかにおける生活に関する学び**である。これを区別するのは，専門領域の間に壁を作るためではなく，異なった専門家集団が実際に行っていることを明確にするためである。その違いをわかりあった場合にこそ，私たちは協働し，専門家として共通の取り組みを発展させることができる。

　ソーシャルペダゴーグを，仕事に教育的な目的をもつソーシャルワーカーと見なしたが，教育に社会的な視点を持つペダゴーグ，つまり社会志向のペダゴーグと見なすこともできる。まさに，ソーシャルなペダゴーグである。この言葉の並びには何かしら意味があるに違いない。しかし，先に話を進めて，ソーシャルペダゴーグの仕事の他の面を検討していこう。

ソーシャルペダゴーグは心理士なのか

　答えは間違いなく，「そうではない」である。心理士は治療を行う。治療は，主に個人内の心理的状況における不適応に向けられる。ソーシャルペダゴーグは，個人とその生活状況を包括的に扱うソーシャルワーカーの面が強い。心理士は，ソーシャルペダゴーグよりはるかに明確に定義された知識と技能を持つ。臨床心理士[訳注2]の仕事の一つはアセスメントであり，それには，相応の知識が求められる。

　他方で，心理学は，ソーシャルペダゴジーにおける理論的知識の重要な柱となる専門領域である。ソーシャルペダゴーグは，子どもや若者に寄り添うために，発達心理学についての知識を身につける必要がある。その知識によって，人の振る舞いや感じ方が正常なのか逸脱しているのかを区別し，個人や集団がどのように行動するのかを理解することができる。また，支援するクライエントの内的世界を理解し，人々が互いにどのように感情を投影しあうのかを理解することができる。心理学の知識は集団内の社会的プロセスの理解にも役立つ。ただし，心理学の知識は，それがより広範な構造のなかに位置づけられたとき，はじめてソーシャルペダゴーグにとって有意義なものとなる。

　ここで触れるに値するもう一つの点は，心理士とソーシャルペダゴーグで

は，クライエントの問題を捉える方法がはじめから根本的に異なることである。Nyqvist（2004）が言うように，若者の暴力を，内的病理として，つまり正常からの逸脱として理解することと，彼らを，無力化された存在，「外部者」，他と異なった存在として理解することとの間には，著しい相違がある。伝統的な志向性を持つ心理士が逸脱として扱う状況を，ソーシャルペダゴーグは，大人の世界との，社会の組織との，若者世界の文化規範との対話の欠如という視点に立って考えるだろう。

ソーシャルペダゴーグは社会学者なのか

これについても，答えは「そうではない」に違いない。ソーシャルペダゴーグの実践において最も重要な側面は，クライエントとの関わりである。社会学者は分析と解釈を行い，集団および社会のプロセスと傾向を理解するために理論を用いる（Garsjø, 2001）。実践するソーシャルペダゴーグは，個人に向き合う姿勢を持っており，集団への関心があるとしても，主に社会学者が小集団と呼ぶもの，たとえば家族などへの関心である。とはいえ，ソーシャルペダゴーグの知識の片足が心理学にしっかりと置かれている一方で，もう片方の足は同じくらいしっかりと社会学に置かれている。ここでも「正常性」や「逸脱」といった用語が，ソーシャルペダゴーグの有益なツールとして浮かび上がる。そして社会学に向けられた視点を活用することによって，心理学的な視点で見出されるものとは異なる理解を見出すことができる。正常性と逸脱についての社会学的な視点は，感情や認知より，社会のなかにおける個人および集団の包摂や排除のメカニズムに強く結びついている。その視点によってソーシャルペダゴーグは，人々や集団の行動を決定する社会的な力を見ることができる。その結果，権力の行使として理解できる構造的な力などの権力関係を見極めることもできる。社会学から学ぶ理論は，ソーシャルペダゴーグにとって，クライエントが社会全体のなかに自身の居場所を見つけるのを援助する際の助けとなるだろう。

ソーシャルペダゴジーの理論家のなかに，明らかに社会学を志向する人がいることにも言及しておくべきだろう。Hegstrup（2007）によれば，Madsen（2006）がその例である。しかし，先に Mathiesen（2008）に触れながら述べたように，歴史的に言えば，ソーシャルペダゴジー理論はペダゴジーの基

盤の上に築かれている。

ソーシャルペダゴーグは研究者なのか

　ある意味で，この質問には前の二つの節で答えがすでに与えられている。実践するソーシャルペダゴーグは，研究を中心に置く人ではなく，何より人々と共に働く実践家である。しかし，ソーシャルペダゴジーが心理学や社会学に近接していることから，ソーシャルペダゴジーの専門家がどのように研究に関わるか見ておきたい。心理学も社会学も研究を中心に置く専門分野である。心理学研究の多くが自然科学の伝統に基づいているが，社会学の基盤は社会科学にある。注目に値する差異である。ソーシャルペダゴジーと心理学の共通点は，具体的な個人を取り巻く状況を改善する仕事である。しかし，ソーシャルペダゴジー研究は，明らかに社会学と伝統を共有している。

　ソーシャルペダゴーグが行うことのなかに，研究という性格を持つものを見出せるか探ってみよう。ソーシャルペダゴジーの方法論は，研究の方法論とどう関連しているだろうか。本書で強調しているのは，ソーシャルペダゴジーの仕事の一つの重要な側面は，ごく普通のことでありながら体系的でもあることである。体系的な側面とは，特定の課題と理念で方向づけられているところであり，それは研究者がそうであるのと似ている。ソーシャルペダゴーグは，何かをする前に調べなければならない。ソーシャルペダゴジーの実践は，個々のクライエントの背景と現状の検討の上に行われる。ソーシャルペダゴジーは包括的な実践であり，それは状況を徹底的に調べる責務があることを意味する。ソーシャルペダゴーグが調査を行うとき，発見した資料を分析しなくてはならない。調べる作業も分析も，質的研究を行う研究者が行うことに近い。Kvale（1977, p.21）の言葉を借りるなら，それは，「インタビュー対象者の世界について話されたものを収集しながら，そこに述べられた現象の理解を視野に入れている」作業である。しかし，その後で，研究者とソーシャルペダゴーグが果たすべき課題は違った道をたどる。研究者は，次の段階で，資料に含まれるさまざまな視点と傾向について考察する。今後の課題や導き出された結論も提示するだろう。しかし，原則として，それらの実行は他の人の責任となる。ソーシャルペダゴーグが考察する際の課題はそれと異なり，実践レベルの旅がそこから始まる。ソーシャルペダゴー

グの考察は，理論的なレベルではなく，行動として，実践を志向するレベル
で行われる。研究者は常に書くことで主張を形にするが，ソーシャルペダ
ゴーグは考え語ることによって（のみ），主張を表現することが多い。ソー
シャルペダゴーグにとっては，調査と分析によって浮かび上がったさまざま
な行動と介入の可能性に目を向けることが主張の目的である。理論上の選択
肢としてそうした行動や介入に関心を持つわけではない。クライエントに最
善と思われる道を選び，それを実行に移したいのである。ソーシャルペダ
ゴーグの「研究への関心」は，ソーシャルペダゴジーの具体的な実践と密接
に関連している。優れた介入は，それが遂行されてはじめて価値がある。し
たがって，実践するソーシャルペダゴーグにとって，調査は，それ自体に価
値はないが，ソーシャルペダゴジー実践の一部として不可欠なものである。

　ソーシャルペダゴーグが学術的な世界とつながるもう一つの道がある。
ソーシャルペダゴジーは，研究を通じて発展した専門的視点である。理解と
方法は，実践と理論の間で行われる相互交流を通して発展する。先に述べた
が，ソーシャルペダゴジー実践は知識に基づかねばならず，学術的世界との
結びつきを支えとしている。

ソーシャルペダゴーグは哲学者なのか

　哲学者のように，ソーシャルペダゴーグは明白なものの背後に存在するも
のを理解し，把握することに関心を持つ。しかし，哲学者とソーシャルペダ
ゴーグの間には大きな違いがある。哲学者は普通，主として一般的で大きな
問いに関心を向ける。哲学者が個人に焦点を当てるのは，人としてよりは，
概念としてである。ソーシャルペダゴーグは，一人の個人としても集団の一
員としても，人としての個人に焦点を当てる。そして，ソーシャルペダゴー
グの関心は，追い求めた理解を**実践へ適用**することである。

　加えて，私は倫理というテーマをソーシャルペダゴジーおよび哲学の問い
に結びつけたい。倫理と道徳はソーシャルペダゴーグの仕事と密接につなが
らねばならない。倫理的，道徳的な基準は，何が正しいソーシャルペダゴ
ジー的介入なのかを測るために用いられる。ただし，ソーシャルペダゴジー
で用いられる倫理は，哲学だけに関係するものではない。それは，ソー
シャルペダゴーグが支援するそれぞれの個人と，その人が置かれている状況と，

ソーシャルペダゴーグが行う（あるいは行わないことを選ぶ）実際の介入
と，密接につながっている。したがって，ソーシャルペダゴジー的倫理は，
哲学——正しい介入は何かに関する一般的な考察——と，クライエント個人
に対する支援で実際に行うソーシャルペダゴーグの実践の両方に結びついて
いる。

ソーシャルペダゴーグは政治家なのか

答えは，「はい」でもあり「いいえ」でもある。後者から始めよう。ソー
シャルペダゴーグは，政策立案をするという意味では政治家ではない。ソー
シャルペダゴーグは，観念的なレベルで働くことはない。政治家の仕事は私
たちが進む方向を指し示し，そこに行きつくための土壌を準備することであ
る。政治的な考え方はビジョンの世界に属するが，採択される政策のなかに
ソーシャルペダゴーグの仕事に直接影響を及ぼすものもある。たとえば，政
治家は児童福祉を規定する新たな法律を国会で通すかもしれない。その場
合，その実行はソーシャルペダゴーグの仕事となる。ノルウェーで 2001 年
に行われたように，児童福祉サービスは家庭に根差した施策に力を注ぐべき
であるという政治家の決定[注1]が，児童福祉に関わる支援者一人ひとりの業
務遂行に直接影響した。したがって，ソーシャルペダゴーグは，ある意味で
は政治家と密接に連携して仕事をする。ソーシャルペダゴーグは政策の実践
家であると言えよう。

ソーシャルペダゴジー的な介入は，政治的決定に深く関連していることが
多く，それゆえ，政治思想とも関連している。その関連が，他の分野より明
確なこともある。予防的支援を見てみよう。若者への予防的介入の条件は，
時代や地域によってさまざまである。政治家がユースクラブやアウトリーチ
活動に強い関心を持った時代もある。優先順位が低くなる期間もある。政治
家が予防的介入に熱を入れると，その実行のために，一般にソーシャルペダ
ゴーグ（等の専門家）が投入される。それは，予防という政治思想が，ソー
シャルペダゴジーが若者への優先事項と考えるものと合致するためである。
反対に，政治家が，たとえばアウトリーチによる地域支援の優先度を下げる
決定をした場合，ソーシャルペダゴーグには試練となる。政治決定を受け入
れ，他の方針のもとで他の職務を見つけるのか，それとも，自らが信じる専

門家としての考えと，優先度の変更によって影響を受ける若者たちのために抗議するのか。ソーシャルペダゴーグは，政治決定をどこまで受け入れるか，あるいは反対するかをある程度選ぶことができる。何を選んだかにかかわらず，ソーシャルペダゴーグの選択が政治的な選択としても専門家としての選択としても受け止められる可能性がある。

　先ほど，ソーシャルペダゴーグは政策の立案者ではないと述べたが，その主張に反論してみたい。個人や集団との仕事を通して，ソーシャルペダゴーグは，さまざまな生活状況とクライエントの対処法について知識を獲得する。Freire（1990）は，弱い立場にある人々との仕事を政治的理解に結びつけることに特に関心を向けている。Freire は，ペダゴジーを，人々が尊厳ある生活を営むことを目指して仕事しなければならない分野と見なす。彼は解放的行動理論を提唱し，「対話的行動の理論によれば，複数の参加主体が人生を変えるために協力する」と主張する（Freire, 1990, p.157）。ソーシャルペダゴジーが実践される現場で行われる努力は，政治家にとっても重要であり，政治家がソーシャルペダゴーグの実践に影響を受けないとは言えない。政治家がソーシャルペダゴジーの実践現場を目の当たりにしてインスピレーションを得ることがよくある。そのような場合，ソーシャルペダゴーグによる説明が政策に直接影響を与えることになる。Eriksson（2005, p.63）の，「政治は『外側から』，ペダゴジーは『内側から』社会を発展させる」という表現とも重なる。Langager と Vonslid（2007, p.3）によると，ソーシャルペダゴジーのひとつの側面について幅広い合意がある。つまり，何を社会的，個人的な問題と見なすかは，「経済状況の影響を強く受ける」ということである。ソーシャルペダゴジーは，政治と，実践の舞台となる社会状況と，常に密接に関連しているのである。

ソーシャルペダゴーグはアドボケーターなのか [注2]

　この問いは，実際のソーシャルペダゴジー実践の文脈で提起される。ソーシャルペダゴーグは，クライエントとの仕事のなかで，自らの願いを形にしたり，望みを叶えたり，助けてくれる人や機関を見つけるための支援を要する人々に出会うことが多い。ソーシャルペダゴーグの仕事の中核を成す要素である。アドボケーターはクライエントを代弁する。ソーシャルペダゴーグ

も同じ行為をしており，それがソーシャルワークの重要な側面であるという Payne（1991）の主張と重なる。ソーシャルペダゴーグは，クライエントが，たとえば自治体の社会福祉委員会などに，自身が直面する問題を訴える手助けができる。時には，公務員による不当な扱いや不正に対抗して，クライエントのために争うことさえできるかもしれない。それでもアドボケーターとソーシャルペダゴーグの働き方には大きな違いがある。原則として，アドボケーターはクライエントを代表し，クライエントのために働く。それだけではソーシャルペダゴーグにとって不十分である。ソーシャルペダゴーグにとって正しい行為は，クライエントと共に仕事に取り組むことである。私が理解するソーシャルペダゴジー実践では，クライエントの代弁者になるだけでは間違っている。ソーシャルペダゴーグは困難な状況で人々を手助けする仕事を喜んで受け入れるが，常に別の目的を持っている。つまり，クライエントは，共に取り組んでいる問題の解決について何かしらを学び，自分自身を助けることができるように，援助されなければならないのである。これがソーシャルペダゴーグとアドボケーターの違いの一つである。ソーシャルペダゴーグは，クライエントの手を引いて社会保障の事務局で嘆願するのではなく，その場面でクライエント自身が対処するための準備を行う。この支援法の最も重要な目的の一つは，次の機会にはクライエントがソーシャルペダゴーグの支援なしにそれをできるようになることである。また，ソーシャルペダゴーグには，必要があればクライエントに反論しなければならないというもう一つの課題がある。たとえば薬物乱用への対処のように，クライエントに自らのネガティブな選択を振り返るよう迫る必要がある。「いつもと同じ」考え方に囚われているクライエントに，別のやり方を採用するよう迫ることもひとつの責務である。そのような場合には，クライエントに反論したり挑戦したりすることも重要である。

　また，理論的なレベルにおいても，アドボケーターとソーシャルペダゴーグの間には重要な違いがある。主な違いは，前者にはたった一つの理論的源泉があることで，それは法律である。後者には多くの理論的源泉があり，法律は時折「借用」される理論的視点のひとつである。

　「アドボケーター」という用語にはもう一つの捉え方があり，それは，アドボケーターはスポークスマンでもあるということである。スポークスマン

とは，集団やあるいは個々人の中にある一般的な問題やニーズを代表して語る人である。対象は，社会から「忘れ去られている」集団かもしれないし，疎外されている人々かもしれない。ソーシャルペダゴーグが自身の職業を理解するときに，このようなスポークスマンの役割がそこに含まれていると言えるだろう。児童福祉ペダゴーグ，ソーシャルワーカー，社会教育士の専門家のための倫理基盤文書（FO, 2002, p.6）では，たとえば当局と対立状況に陥った場合，「寄り添う対象として最優先すべきものは，最も弱い立場にある者である」とされている。同文書は，「社会問題を生み出し，社会的排除や，尊厳が失われた生活状況をもたらす状況」が見出された場合，それを周知する責任があることも強調している（FO, 2002, p.10）。

ソーシャルペダゴーグは起業家なのか

　ソーシャルペダゴーグの専門実践を，活動とその根拠となる知識の両方の面から他の専門家集団と比べてきた。この最後の比較作業は，私が既存の専門家集団とは違う何かを探し求めていることを示している。この問いによって，ソーシャルペダゴーグの専門実践が，一つの機能，つまり何か新しいものを創造したり，何かを始めたりする機能と結びつけられる。社会構築主義を志向するソーシャルペダゴジー実践では，イノベーション的な要素が特別な地位を占めている。ソーシャルペダゴーグは，単にクライエントのニーズを満たすだけでは満足しない。ソーシャルペダゴーグが満足するのは，クライエント自身が自らのニーズを満たすことができるようになったときである。したがって，クライエントの人生のなかに，彼が前に進むことを助ける足掛かりを見つけることが重要になる（Storø, 2001）。そのために，ソーシャルペダゴーグは無から何かを生み出すのではなく，クライエント自身の貢献の上に築いていく。これは（ノルウェー語で）**大建築プロジェクトを調整する者**も意味することができる「起業家」という言葉と意味が重なっている。起業には，イノベーションと既存の資源との調和の両方の意味が含まれるのである。

　本章で私は，ソーシャルペダゴーグの仕事が他の専門領域の要素を活かしていることを示そうとしてきた。ソーシャルペダゴーグには複合的な能力が求められる。それは彼がソーシャルペダゴーグであることの一要素である。

さらにソーシャルペダゴーグは，知識，学習，インスピレーションを与えて
くれる上記の専門家グループたちとは違った仕方で，吸収したものを組み合
わせる必要がある。Hämäläinen（2005, p.31）は，ソーシャルペダゴジーは，
「特定の専門職および関係する学問分野として扱われるべきではなく，安全
な社会への統合と参加を求める人と共に，同じ市民として働くすべての人々
のための科学として発展すべきである」と主張する。ソーシャルペダゴジー
実践家の役割のもう一つの重要な側面は，専門家であることを望み，専門家
にあえてなろうとすること，つまり，ソーシャルペダゴジーの専門性の一翼
を担うことである。アイデンティティの一部が（今まで示してきたように）
他の職種にも見出せる活動に依拠している実践分野では，自らの分野の本質
を見つけようとすることが特に重要である。加えて，ソーシャルペダゴーグ
が仕事の多くを遂行している場は日常生活であり，私があたりまえの日常的
状況と呼ぶものである。つまり，多くの人々が子どもや若者を育てることに
ついて何らかのことを知っているため，ソーシャルペダゴーグには，彼に特
有の能力を明確に示すことが求められる。

　実践家は三つの能力を用いる。Skau（2005）は，個人的能力，理論的知
識，分野特有のスキル，の三つの専門的能力を挙げている。本書の私の説明
はあとの二つを中心にしてきたが，個人的能力にもある程度頁を割く必要が
あり，次節では個人的能力の諸側面について説明する予定である。まずは，
わかりやすい理論的知識と分野特有のスキルについて少し述べて本節を締め
くくろう。この二つの概念を並置することで，理論と実践の関係が浮かび上
がり，本書の主張を補ってくれる。実践家にとっても，実践に関心を持つ研
究者にとっても，最も私が重要と考えるものがこの二つの相互作用のなかに
ある。それは，分析の場合でも実践の場合でもスキルを発展させることが重
要だということである。私たちが思い描いているのは，非常に複雑な専門領
域であり，研究者でも哲学者でもあるソーシャルペダゴーグであり，その実
践はソーシャルワーク，教育，さらにおそらく法律とも，その性格を共有し
ており，そのすべては起業家の精神で行われるのである。

個人的能力

　ソーシャルペダゴジーに関連した仕事の求人広告の多くは，個人の適性の重要性を強調している。しかし，その適性の内容が説明されていることはほとんどない。ある仕事への適性は，個人的な資質と，特定の専門家としての資質の両方を持つことを意味する。個人的な適性は，Skau（2005）が言う，個人的能力と理解できる。それは専門的な介入を行う際に，**人としての自らを用いること**と解釈されることが多い。Skau（2005, p.59）はそれを，「仕事に関わるある状況のなかで私たちが調整し用いる，人としての資質，特性，スキルの他にない組み合わせ」と説明する。彼女によれば，理論的な知識と分野特有の専門的スキルを用いて目標を達成するためには，この個人に固有の能力が欠かせない。

　個人の適性の構成要素は何かという問いには，まず，この職業ではその仕事についている**その人**がきわめて重要であると答えねばならない。この仕事はあたりまえの日常のなかで展開する人間関係を通して行われるため，おそらく，「その人」の要素のなかで個人的要因が他の専門職より重要である。他の職業で必要とされる個人的な側面のなかにも，ソーシャルペダゴーグにとって重要なものがある。つまり，二つのカテゴリーがあり，真っ当な雇用主であれば誰もが従業員に要求するものと，そ・れ・に・加・え・て，ソーシャルペダゴジーの領域の真っ当な雇用主が要求するものがある。前者は，信頼性，忠誠心，専門知識，働く意欲，きちんと仕事をすることなど，従業員に一般的に期待される資質である。これらは，もちろん，ソーシャルペダゴジー関連の仕事でも重要である。ソーシャルペダゴーグはクライエントのモデルにもなるため，おそらくソーシャルペダゴジー関連の仕事で特に大切な資質である。子どもや若者の施設で働きながら仕事を怠けることはできないし，児童福祉の基本的考え方への忠誠心なくして児童福祉サービスで働くことはできない。そんなソーシャルペダゴーグは信頼を失うだろう。個人の適性が意味するもう一つの側面は，ソーシャルペダゴジー実践の具体的中身と結びついており，ソーシャルペダゴーグ**その人自体**が最も重要なツールであるということである。とすれば，その仕事を行う**その人**に，理想的専門家像につなが

る何らかのものを求めても不合理ではない。その際，何を優先するかは職場によって異なるだろう。

　先に述べたように，根拠に基づく実践を，自分を振り返ることに結びつけることができる。Mathiesen（1999, p.67）は，「プロフェッショナルなケアワーカーは，倫理的に正しい方法で行動できるようになるために，行動に先立って省察する力を持つべきである」と述べている。また，Schön（2001）は，「行動中の振り返り（reflection-in-action）」に関心を示す。どちらの能力もそれぞれ重要である。実践するソーシャルペダゴーグの一般的な専門的能力というものを，これらの主張に沿って考えることができる。その能力は職人のそれとは異なる。レンガ職人は直角に接するレンガの壁を作ることを学び，大工は床を水平に家を建てることを学ぶ。ソーシャルペダゴーグにとって，自分が何をしていかねばならないかをそこまで精密に学ぶことはない。ソーシャルペダゴーグは，自らの実践を導く何か別のものに頼っている。私はそれを専門的姿勢と呼びたい。その意味でのソーシャルペダゴーグの専門的姿勢とは，何よりもまず，振り返る力の活用である。姿勢と振り返る力は密接に関連している。省察的な姿勢を身につけてきたかどうかに専門的能力がかかっているとも言える。Røkenes と Hansen（2006, p.75）は，「その人の考え方や感情的・行動的反応パターン」を変える機会を与えてくれる「継続的な専門的振り返りをできるようにすること」を推奨している。振り返りの過程を通して，実践のあらゆる面を精査することができ，自分の仕事を批判的に調べる機会となる。Sævi（2007, p.117）は特に，ペダゴーグが「解釈的手法によって，自分が何者であるか，そして自分の行動が子どもにとって何を意味するかを」振り返るよう求めている。そして，ペダゴジー的な関係を子どもの最善の利益に結びつけたいとき，その達成は振り返りを通して実現されると言う。Parton と O'Byrne（2000）は，振り返りによって変化する能力がもたらされると言う。それはソーシャルペダゴーグだけでなく，クライエントにとっても重要である。ソーシャルペダゴーグは，一緒に自分を振り返るようクライエントを誘うことで，クライエントが振り返る力を身につけるのを助けることができる。それが，成長する力にもつながるだろう。

　個人的能力に含めたいソーシャルペダゴジー的な内容をいくつか挙げてみ

よう。Larsen（2004）の案を出発点にする。彼は Kreuger（1986a, 1986b）の考えたものをまとめながら自身の視点も加えている[注3]。

Kreuger によれば，子どもや若者と共に働く人は次のことを備えていなければならない。

- 子どもや若者に純粋に関心を持っている（行為と行動を通して交流する）。
- よい関係を築くには時間がかかることを理解している。
- 個人的な価値観や姿勢について話し合う準備ができている。
- 歩み寄ることができるが，必要に応じて断固とした態度をとることができる。
- 観察，分析，計画をすることができる。
- 皮肉ではない，遊び心とユーモアを十分に備えている。
- 辛抱強く，小さな変化を歓迎することができる。
- 好奇心旺盛で，一人ひとりのことを知ろうとする。
- 自身の基本的欲求は仕事以外の場で満たす。

つまるところ，ソーシャルペダゴーグには次のことが求められる。

- 柔軟性があるが，甘やかさない。
- 感受性が鋭いが，専門家としての距離を保つ。
- 権威はあるが威圧的ではない。
- 元気で楽観的である。

Kreuger の項目の一つひとつに詳細にコメントするつもりはない。ほとんどは，読めばわかるだろう。ここで重要と私が考えるのは，実践するソーシャルペダゴーグは，一つの視線をクライエントに向けながら，もう一つの視線を自分自身に向けなければならないことである。クライエントへの視線は，他者への開放性と，クライエントが大切な存在であるという基本的な信念を意味している。後者はソーシャルペダゴーグが自分自身を観察し，自らの姿勢を顧みる能力に関係している。いずれもがきわめて重要である。

Kreuger の述べていることをもう少し拡張してみよう。ここに描かれている ソーシャルペダゴーグ像は，柔和でかなり柔軟な人物だと想像する。そうし た像では，ソーシャルペダゴーグの「大人らしさ」が消えてしまわないか， 少なくともぼやけてしまわないかと問う必要がある。Dale（2006）と Manger（2005）は，大人の権威が最近脅かされていることを示している。 権威を手放した大人は信頼も失うことを考えると，養育のなかで特に問題と なる傾向である。Kreuger も権威の必要性に言及しているものの，二次的な 項目にとどまっていて明快さを欠いているため，この主題がぼやけている。

　権威者としての大人の役割を主題として取り上げておく必要がある。そう でないと，権威が当然のものと見なされてしまうか，あるいは忘れられてし まう恐れがあるからである。Henggeler ら（2000）は，権威主義的な （authoritarian）養育スタイルと，権威ある（authoritative）養育スタイル を区別している。前者は，親が子どもを強く支配し，あたたかさをほとんど 示さない。一方，権威ある養育は，親が，子どもが自らのニーズと願望をど のように形にしているかに注意を払いながら，同時に年齢や発達に応じた期 待を抱いている状態である。したがって，ソーシャルペダゴーグになる適性 において，**専門家としての権威をバランスよく用いる**ことを，個人的能力の 重要な基準とする必要がある。権威主義的ではない形で権威を示すことは， ソーシャルペダゴーグの仕事を実践する上で非常に大切な要素である。他の 箇所ですでに触れたが，クライエントは，ソーシャルペダゴーグの手持ちの すべてのツールを活用することを期待できなければならない。ソーシャルペ ダゴーグの知識と経験から自ずと生まれる権威は，まさにクライエントが望 むものである。もし彼らがソーシャルペダゴーグの権威なしに生活を送るこ とができていたなら，そもそも彼らはクライエントにならなかっただろう。 同時に，専門家としての知識と能力がソーシャルペダゴーグにもたらす優位 性を認識しておく必要がある。権威は，クライエントの利益になる形で用い られなければならない。支援を必要とする人の最善の利益以外のもののため に権威が用いられることが決してあってはならない。**子どもの最善の利益**を 謳う児童福祉法にも含まれる項目である。

　付け加えるなら，ソーシャルペダゴーグは現実的でもなければならない。 Kreuger が大切と考えた資質を補完するためである。彼は私たちの頭を軽く

たたいて，クライエントと仕事をする際に楽観的であれと言う。私たちが楽観的であることは，クライエントにとって重要である。しかしその一方で，私たちがクライエントに代わって夢想することがないよう気をつけなければならない。現実的であるとは，何を変えることが可能なのか，特に，何を変えることができ$\overset{\cdot}{な}\overset{\cdot}{い}\overset{\cdot}{の}$か，あるいは変えた方がよいとは必ずしも言えないのかを，ソーシャルペダゴーグがわかっておかねばならないことである。専門家は，現実的なことよりもう少し多くのことを達成したくなるという落とし穴にはまりやすい。だから，ソーシャルペダゴジーの優れた仕事は，可能性を真剣に吟味するとともに限界を考慮する。ソーシャルペダゴーグの職業生活のなかで後者が忘れられてしまうことがある。専門家個人の楽観性−悲観性の度合いが偏ったものではいけないので，個人的適性の重要項目としてこれを挙げておく。根本的に楽観的なソーシャルペダゴーグの訓練生は，限界を見ることができなくなる恐れがある。限界は，クライエントにあるかもしれないし，ソーシャルペダゴーグ自身やその状況のなかに存在するかもしれない。実践的ソーシャルペダゴーグに共通する落とし穴は，限界のない楽観主義に囚われ，クライエントの世界が必ずしもソーシャルペダゴーグが望むほど単純ではないことを忘れて，「不可能なことはない」という前向きな信念を抱くことである。「どれだけ前向きになっても，行きすぎと言うことはない」と楽観的に考える専門家は，おそらく雇用主からも，政治家からも，クライエントの家族からも，そして関わることになった人々からも支持されるだろう。楽観主義には，ほとんど難攻不落なところがある。現実的な視点を持ち込もうとすると，チャンスを台無しにする人と見なされてしまう。そうした場合，楽観主義と現実主義の関係の理解に問題がある。実際，両者は，一方が他方を排除するものではなく，コインの表と裏のように密接に結びついているのである。

　あまりにも楽観的な専門家は，困難な道を直視することを忘れ，実際にそれを歩もうとしているクライエントに不当な仕打ちをもたらすリスクがある。彼が成すべき仕事のひとつは，その歩みが厳しくなったときにクライエントを支援することである。

　「楽観主義」と「悲観主義」の概念は，「機会」と「制限」の概念に対応している。出発点として，ユースクラブのメンバーである 14 歳のスタインと，

そのクラブで働くソーシャルペダゴーグのアンとの会話を見てみよう。

　アンは，クラブ内の広い談話室に入り，スタインが一人で座って宙を見つめているのに気づく。スタインはいつも活動に積極的に関わり，仲間と一緒にいるのをアンは知っていた。アンは観察力に優れていたため，少年のいつもと違う様子に気づいた。アンはスタインのところへ行き，具合を聞く。スタインは深くため息をつき，彼がその夜家に帰って，学校の教師と今日交わした深刻な話し合いの結果を両親に伝えることを恐れていると話してくれる。教師は彼が二つの重要科目を落とすかもしれないと話したのだった。アンはスタインに，両親にどのようにしてその話を出すつもりなのか尋ねる。スタインはどう説明してよいかわからず，悩んでいると言う。両親が激怒するだろうし，話しても無駄だろう，と語る。アンはスタインに，どうしたらよいか話し合おうと伝える。

　アンとスタインとの会話から起こりうることを見てみよう。彼女は彼が困難を感じていることを助けたいと思うが，彼自身が両親と対話しなければならないのをわかっている。彼女はこの機会を捉えて，問題しかスタインに見えていない状況のなかで，彼ができることをなんとか見つけられないか考える手助けをしようとしている。アンは，スタインがコンフォートゾーンを越えて新しいことに挑戦することを望みながらも，現実的である必要がある。スタインが彼女の提案に従うかどうか定かではない。言い換えれば，アンは自分の関わりの結果がわからない不確実な「状況」で働かなくてはならない。おそらく，すべてのソーシャルペダゴジー的な会話は，このように理想と現実の間を揺れ動く。そのためソーシャルペダゴーグは，自分が起こると予想していることと予想していないことの両方を想定して計画する必要がある。ソーシャルペダゴジーに必要な能力は，目標に向かって取り組み，戦略の変更を要するときは，方向性を修正して別のことを実行できることである。

　Larsen（1994）は，Kreuger が挙げる適性リストに，いくつかの追加案を出している。彼の提案を次の5項目にまとめることができる。

●スキルと姿勢のいずれの面でもよきモデルである。

- 挑発（子どもや若者の痛みを伴う混沌とした内的世界と理解されるもの）を個人的に受け取ることなく，寛容である。
- ふさわしい方法でコミュニケーションをとるための十分な能力を持つ（若者の視点を持つと同時に自分自身の視点を保つ）。
- 衝突を資源と捉えることができる。
- 子どもや若者との関わりに敏感性を見せる。

　四つ目は特に説明が必要である。衝突は普通ネガティブに受け取られるが，Larsen はそれを資源と捉えるように言う。ソーシャルペダゴジー実践の中心に置くべき視点であり，第7章でも，より一般的な形で触れることにする。

　個人的能力に位置づけたこれらの要素をすべて兼ね備えねばならないとすると，誰でも自分は不適格だと感じるかもしれない。これらすべての要件を満たしながら同時に作り物ではない自分であることができる人はいないだろう。とすれば，自分自身に忠実でありながら，優れた職業的姿勢を身につけようと努め，それに基づいて行動することを学んでいくことが大切である。多くのクライエントが求めているのは，**個人を中心に置かないコミュニケーションや分析的な態度**のソーシャルペダゴジーとはまったく違うものである。クライエントたちに尋ねると，彼らがしばしば望むことは，丁寧に扱われることである。一人の人間として**関心を寄せられ**，誰かが時間をとって話を聴こうとすることである。クライエントたちはさらに，ソーシャルペダゴーグが自分を少し見せてくれるのを切望することが多い。先に言ったことと，ここで言っていることは矛盾しない。Kreuger も Larsen も，他者を「適切に」扱うようにという当たり前の要請を行っている点で変わらない。その姿勢を専門家の言葉で表明しているのである。さらに彼らは，「人であること」に加えてソーシャルペダゴーグに求められる，専門的実践のための要件を挙げている。後に，Kreuger と Larsen が示唆する範囲を越えて，検討に値するいくつかの要素を，私からの新しい提案も加えながら，考えてみよう。

　二人の関心は，一見矛盾するように見える役割と課題に向けられている。彼らがソーシャルペダゴジー実践の多様性に焦点を当てているということで

もある。二人の主張の一つは，ソーシャルペダゴーグが，権威／モデルでなければならないと同時に，子どもの視点に開かれていなければならない，ということである。この二面性の一方のみに専心するソーシャルペダゴーグに出会うことがある。子どもの視点に立つことの重要性を理解しないことが一方の理由であり，大人の権威を行使することは間違いと考えることが他方の理由である。

　この相違は，個人に深く根差した好みに由来するのだろう。人々はさまざまな理由でケアの現場で働くことを選ぶ。そうした理由や個人史は，優れたソーシャルペダゴーグが生まれる要因を私たちに深く理解させてくれることが多い。働くなかで優れたソーシャルペダゴーグになることは，自分自身と取り組むことでもある。これを，**個人＝専門家の成長への取り組み**と呼ぶことができる。Kreuger も Larsen もこの点に十分言葉を費やしていない。ほのめかされてはいるものの，明言していない。そのため，彼らの個人的能力の概念はやや硬い印象を与え，子どもや若者と働きたい人が持つべき**人格**を示していると理解されるかもしれない。もしそうだとすれば，正しくない。子どもや若者と働く者が最初に取り組むべき課題は，あれこれの人格特性を身につけることではない。求められるのは，そうした理想的な方向に成長することを可能にするような形で，自身の姿勢とスキルに取り組むことである。理想を人格特性と考えることはどんな場合でも問題である。そこにはある種のダイナミズムが欠如していて，人格を持っているか持っていないかのどちらかと見なしてしまう。個人の適性をプロセスと考えることでダイナミックなものとなる。したがって，個人的能力のリストを増やして，**人としてそして専門家として自身の成長を目指していく意思と能力**を含めるべきである。

　自身の成長に取り組みたい者は，自身の姿勢を自分自身と同僚の両方にはっきり示すといいだろう。同僚との対話とスーパービジョンの機会を通してそれを行うことができる。さらに，専門能力の向上，継続的トレーニング，セミナー参加などの機会を求めることもその一部である。専門分野の新しい文献に触れること，つまりその分野の発展に注意を払い続けることも含まれる。したがって，優れた姿勢だけでは不十分で，**あなたがすることが問われている**，と言わねばならない。文献に触れるという最後の項目は，ソー

シャルペダゴジーの領域で必ずしも明言されていないかもしれない。これは
パラドックスである。たいていの人は，技術に関する最新文献をあまり読ん
でいないパイロットの飛行機に乗りたくないだろう。他者の命がその手にか
かっているのはパイロットだけではない。ソーシャルペダゴーグもそうであ
る。まるで違う仕方ではあるが。

　Kreuger と Larsen が提案する個人的能力は，ソーシャルペダゴジー実践
の中核，つまりクライエントと会う状況に結びついている。しかし，ソー
シャルペダゴーグが置かれる他の状況にも目を向けることが重要と考える。
ソーシャルペダゴーグが働く場所が，クライエントがいないところであるこ
とも多い。その一つは同僚集団である。二つ目は連携する専門家とのミー
ティングである。三つ目は管理業務，たとえばソーシャルペダゴジー実践の
場の予算業務である。一次タスクと二次タスクという Larsen（2004）の概
念は，個人的能力の考え方を広げてくれる。クライエントとの直接の出会い
は一次タスクである。クライエントがそこにいない場所でソーシャルペダ
ゴーグが働いている場合，二次タスクに従事しているのが普通である。そう
したタスクにも，個人の適性基準が必要である。先に，ソーシャルペダゴー
グに必要な知識の基盤は，いくつかの専門職にまたがっていると述べた。そ
れは他者との協働の仕方に応じている。ソーシャルペダゴーグは一番身近な
同僚と協働するし，他の団体の専門家とも協働する。近年は，分野横断的な
働き方が理想とされることが多い。ソーシャルペダゴーグが積極的に他者と
協働し，協働関係を高めながら働いているとき，それは社会的能力の現れで
ある。そう考えるために，そうした協働の重要性を理解することが必要であ
る。二次タスクのために働くことのなかにも，個人的能力の重要な要素を見
ることができる。それは他の専門家たちと協働する専門家という要素であ
る。

【注】

1）議会報告番号 40。2001 年 2 月。
2）ノルウェー語では，advokat という言葉には二つの意味がある。一つ目は法定代
　　理人であり，二つ目は一般的な意味での代弁者である。
3）Kreuger も Larsen も，はっきりとソーシャルペダゴジーについて述べているわ

けではない。彼らの文章は，子どもや若者と働く専門家集団についてのものである。私は，私の責任において，ソーシャルペダゴーグについて語るために彼らの文献を用いている。この文脈で彼らの文献を用いることに，二人とも異論がないと仮定している。

【訳注】

1）日本の資格制度の意味での「臨床心理士」ではなく，一般的な意味でのクリニカル・サイコロジストである。

第5章

ソーシャルペダゴーグは
何をするのか

　ソーシャルペダゴーグは，さまざまな問題を抱え，何らかの理由で支援が必要な，さまざまの状況にある大人や子どもや若者と働く。問題には，個人的なものもあれば，家族内のものもある。ソーシャルペダゴーグは，個人ないし集団が地域環境や社会と持つ関係にまつわる問題にも取り組む。ソーシャルペダゴーグは，個人レベル，集団レベル，社会レベルで働くのである。

　本章では，私がソーシャルペダゴジー実践の基本と考えている概念について論じる。まず別々に説明するが，それらは一緒に捉えたときにこそ意味があることに注意してほしい。三つの概念とは，関係，構造[訳注1]，変化である。これらの概念は，補完的なものとして理解してもいけないし，内的関連のない別々の現象として理解してもいけない。それらはまずは別々のもののように見え，それぞれを別に理解するほうがわかりやすいため，順に説明することから始める。その後，三つを組み合わせて全体像を形成することによって，ソーシャルペダゴジー実践の理解を深める。それを通して，ソーシャルペダゴジーの場と私が名づけたものについて，記述するつもりである。

関　　係

　人と共に仕事をするということは，彼らと何らかの関係を結ぶことを意味する。この関係性のあり方は，職場によって異なった理解がなされている。その違いはそれぞれの場の伝統と結びついていることが多く，ここでも仕事に対する理論的視座と関連している。理論的方向性が違えば，関係性の重要

性を違った仕方で評価するからである。それでも，いずれの場合にも共通する一般的視点が一つある。それは，RøkenesとHansen（2002, p.21）がサポート関係と呼ぶものの重要性である。彼らによれば，それが「専門家の最も重要な課題，つまり，彼または彼女が，他の人のなかの，学び，発達，意識向上，解放，成長，習得，機能改善などを促すような仕方で行動すること」を支える。

　関係に関する専門文献の多くは，一つの共通の基盤の上に発展してきた。それは，変化を目指した仕事の一要素として関係を扱うことであり，クライエントがどのような存在であるかについて考え続けることである。これは理にかなっているだろうか。相手が男性でも女性でも，関係は同じだろうか。若者と老人では，先住民と移民ではどうだろうか。自発性と積極的な選択に基づいて構築された関係は，強制された関係とは異なると主張する人が多いだろう。したがって，どのような状況がその関係性を導いたのか，たとえばクライエントがどのような動機で支援者と関係を結ぶに至ったのかを調べてみるとよい（Storø, 2001）。Skau（2003）によれば，クライエントと支援者の関係は両価的である。彼女は特に，与えられた支援の肯定的側面と，専門的立場に内在する権力の乱用との間の緊張状態に注目している。関係を社会構築主義的な視点から捉えるなら，関係を理解する仕方が多数あることをふまえなくてはならない。関係が何から成り立っているのかを構成するのは，その関係に関与している人である。その場合，性別，年齢，民族などの要因が重要な役割を演じる。人が他者と共に構築する現実の理解は，社会経験によって形成される。Helgeland（2007）は，クライエントのジェンダーによって人間関係の解釈が違うことを示す例を紹介している。男性たちは，尊厳ある生活を築くという難しい仕事を開始する際に，ガールフレンドや同居中のパートナーや家族との関係性が助けになることがわかったと語った。女性のインタビュー対象者は，母親になることを同じぐらい重視していた。彼女の研究によれば，男性はパートナーからの支えが役立ったことについて語り，女性は世話する責任を担うことを重視していた。

　クライエントは，専門家との出会いを，個人の変化のための重要な要素と考えている。クライエントの立場に関する研究を行ったHowe（1993）によれば，クライエントは，専門家が手配してくれたことを変化の最も重要な要

因と捉えていない。彼らは，専門家がクライエントと会話し，理解し，受容することのほうが重要と考えている。

　職業上の関係とそれ以外の関係は，もちろん同じ要素も含むが，異なったものである。たとえば，専門的関係であっても他の関係であっても，正直さは肯定的に，嘘は否定的に働く。同様に，他の人に何かを返すことは，どちらの関係性においても，たいていよい影響を与える。しかし，専門的関係には，常に私的関係とは違った目的がある。私的関係はそれ自体のために存在しているのが普通だが，専門的関係は，一方が他方からの助けを必要としたために生まれる。加えて，その支援は専門家の給料と引き換えに与えられる（Nerdrum, 1997）。したがって，対称性の観点から見て，私的関係と違っている。

　Aamodt（1997）は，旧来の専門的な関係性は，非対称だと言う。支援者だけがその関係に責任を負い，クライエントの貢献はそれほど重要ではないと見なされるからである。より対等な関係を目指すには，クライエントの貢献をもっと評価して，相互的プロセスとして語る必要がある。その一方でAamodt（1997）は，支援者とクライエントの関係が対等になりすぎることも戒めている。専門的関係で期待される平等性は，私的な関係とは程度の違う平等性である。専門的関係における信頼は原則として一方向的だが，私的関係では一般に相互的な信頼が期待されている。言い換えれば，専門的関係は互恵的ではなく，一方向的である（Sævi, 2007）。一人がもう一人に対して，少なくともある程度は受け入れなければならない条件を課していることを意味する。ただし，他者を尊重し公平に扱うといった相互的な配慮が専門的関係になければならない。両親と幼い子どもとの関係は明らかに非対称である。子どもが数年後に大人に近づいて実家を離れたようとするときになると，両親と子どもの関係性に以前と同じような明確な非対称性はない。子どもは成長の過程で，親との関係においてより対等な立場になっていく経験をする。

　職業上の関係は，実際にどんなものだろうか。Nerdrum（1997）は，「よい関係性」のロマン化と私が呼ぶものに陥ってはならないと警鐘を鳴らしている。多くの人が，「良好な関係がそれ自体で治癒的である」と思い描いているようだと彼は言う（Nerdrum, 1997, p.74）。彼は，支援者とクライエン

トの双方に課題を課すことを推奨している。「作業同盟」の概念を用いることで、私たちは二者間における課題の協働と共有について語ることができる（Storø, 2001）。Larsen（2004）が、環境療法士と子ども／若者がそれぞれ異なった課題を持つようにすると言っているのと同じ考え方である。

　ソーシャルペダゴーグとクライエントの関係についての私の理解は、Sævi（2007）がペダゴジー的関係と呼ぶものに近い。彼女は、それは他の関係と異なり、「子どもの包括的な学びと成長、大人の養育と教育の両者を包含する、切り離すことができない実践的−道徳的なユニット」だと言う（Sævi, 2007, p.107）。この関係の目的は、「ただただ子どもの成長を助けること」（Langeveld, 1975, Sævi, 2007 に詳述）である。関係性をこのように考えると、ペダゴジー的な要素こそが、その関係が存在する根拠であり、関係に内容と方向を与えると理解できる。その上でだが、Sævi の表現は、ソーシャルペダゴーグが持つ関係の自然な形と私が思い描く以上に、教えるという要素に重点を置いている。もちろん、確かに、日常の状況のなかに教えるという要素が明確に含まれている。しかし私は、それ以上に、彼女の表現に含まれる別の要素を強調することが大切だと考える。彼女は、大人のペダゴジー的な意図こそが、ペダゴジー的に振る舞う機会を生み出すと言う。つまり、大人（ソーシャルペダゴーグ）が子どもをどのように捉えるかが重要なのである。Sævi（2007, p.119）はこう表現する。「ペダゴジー的な目で見つめられるということは、大人から、今のあなたとして認識されるとともに、まだそうなっていないがこれから成りうるものとして認識されることである」。この言葉は、個人の理解に、現在のその人を構築しているものと、将来その人を構築する可能性のあるものの両方を含んでいる。大人がそうしようとしていることが子どもに認識されるのは、関係のなかのことであり、大人が自身の関わりによってその構築に貢献するのも、その関係においてである。

　関係には、具体的な側面と隠された側面の両面がある。ある関係のなかにいる人が、その関係について何か言うことができるという意味で、一般に関係は具体的である。たとえば、「私はその人を知っている」と言うことができる。多くの場合、その関係のさまざまな性質について何か言うこともできる。たとえば「彼は私が必要なときにいつも居てくれる」と。一般に、人は

自分が誰かと関係を築いていることを知っている。しかし同時に，人はその関係を特徴づけるものの一部しか知らない。Levin（2004）は，それぞれの関係を二つの関係として考えてはどうかと言う。私にとってのあなたとの関係と，あなたにとっての私との関係，である。それぞれの人は関係の片面しか知ることができないという仮定がここに含まれている。もう一方の面は私たちにとって基本的に未知なのである。もちろん，相手が教えてくれることもある。ある人が「あなたを愛している」と言えば，もう一人は相手側の関係について何かを知ることになるが，それはまだほんの一部である。相手から見た像の全体は常に隠されたままである。

　関係の隠れた側面と呼ぶものは，関係には語られないものが多く含まれているという事実と関連する。どんな関係であるかについてある程度の合意は可能だが，完全には不可能である。たとえば，「友達になろう」と言うことができるだろう。しかし，その関係には，合理的で合意された領域の外側に，そして具体的な言葉で語ることのできる領域の外側に，隠されたものがまだ多く存在している。隠された側面と私が呼ぶものは，関係は，その多くの部分が，感情に基づいていることと関連している。言葉によって関係を表すことが可能なのは，ある地点までであり，またそうであることが望ましい。

　ソーシャルペダゴーグとクライエントの関係もこのことから影響を受けるが，その受け方はさまざまである。これについてさらに述べる前に，私の知る３人の若者を紹介しよう。

　マヤ，モニカ，トーマスはお互いを知っている。彼らは皆，児童福祉サービスによる支援を受けている若者である。ある日，彼らは支援者の大人たちについて話している。マヤは，他の二人が持つ支援者との関係は，自分の関係とまったく違うと感じた。彼女はそれに驚いた。

　マヤは里親家庭に措置された。彼女は激動の幼少期を経験したが，現在は里父母と暮らしており，うまくいっている。彼女は望むだけの期間，そこで暮らすことができることを知っている。彼女は里親家庭の一員と感じており，里父母のことを大人になっても自分の家族と思ってよい人たちと思っている。

　友人のモニカは，若者を対象にしたホームに住んでいる。彼女は 18 歳までそ

こで生活をすることになっている。モニカは，ホームではうまくいっていると言うが，自分で決められるようになったらすぐにそこを出ることにしている。彼女は母親と兄とある程度親密な関係にある。彼女が家族と見なしているのはその人たちである。モニカがホームで働く大人との関係を説明したとき，マヤは自分が里親との関係を説明するとしたらまったく違うものになることに気づいた。モニカは数人の環境療法士とうまくやっていると言うが，そこを出たあとも彼らに頻繁に会うことは考えていない。おそらく，モニカの自立後の生活支援を申し出てくれた一人だけは別だが。

　彼女たちはトーマスと知り合い，それぞれ里親と施設に住んでいることを彼に話す。トーマスは自分も児童福祉サービスとつながっていることを彼女たちに話す。「でも実のところ家で暮らしてるんだ」と言う。児童福祉サービスは，在宅で両親を支援するためのソーシャルワーカーを配置している。マヤとモニカにはそれがなぜなのかわからなかったため，トーマスは，自分は軽い罪を犯してしまったし，長い間学校をさぼっていたからだと言う。「それに父親と僕はいつも喧嘩するし，何もかもむちゃくちゃになるから」と言う。家族は環境療法士とずいぶん関わっているが，トーマスは彼女にあまり自分のことを話さないと言う。環境療法士が，トーマスの家族に彼女がしている仕事についてどう思うか尋ねるのだが，トーマスは，彼女を頼れば応えてくれることを知っているものの，それも煩わしいと感じている。マヤは，もし自分がトーマスと同じ状況だったなら，自分を助けてくれるはずの人と近づかないのは心細いだろうと思った。

　この３人の若者たちには，支援をする大人と関係を持っている。ただ，それぞれの関係がかなり違っているというマヤの感覚は正しいように見える。その違いはおそらく，彼らに関わる人々によって，意図的にもたらされている。その理由の一部は彼らが引き受けた仕事の種類によるものであり，一部は彼らが仕事の拠り所にしている理論によるものである。彼らに会ってみよう。

　カイとヘレンはマヤの里親である。カイはこう言う。「マヤにはじめて会ってすぐに，彼女が安全に感じるように，またどこかに移らなくていいようにしたいと心に決めました。」「私にはそれは関わりの深さ次第と思えました。」ヘレンは

続けた。「私自身は非常に安全に育てられましたが，それがどれほどの意味を持つかわかっています。マヤにとって大切だと私たちが確信しているものを提供できると思ったのです。」

　モニカの主担当の環境士の名はベリットである。彼女はモニカと知り合って1年になるそうだ。「最初は，モニカと関わるのが難しいと思いました。彼女はまるで自分の一部をどこかに置いてきているようでした。私はモニカに近く寄り添う役割を与えられ，一緒にできることを何か探す必要がありました。そこで私は週末を過ごす山小屋に彼女を誘いました。一緒にスキーなどに出かけてから，私たちの関係がよくなりました。私は，モニカが自立するときの支援担当者になることを申し出ました。彼女が受け入れてくれるだろうと思っています。モニカが自立してからしばらくの間は，施設の仕事を新たに請け負わないようにするつもりです。それが彼女への大切なメッセージになると思っています。」

　「私は普通週3回，トーマスの家族に会います」と，環境療法士のクリスティンは言う。彼女がその家族と働きはじめて4週間たち，そろそろ介入を始めることができるくらい家族のことがわかってきている。「両親とはたくさん話しましたが，トーマスは距離を置いています」と彼女は言う。「私と両親の取り組みをトーマスがどう思うかを確認するため，少しずつ彼と話したいと考えています。彼が私と話したがっていないことは，特に心配していません。それより，トーマスと父親の対話が改善することを重視しています。介入期間が終わり，私が家族から離れるときには，なんとか解決に向けた道筋ができるよう願っています。」

　カイとヘレンはソーシャルペダゴーグの訓練を受けていないようだが，彼らは私がソーシャルペダゴーグと呼ぶ立場にある。ここに登場したソーシャルペダゴーグたちは，「自分の」若者について，それぞれ違った説明をしている。それぞれの関係がきわめて異なることを見てとれる。少なくとも大人側の関係の認識はそうである。3人の若者も，3通りの違った表現をしている。

　それぞれの関係を，彼らがどのように表現したか詳しく見てみよう。カイとヘレンは自分たちが行う関与に気持ちを込めていて，マヤは二人からのまさにそのような関与を必要としていた。彼らはマヤに関与したいというシグナルを送り，マヤはそれを理解し，ある特殊な関係の申し出を受け入れているように見える。彼らが表現した関与は，関係自体がゴールであったことを

表している。カイとヘレンは，彼らが目指したような関係が，マヤとの関わりの一つの重要な要素である，それどころか最も重要なものである，という理論を持っていた。

　ベリットが語るモニカとの関係をめぐる取り組みからは，少し異なった印象を受ける。彼女は，いま見たような深く永続的な関わりについて話しているわけではない。しかしベリットは，今ここでの関与を超えた時間的展望に関心を向けており，その点で，彼女の関わり方は明確である。ベリットがモニカと築いた関係は，マヤに里親から提供されたものと違っているが，それと同じぐらい大切なものである。そこに時間的な制限があることが，彼女の目的を異なったものにしている。その関係は，モニカの人生の重要な時期に協働するための手段になっている。モニカの関係は，マヤの関係よりも契約の性質を持っている。モニカはそれをはっきりわかっており，それを受け入れている。ベリットは，関係のこうした側面を率直に伝えたかったかのように見える。

　クリスティンとトーマスの関係は，以上の二人とかなり異なる。関係とは呼べないと言う人もいるかもしれない。クリスティンはそれを特に気にしていない。彼女は，自分が両親の変化を目指すという明確な目標に向けて取り組んでいることをわかっている。彼女の主な目的の一つは，トーマスを養育するための両親の力を高めることである。彼女はまた，家族が取り組まねばならない変化を目指す仕事において，自身が重要になりすぎてはいけないことを理解している。これは，この種の介入の背景にある基本的考え方のひとつである。したがって，トーマスと比較的浅いもの以上の関係を築くことがクリスティンの目的ではない。しかし，時々彼と話すことが効果的だと彼女は考えている。また，少なくともトーマスのほうから接触を求める限り，彼が自分と話すことは有益であろうと考えている。そこでクリスティンは，彼をもっと知っておきたいとはっきり伝え，将来何らかの関わりを持つ可能性があると伝えた。彼女がトーマスと持った短い会話のなかで，自分がしている仕事のいくつかの目標について，すなわち彼の犯罪行為と怠学について，そして家族としてどうやっていくかについて話した。クリスティンにとってトーマスとの関係は，変化への取り組みをトーマスがどう考えているかを確認するためのツールのようなものである。それを確認するために，一定の関

係を伴う接点をトーマスと持つものの，彼女はその関係を自分が取り組むべき仕事のための対話の場と捉えている。

　関係は，状況に応じて，それ自体が目標となり，子どもや若者と関わる手段となり，仕事についての考えやアイディアを発展させる対話の場となる。そのうち最初の関係に最も強い感情が伴っており，最後の関係はその点で最も弱い。ベリットとモニカの関係性は，感情的な関与に関して二つの中間に位置する。その関係は，手段であると同時に，マヤに提供されたものと似た性質も持つ。

　この三つの物語では，どのような関係が若者に必要で，どのような関係が提供されるかについて，ソーシャルペダゴーグと若者が互いに似た認識を持っているように見える。葛藤的な状況では，認識の共有がはるかに難しくなるだろう。

　モニカは以前，里親家族と一緒に住んでいたが，もうそこで暮らしたくないと彼女が拒否したために終わりを迎えた。モニカは，里母が自分のことを「すべて」知りたがっていると感じた。モニカはまた，里親が自分の実母をあまりよく思っていないと感じていた。モニカは，自分の母親が，すべきことを常にできていたわけではないことに気づいていたが，「新しい母親」が欲しいと望んでいたわけではない。その結果，彼女はレジデンシャル・ホームに移った。里母も次第にそれが最良の解決策だと受け入れるようになった。しかし，里母はモニカとの関係が不調に終わったことに失望していた。幸いにも，里母は賢明な児童福祉司からフォローアップ・ケアを受け，関係の視点からモニカが何を必要としていたかについて，そして，その問題は施設のほうがより適切に対応できることについて説明を受けた。

　ベリットがレジデンシャル・ホームでモニカのフォローアップを担当することになった出発点は，モニカが彼女の人間関係の歴史のなかで，似た悪い関係をいくつか経験した後に，さらに悪い関係を経験したところだった。ベリットにとって，まずその状況に合わせることが重要であり，特に，出会いがどのような形で行われるべきか，モニカ自身が決めるための時間を与えることが重要だった。

関係は、「ある」か「ない」かのどちらかではない。関係とは、そこに踏み込むことを選択できるし、踏み込まないことも選択できるものである。ただし、その選択は、常に明確な選択肢が提示された上で行われる合理的なものとは限らない。私的であれ専門家としてであれ、私たちは皆、時に関係に苦労する。私たちは、友人、ボーイフレンド、ガールフレンドなどが、自分が思い描いていた関係と一致しない行動をとっていることをわかってくれないと感じる。クライエントが突然何かをして、それによって関係のあり方を再考しなければならないと感じることもある。

　私は、関係を交渉の結果と考えることが役立つと思う（Storø, 2001）。それは、関係を自明のものと見なさないということである。関係を観察すると、それは常に変化し続けている。関係というものは常に構築され続けているのである。正確に言えば、複数の関係性が共同でいつも構築されているのである。しかし、交渉は言語的であるのと同程度に非言語的である。交渉は、顕示的な要素と、隠された要素の両方に触れる。ベリットの話から、週末の山小屋への旅行によってモニカとの関係が変化したことがわかる。一緒に楽しい時間を過ごしたことが、関係に変化をもたらした。関係を交渉可能なものと捉えることは、クライエント自身が定義する関係にも注意を払うことである。関係性をどうすべきかクライエント自身が決める機会を認めるのである。おそらくは、クライエントであること自体が譲歩を意味するが、それでも、私たちは関係における権限をクライエントに与えることができる。

　ソーシャルペダゴーグが、個々のクライエントにどのような関係を提供すべきか判断する際に影響する最も重要な要素は、以下の通りである。

- クライエントの年齢
- クライエントの性別とソーシャルペダゴーグの性別
- 時間的展望
- 用いられる理論的構造
- 仕事の目的（前項と関連する）
- クライエントが有する、あるいは利用できる他の関係
- クライエントが過去に持った関係の歴史

何を私たちが選択するかにかかわらず，成り立つ基準が一つある。提供される関係は，信頼できるものでなければならない（Larsen, 2004）。「信頼できる」とは，提供できること以上のものを約束することではなく，実際に約束を守ることを意味する。自身の行いに誠実であり，長期的な関係性を維持することである。この信頼は，関係というゲームにおける大人からの賭け金と見なすことができる。子どもや若者は，それを受け取ることを選択することもできるし，逆もできる。ソーシャルペダゴーグから示される純粋さは，努力が評価される可能性を高める。そして，以後の協働が展開する基盤となる。

　クライエントとの関係が求める内容によっては，ソーシャルペダゴーグが自身を「利用可能」にすることがハードワークを強いることもある。そのような役割でクライエントに自身を提供する人は，人間として関与することが難しい場合があることを認めなければならない。失望することを予想していなければならないと同時に，その失望が人に理解されないことも予想しなければならない。第4章で，Larsen（1994）が優れたソーシャルペダゴーグになるために必要とする一つの項目に触れた。クライエントの挑発を個人的に受け取ることなく，寛容になる必要があるという項目である。言い換えれば，ソーシャルペダゴーグは，クライエントからの否定的な行動に対して，関係を「閉ざす」ことや，復讐や罰による報復をしてはならない。専門家としての知識と理解を用いれば，クライエントからの否定的な行動が，悪意以外の感情に基づいているのを認識することができる。Larsen（2004）が理解するように，それらは痛みを伴うクライエントの内的世界の表れである。その世界が上演されているとき，観察者はそれが「行動化（アクティングアウト）」であることを容易に見てとることができる。とはいえ，ソーシャルペダゴーグが個人的反応を実際にすること，つまり，自らの感情に動かされて「自分自身が」反応することも，もちろん重要である。それ以外の反応はすぐに，機械的でロボットのようなものと受け取られてしまう。クライエントとソーシャルペダゴーグの接触に自発性が含まれる場合にのみ，反応が現実のものと認識される。力のあるソーシャルペダゴーグは，クライエントとの関係における相互作用のなかで起こる感情を用いることと，感情を表現するクライエントに寛容でありながら関係性を悪化させずにいることの両方が

できる。

　関係は支援を要する相手へ共感する機会を与えてくれる。これはクライエントにとって重要な要素である。しかし，ソーシャルペダゴーグはこの共感という仕事を時に誤解する。共感を目指すソーシャルペダゴーグが犯す最も一般的な間違いのひとつは，重要な他者に対するクライエントの基本的ニーズを，独占的に満たそうとすることである。支援者には，関わりはじめるとすぐに，クライエントが困難な関係史を持っていることがわかるし，おそらく，そこに登場するソーシャルペダゴーグとの関係から得るものがあまりなかったこともわかる。ソーシャルペダゴーグが，クライエントの身近で最も大切な人間になろうとすること自体には驚かない。誰かにとって重要であるのは気持ちがよい。しかし，それは危険な選択であり，クライエントが専門家に求めているものはそれではないことを忘れる，という誤りを犯す恐れがある。まず第一に，重要な他者は，クライエント自身の力が作り出す関係から生まれるべきである。そうしてはじめて関係は意味深く現実的なものとなる。

　専門的関係の機能は，そのような関係が生じるのを助けることであり，その目標は，クライエントが良好な私的な関係を確立することである。したがって，専門的関係は，よい私的関係の構築を目的として，クライエントが専門的関係を予備段階として用いる場合にのみ信頼することができる。私的な関係を特徴づけるのは専門的関係とは別の種の信頼である。良好な関係を築く力をクライエントに伝えることができれば，さまざまな種類のコミュニティに包摂される可能性が高まるだろう。言い換えれば，ソーシャルペダゴジー実践における専門的関係の重要な特徴のひとつは，それが一時的であることである。専門的関係にはたいていの場合，時間制限がある。いつの日か，クライエントはクライエントであることを終えなくてはならない。その後にソーシャルペダゴーグへの期待が何か生まれたとしても，それに応えるのは難しいかもしれない。ソーシャルペダゴーグは，子どもや若者がそれまでに経験した関係とは別の体験を提供するために，自身を用いてもらう。自分が誰かにとって重要になれること，他の誰かが自分にとって重要になれることを理解することによって，子どもや若者は自身が活用できる新たな経験を得るだろう。

ペダゴジー的な関係の第一の目標は，他者が人間として成長することである（Sævi, 2007）。その目的が，基本的なニーズを満たすことであってはならない。それは私的な領域に属することである。さらに，関係というものの**ソーシャルペダゴジー的**な存在理由を明確にするなら，「人間は人間との相互作用によってのみ人間になる」という Natorp の主張を追加しなければならない（Mathiesen, 1999, p.15 で詳述）。関係性を重視する議論，人々の社会包摂に向けた議論をそこに見ることができる。

ここまでの数頁で私たちが出会ったソーシャルペダゴーグのなかでは，カイとヘレンだけが，若者と彼らの関係に私的関係の色彩を持たせようとしている。それが可能なのは，彼らが親の立場で行動する里親であり，そのため疑いなく私的関係に当たる関係を提供しなくてはならないためである。

構　　造

構造の問題は興味深いものだが，すべてのソーシャルペダゴーグが重視しているわけではない。ある人にとっては，かなり違和感のある考えである。その理由は，これを問題視する実践家がいるからだろう。すべてのソーシャルペダゴーグは人間への関心を共有しているので，関係の概念は，構造の概念よりわかりやすいツールである。構造を，柔軟性を欠くもの，現場でのソーシャルペダゴジー実践を妨げるもの，と見なす人もいる。

したがって，ソーシャルペダゴジー的な文脈のなかで構造をどのように理解するか検討する必要がある。社会構築主義の視点から言えば，構造とはコミュニティを律する社会的機能である。構造は，多かれ少なかれ社会的に構築された，コミュニティの文化が表現されたものである（Burr, 2003 参照）。文化は，期待，規範，規制といった形で現れる。何が現実か，何が正しく何が間違っているか，何がよくて何が悪いのか，といったことについて得られた共通理解が構造の中に組み込まれる。そのようなプロセスを経て，たとえば1日の時間の構造的機能に関する社会的合意に基づいて判断と意思決定がなされる。わかりやすい例を挙げると，ある年齢の子どもはある時間までに寝る必要がある，という大人の意見には一つの構造が含まれている。そのような形で社会的機能を学ぶことによって，子どもは活動的で自立した主体と

して次第に私たちの社会のなかに包摂されていく。

　ソーシャルペダゴジーの毎日の生活のなかでも構造について話されることがあるが，その際の構造は，たいていは実践の枠組みとなる条件のことである。一般に，予算，年次計画，人的資源や，施設の建築デザインなどの物理的な労働環境も含む外的構造がこれに該当する。だから，構造を枠としてのみ，つまり実践を制限するものとしてのみ理解するのは狭すぎる。ソーシャルペダゴジー実践における構造は，外的な枠であると同時に内的な組織である。ここで言う内的組織とは，他の要因と密接に関連しながらソーシャルペダゴーグ自身によってなされた仕事の組織化である。関係と倫理的配慮への対処法はその例である。実践するソーシャルペダゴーグのなかには，それこそが専門性の核心と考える者もいる。つまり，他者の生活への構造化された介入である。

　「責任グループ」の最初の会議で，児童福祉司は里親宅における適切な構造の重要性について話した。歓迎されていると感じるマヤの気持ちと同じくらい，それが重要だと彼は述べた。カイとヘレンにはよくわからなかった。「構造ですか？それが私たちとどう関係しているのですか」とカイは尋ねた。児童福祉司は，どのような生活リズムが彼女に合うのか，彼女が里親の家で規則や規範を破った場合にどのように対応すべきかなどがうまくいかなければ，マヤのために里親が提供している支援に信用が置けないことを説明した。児童福祉司は，すでにそこに住む人々にとってあたりまえのシステムに適応することは，確立された家族のなかに新しいメンバーとしてやって来た人にとって容易ではないことを考えてほしいと，カイとヘレンに伝えた。二人は考え深げにうなずいた。

　ソーシャルペダゴジーの文脈で実際に構造がどのようになっているのかを見てみよう。Kvaran（1996）は，環境療法について述べる際に，構造の概念を計画および目的に結びつけている。体系的に組織化された業務プロセスは，その仕事の目標を決定し，最善と思われる介入を実行し，行ったこととその効果を評価するのに役立つ。構造を説明するもう一つの方法は，Furuholmenと Schanche Andresen（2007）の言うことに関連する。彼らは，明確な構造を持つ社会環境へ参加することで，クライエントが，予測可能性と帰属意

識を持つことができると強調する。私がここで述べる構造は，この理解に近い。Kvaran の解釈もソーシャルペダゴジーの仕事において重要なので，後でもう一度戻りたい。もっと具体的に述べよう。私は構造を，ソーシャルペダゴーグとクライエントの両者の活動を組織化するために行うすべての選択から生まれるもの，と理解している。Garsjø（2003）によると，構造は，一定期間持続するパターンを表したものである。それは，計画，ルーティーン，ルールに関するものであり，表明された期待，規範，役割，課題に関するものである。これらすべてが，ソーシャルペダゴーグが働く環境において，そこにいるあらゆる人のコミュニケーションと協働を助ける。Larsen（2004）の一次タスクおよび二次タスクの概念と関係づけてこの概念を見ると，構造の問題はまずは後者の範疇に入るように見えるだろう。確かに，構造は多くの場合，一次タスクを解決するために必要なことに関連している。Larsen の二次タスクの定義は，子どもや若者が自分の成長や変化に取り組むための準備をすることである。たとえば施設において構造をよりしっかりとしたものにする取り組みは，そうした準備と捉えることができる。しかし，構造の問題は，子どもや若者とソーシャルペダゴーグが交わす関係や会話で直接の話題になることもある。

　ベリットは，レジデンシャル・ホームに関わりはじめると，モニカと多くの時間を過ごす。モニカを知るために一緒にぶらぶらしたり，モニカが自分の担当者を知る機会を提供したりしているだけのこともある。ベリットは，新しい場所に移行する際に知っておくべきことをモニカに説明することにも時間を使う。モニカは時々こうした会話にうんざりし，彼女が必要としているのは住む場所だけだと叫ぶ。「知らないといけないことばかり！　頭がおかしくなる！」
　施設で生活するようになって 2 週間目に，モニカは夕食に戻らなかった。夜遅くに戻ってくるまで，誰も彼女を見かけることも，何か情報を得ることもできなかった。彼女は電話に応答せず，夜遅くまでメールにも返信しなかった。ベリットはこの機会を捉えて，それぞれが生活を送るために特定のルールが重要と職員が考える理由をモニカと話すことにした。

さまざまな理由で，施設は相当に「強力な構造」を持っている。施設で暮

らす人も働く人も，明文化されているかいないかは別にして，すべてのルールやルーティーンを理解するには多大な労力を要することを知っている。施設の毎日の生活にうまく対処するためには，その全体を視野に入れることが必要になる。したがって，構造の問題はとりわけ施設におけるソーシャルペダゴジーと結びついている。どのようなルールやルーティーンが選択されるにせよ，知っておくべきことが多数ある。施設を運営し，加えてそこに住むためには，組織というものに関する理解が必要である。

　構造は，施設で暮らす人の日常生活で秩序を保たせてくれる要素である。毎日の生活リズムが乱れている人もいれば，守るべき明確な社会規範を欠いた生活を送っている人もいる。無秩序な内的世界を抱えているため，感情的にも行動面でもうまく機能するために，明確な構造に守られている必要がある人もいる。構造に焦点を当て，そこで暮らす人のためになるような構造を設計するときに専門家がしなくてはならない選択は，何よりもまず，構造の使い方である。機能している構造の設計に責任を負うことと，日常生活でその構造を積極的に活用することの二つの意味での選択である。Larsen（2004）は，構造を心理的機能と見ることを推奨し，優れた外的構造は子どもや若者の内的構造の発達につながると言う。もっと典型的なソーシャルペダゴジー的視点は，社会的文脈のなかに学びを阻害するような構造があるときに，それに耐えてそこから学び，形成する可能性に焦点を当てる。施設の構造に直面したとき，子どもや若者はそれに適応するかもしれないし，しないかもしれない。彼らは自分の課題を表面化するかもしれないし，しないかもしれない。構造の役割は，子どもや若者ができることを表すのを（何ができないかを表すことでもある）助け，それによって彼らの成長を支援することである（Larsen, 1992; Storø, 2005）。施設は，「大きくて広い世界」の中にある「小さな世界」である。自分ができること，できないことを人に示しても安全な世界である。施設で暮らす人が，一つの（施設という特殊な）構造に照らして，自分自身について何かを学ぶことができるようにするという考え方である。それができれば，次に，施設の外の世界（もちろんそこも構造で溢れている）でやっていく方法について学ぶことができる。

　構造を関係と密接につながったものとして理解することも重要である。Larsen（2004, p.20）が「関係の構造（組織）的な面と，関係の内容を1枚

のコインの両面と見なす」と言っているのがそれに当たる。内容の部分は関係の質的側面であり，構造の部分は時間と空間の中で関係を調整することである。関係が展開する空間あるいは文脈が構造であると考えると，両者の結びつきを理解できるだろう。

　住人と構造との出会いが学びの重要な契機になるとして，構造が機能するには何が必要だろうか。本書の趣旨に基づけば，まず，構造がペダゴジー的な目的を持つ必要がある（Larsen, 1992, 2004; Storø, 1999, 2001; Sævi, 2007 を参照）。構造は，次のようでなければならない。

- **変化する力を備えながら，安定していなくてはならない**。堅固であると同時に，柔軟であることが求められる。構造は安全で予測可能であることを表しているが，その内部に住む人々に，個人的な成長の機会と，生活状況の変化を提供しなければならない。
- **明確でなくてはならない**。構造の一部である人すべてが，その規則と制限を知ることができなければならない。規則や制限を彼らにとって見えやすいものとして，その構造内の毎日の生活を危険なく過ごせるようにする必要がある。
- **クライエントの最善の利益のために設計されていなくてはならない**。施設の構造は，クライエントのニーズから生じない限り，よいものにならない。たとえば，そうした構造と自らを結びつけることを学ぶ経験がニーズのひとつであり，その後の人生で大きな社会のなかで有効に活用できる力となる。最も問題のある施設の構造は，職員の最善の利益のために設計されたものである。クライエントが空腹なときではなく，職員の都合に合わせて夕食の時間を設定することなどがその例であろう。もう一つの要請は，構造によってクライエントの肯定的な行動と成長が強化される必要があることである。
- **関係に基づく話し合いの余地がなくてはならない**。構造は，ソーシャルペダゴジーの仕事における関係の側面と決して切り離すことができない。構造について行われる選択は，常に，クライエントと支援者の関係に基づく話し合いを重視するものでなければならない。したがって，たとえば食事時間をどのように定めるかといった決定を，構造の問題とし

て扱うだけでは不十分である。決定のプロセスで，その構造の中にいる人々との対話やミーティングの機会をどのように提供するかにも配慮しなければならない。

- **クライエントの実験的試みに寛容でなくてはならない。**これは，学びのプロセスには安全な環境がクライエントに必要であることを意味する。学ぶために，彼らはさまざまな選択肢を試してみなければならない。そのプロセスの間に，彼らは成功することもあれば，失敗することもある。成功と失敗を通して，クライエントは自分の経験を振り返り，何かを新しく学ぶ。構造はその試みに対応する必要がある。その意味で問題のある構造とは，失敗した人を拒絶するもの，言い換えれば，抵抗をほとんど許さないものである。失敗は時に（少なくとも訓練されていない人の目には）挑発，妨害，対抗でしかないように見える。

- **定期的に評価を受けなくてはならない。**構造には，柔軟な支えではなく硬直化したシステムになる傾向があるため，定期的に評価する必要がある。構造自体を評価する構造が必要である。

ソーシャルペダゴジーの実践は，専門の実践家がその実践が行われているなかで自身の実践を構成するという点で特徴的である。ソーシャルペダゴーグは，朝の１時間で計画を立て，日中に計画を遂行し，夕方に結果を評価する，といったように自分の勤務を構成するわけにはいかない。そうするには，ソーシャルペダゴジーの実践はあまりにも複雑すぎる。勤務日のはじめに計画を立て，終わったときに評価することが望ましいとされることが多いが，同時に，実践しながら絶えず計画と評価を進行させなくてはならない。複雑な実践では構造の問題は特に難しくなる。単純なものよりも複雑なもののほうが組織化が難しいという単純な理由からである。

　だからと言って，ソーシャルペダゴーグが自分の実践に構造の問題を含めなくてよい，ということではない。難しいテーマだからこそ，慎重な検討が必要である。ソーシャルペダゴーグは組織に，そして組織を形作ることに関心を持ち，同僚とともにクライエントに出会う場に，組織に関する判断基準を進んで導入しなくてはならない（Larsen, 2004 参照）。

　ソーシャルペダゴジー実践には，構造に関して一つの特徴があることを指

摘しておく。途中で構造が変わることで，介入段階の最中にあるソーシャルペダゴーグ自身の活動が変えられるかもしれない，ということである。それが，他の多くの専門家よりはるかに高い柔軟性と適応性をソーシャルペダゴーグに要求する。歯科の実践を想像すると，歯医者には，何度も何度も，そして毎週繰り返し行われる介入を一定数積み上げることが可能だろう[注1]。ソーシャルペダゴーグは歯医者ほど予測可能な環境で働くことができない。ソーシャルペダゴーグにとっては，解決に一歩近づく介入が，あらかじめ定められた計画から逸脱したものになることが珍しくない。俳優業では，計画されているものと計画されていないものとの関係が非常に明確である。ほとんどの演技は脚本に基づいており，俳優のセリフ，ステージでの動きなどが事前に注意深くリハーサルされる。しかし，俳優は個人的な側面や解釈をそこに加える必要があり，その部分は日々変化するだろう。解釈は事前に準備されたものから，つまり脚本から，生まれる。脚本がなければ，解釈は存在しない。しかし，俳優は解釈のなかで，前もって計画されたものから自身を解放もするのである。そのような解放を，即興のなかに見て取ることができる。即興は，その最良の形では専門技量の質を向上させる，精妙な専門的行為である。

　それと同時に，ソーシャルペダゴーグは，その専門的活動のための計画を持つ必要がある。そういった計画が俳優にとっての脚本に匹敵するほど細部にわたることはほとんどない。むしろ，起こるよう目指すものを記述する形で，専門的活動のイメージを前もって定めておくようなものとなるだろう。ソーシャルペダゴーグは，クライアント集団とのミーティングをどのように進めたいかというプランを書き留めるだろうし，また，ミーティングの各段階で起こりうることをそのプランのなかで想定しておくだろう。ミーティング中に，彼は計画を守り，その中のできる限り多くを実行するよう努力しなければならないと同時に，状況に応じて計画から離れた別のことをできるようでなければならない。

　仕事の各段階を理解し，業務を体系化するために，モデル化された形で仕事の構造的な部分が捉えられ，記述されることが多い。そうしたモデルが支持されるのは，一つには，クライアントの状況が一般に非常に複雑なため，可能な限り最良の決定を下すためには，全体像をできるだけ把握しておくこ

とが欠かせないという主張からである。問題の特定に始まり，実行計画を経て，介入評価へと進むプロセスの構造がそこで要求される（Kvaran, 1996; Grønvold, 1997; Linde & Nordlund, 2006）。

　構造について語る際の最後の要素は，実践現場を形作る構造に目を向けることである。ソーシャルペダゴジーの実践家は職場の一部であり，支援が必要な人々を支える社会の取り組みの一部である。専門的活動は，ソーシャルペダゴジーの外の領域で発展した理論，知識，政策によっても決定づけられる。それらも専門実践における構造的な要素である。

変　　化

　ソーシャルペダゴーグの仕事には目標が必要である。そのような目標の一例は，共に働く人々の人生の何かを変えることである。ソーシャルペダゴーグが，ある場所あるいは複数の場所で，問題を抱えている子どもや若者に出会うとき，クライエントの多くは，自分の問題を解決するために他者からの助けが必要なことがすでにわかっている。問題を解決することが，求められる変化なのかもしれない。しかし，ソーシャルペダゴジー実践が常に成し遂げようとしている変化は，クライエント自身の問題解決能力を高めることである。そのため，ソーシャルペダゴーグは，問題がどこにあるかには目を向けず，むしろ，**クライエント**の問題解決能力と可能な解決策に目を向けることが多い。ソーシャルペダゴジーは，人が自分自身を助けることを助ける，という原則に従って働いているのである。こうした考え方は，解決志向（solution-focused）の視点に見られ（Haaland, 2005），ソーシャルペダゴジーの考え方の基本的要素となっている。

　私が仕事には目標が必要だと述べたのは，人に関わる仕事にはそれが開始されるだけの**理由**が必ずなければならないからである。その理由は，ある程度形にすることができ，伝達することができる。クライエントに対してある程度明確にできるということである。クライエントは，自分が変化を目指した取り組みの対象であることを知っていることもあれば，それに気づいていないこともある。保育園の子どもたちは，行動上の問題を理由にレジデンシャル・ホームで暮らす若者に比べれば，変化を目指すソーシャルペダゴ

ジーの仕事の対象となっていることに気づいていないだろう。ただ，若者や大人も，そのことを知らずに変化を目指す仕事の対象となる可能性がある。ユースクラブの若者は，そこで働く人々が目標を——たとえばそのユースクラブがある町の一部の若者が示すいじめに対する姿勢を変えるという目標を——持っていることに気づかないまま，自分を活動センターの利用者と理解しているだろう。社会的養護のもとで暮らす子どもの親は，ケースカンファレンスに来たときに自分を協働のパートナーと考えるかもしれないが，職員は親を，週末の一時帰宅をよりよい体験にするために親の変化を目指すソーシャルペダゴジー的介入の当事者，と考えているかもしれない。言うまでもないが，多くの場合，私たちが何をしているのかを，仕事を受け取る側の人に隠さず示すことが倫理的に望ましい。

　先に，ソーシャルペダゴジーは，その大部分が，Mathisen（1999）とMadsen（2006）がペダゴジーの危機状況と呼ぶものに関係すると述べた。子どもや若者の成長過程で何かが「うまくいかなかった」のである。したがって，**子どもを育てる**というソーシャルペダゴジーの仕事は，育て直しになる。修復と構築の両方の要素がこれに含まれる。変化の概念を導入するとき，育て直しの概念と結びつけることが重要である。変わらなければならないのは，**個人としての**子どもや若者ではない。少なくとも伝統的には個人を対象にしてきた心理学とは対照的に，変化を目指したソーシャルペダゴーグの事業は，社会的存在としての子どもや若者と結びついている。子どもや若者の育成，社会的文脈における行動，そして，個人としての，あるいは社会の一員としての自らに対して彼らが行う価値づけあるいは理解が，変化を目指すソーシャルペダゴーグの中心的な実践領域となる。そうした実践領域は，人としての子どもや若者にも自然に影響を与える。なぜなら，それぞれの個人を性格づける唯一無二の特徴のまとまりとして，個人の中に埋め込まれた実践領域だからである。

　私たちがすでに知っている4人，カイ，ヘレン，ベリット，クリスティンに集まってもらおう。コーヒーを飲みながら，それぞれの仕事の類似点と相違点について話しているところである。クリスティンは，変化を起こすために明確な目標を定めた若者について語っており，4カ月間でそれを達成することを目指している。

ベリットはクリスティンに，短期間でトーマスに多くの変化をもたらさなければならないことにストレスを感じているか尋ねた。彼女自身，来年引っ越しをするモニカに変化をもたらすには時間が足りないと感じていた。「そうでもないかな」とクリスティンは答えた。「二つのことを覚えておいてね。変化を目指してしている仕事で，私はどちらかと言うとわずかの目標に集中していて，どれもとても具体的な目標なの。それに，私は家族全体に動いてもらうようにしている。彼らはいろんな形で自分で動かないといけない。私は『それを始めさせる』だけ。」ヘレンは，マヤを変化させることは家族の主な話題ではないと言う。「私たちは彼女が自然に成長できるような，安全な日常生活を作るように努めてるの」とヘレンは言い，カイもそれに同意する。ベリットも「あなたたち3人が話していることは，ちょうど私がしていることね」と言う。「クリスティンが言うように，モニカの振る舞いを変化させるような具体的な方法に取り組むことはできなかった。でも同時に，彼女が自然に成長するための環境を作る『だけ』では不十分だったこともわかる。あなたが里親宅でマヤのためにしていることが適切なことが，よくわかった。」

　変化は，ソーシャルペダゴジーの仕事の主要な目標の一つであると結論づけることができる。しかし，3人のソーシャルペダゴーグは，それぞれ違った方法でこの概念にアプローチしている。彼らは違ったものを目指しているが，それでも彼らの長期目標は非常に類似している。つまり，マヤ，モニカ，トーマスが大人として，いい人生を送り，建設的なコミュニティに包摂されることである。

　変化の概念はさらに検討する必要がある。成長過程で子どもや若者が経験する変化には，成熟による自然な変化と，外部からのさまざまなタイプの影響による変化がある。Larsen（2004, p.21）は，発達と変化の概念を区別したほうがよいと言う。彼によれば，「発達は『比較的』痛みのないプロセスだが，変化は何かを断念することを含んでいる」。Larsen は心理学的な観点から述べており，私は，彼の言う発達を，子どもや若者が環境と調和して進む，精神的に健康で**自然な**発達と理解している。成熟はこのプロセスの一部である。彼は，変化という概念を，何らかの心理的不適応過程に対して「発達のプロセスとして再建されることを可能にするために働きかけることが必

要」な場合についてのみ用いる（Larsen, 2004, p.21）。専門家としての
Larsen の視点に基づけば，健全な発達の道に乗るために変化のプロセスを
必要とするのは，何よりも**統合が不十分な子どもである**[注2]。Larsen はま
た，養育の仕事と，（心理学的な基盤を持つ）環境療法を区別している。前
者は発達のプロセスを支えることとされるが，後者は変化のプロセスを引き
起こす。その上で，環境療法は，「文化と価値との相互作用という意味での
養育も含む」と付け加えている（Larsen, 2004, p.89）。

　この解釈は，ソーシャルペダゴジーの考え方への挑戦である。ソーシャル
ペダゴーグは発達を支えるためだけに働いているのだろうか。それともソー
シャルペダゴーグの努力が変化を引き起こすと考えてよいだろうか。私は，
「変化を目指す仕事」という言葉を使うなら，Larsen の言う発達を促進する
仕事も変化を目指す仕事も，どちらもそこに含めたい。ただ，そのために
は，Larsen とは違った「変化」の概念を見つける必要がある。ソーシャル
ペダゴーグは心理職ではなく，内的な心理的構造を変えることが目標ではな
いはずである。社会構築主義の理論がここで助けになる。社会構築主義によ
れば，クライエントによる構築が変化をもたらす手段である。変化は，社会
的コミュニティの参加者としての自身にクライエント自らが関わることに
よって生じる。こう捉えると，構築は，自身を知覚する方法と理解すること
ができ，それに他者による見え方が伴う。ここには，個人が自身について新
しい理解を構築すると，その人は変化するという仮定がある。その人はも
う，かつてのその人ではない。この種のプロセスが，Larsen が述べる自然
に進行していくプロセスの一部でないのは，そのプロセスが他の誰かによっ
て引き起こされたからである。その変化は自ずから起こるものではなく，当
人とその人が参加しているコミュニティが彼のストーリーを変えた結果であ
る。そのプロセスを通して個人が自らを違ったふうに考え，語るようになる
とすれば，その人は違う人にすでになっているのである。

　　トーマスは学校の成績が非常に悪く，教師は彼の達成や努力についてほとんど
　　肯定的なことを言ったことがなかった。彼がよく習得できた科目が一つだけあ
　　り，それは歴史だった。トーマスは過去について知ることをいつも楽しんでいた。
　　しかし，その科目でも彼の成績はまずまずというところだった。トーマスは学校

でいつも自分を負け組と見なしていた。学校の支援担当であるアグネスとの会話の後，彼は歴史のテストで少なくとも 1 回は A の成績をとるために努力することに決めた。数週間，彼はアグネスと一緒に歴史をかなり勉強し，テストへの不安をどう克服すればよいか話し合った。トーマスがついになんとか A の成績をとることができ，そこから他の数科目の成績も向上させていった。アグネスは数カ月後にどんなことが彼に起こったのか尋ねると，彼はこう答えた。「よくわからない。でも前は学校で僕は本当に負け犬だと思っていたのを覚えてるけど，今はそう思わない。」

　変化および変化のプロセスは，当の本人がそれを自覚できるようになるまでは現実的なものとならない。クライエントが外的な行動を変えることはあるし，それはクライエント自身にも外的環境にも望ましいことである。しかし，外的な変化だけでは，その変化はまだその人の一部になっていない。当人がその変化を内的な水準でも有益だと見なし，自身を違った形で理解するようになってはじめてその人の一部となる。行動療法家なら，目標行動を強化する外部刺激を得ることで，行動の肯定的変化が維持されると言うだろう。社会構築主義に立つソーシャルペダゴーグは，それよりも，その人が自分自身を語る新たな方法が構築されたかどうかに関心を持つ。特に，本当の変化をもたらす可能性があるのは，**自分について**，そして**自分に対して**語る物語である。ペダゴジーは，何よりも，大人の世代が子どもや若者に知識を授けることと理解されてきた。「養育は，子どもや若者の行動が規範的に受け入れられるものか受け入れられないものかに鋭く焦点を当てている」と Larsen（2004, p.89）は言う。ペダゴジーにおける変化の概念を定義し直すことで，子どもや若者を大人の住む世界の価値観に導くことだけでなく，もっと子どもや若者のために何かをする機会がソーシャルペダゴーグに与えられる。「変化」を，**クライエントが自身のライフストーリーを語る新たな方法を獲得すること**と理解し，それをソーシャルペダゴジーの基本概念と見なすことができる。

　カイ，ヘレン，ベリット，クリスティンによって行われた取り組みを以上の枠組みで理解することができるが，関わっているクライエントと，とりわけ活動している文脈に従って，4 人それぞれが発達と変化に重点を置く程度

が異なっているのがわかる。

　変化を目指すソーシャルペダゴジー実践は多様だが，それはクライエントのライフストーリーの違いだけによるのではない。ライフストーリーだけに焦点を向けると，あまりにも個人志向になる。基本的な問いは，クライエントの生活の改善のために求められるものは何か，である。言い換えると，真の変化とは何か，である。それが次の問い——十分な状況とは何かを決めるのは誰か——へと導く。変化が生活状況の改善をもたらすことが重要であると考えるソーシャルペダゴーグもいる。仕事を持つ，学校に通う（つまり有意義な日常の活動），住み心地のよい場所，十分な収入などの外的要因を挙げるのは自然である。人間関係，人脈，ソーシャルサポートへのアクセスなど，クライエントの社会的環境を強調する人もいる。しかし，クライエントが自分の状況をより理解すれば，クライエントの生活が大きく変わる可能性がある。自らの状況に対するクライエントの理解を整理し，それに対処しやすくすることも重要な貢献であろう。最後のものは，実践の言語的側面に関わっており，後に簡単に触れよう。ただし，新しい見方がクライエントの生活状況を変えるのを過信してはならないと警告しなければならない。多くの人々にとって，外的な目に見える条件に現実の変化があることがきわめて重要である。なかでも重要なこととして，変化が肯定的な違いをもたらしたかどうかを評価するのに最適な人は，クライエント自身であることを特に強調しておきたい。

　変化が問題となったときにソーシャルペダゴーグをいつも導くものは，包摂－周縁化の二分法に理論がどのように焦点を当てているかである。ソーシャルペダゴーグが発達と変化のプロセスに働きかける取り組みを計画するとき，クライエントが社会環境に参加しているか，あるいは何らかの形で排除されているかを考慮することが欠かせない。ソーシャルペダゴーグは，クライエントとコミュニティの関係を必ず評価しなければならない。そして，クライエント自身によるその評価も同様に重要である。

ソーシャルペダゴジーの場

　関係，構造，変化の三つの概念はどのようにつながっているのだろうか。

一見互いにきわめて異なった現象のように見える。

　確かにその通りである。それらは異なった現象を扱っているが，ソーシャルペダゴジー実践を理解する上で興味深いのは，これらの現象が相互に関連する仕方である。図 5.1 がその関係を示している。関係はクライエントとの仕事の媒介者であり，構造は仕事が行われる場所（媒介の性質も持っているが）であり，変化は仕事の目標と言える。この三つ組の概念で，ソーシャルペダゴジーの場を表すことができる。

　もしこれらの要素のひとつを外すと，ソーシャルペダゴジーの場は消えてしまう。変化という目標がないソーシャルペダゴジーの仕事は，パラドックスをはらむ。たとえば，施設において変化の要素を外せば，子どもや若者を置いておくだけの場所になってしまう。構造がなくなれば，そのなかで仕事をする場所を失う。変化を志向した関係のなかにいることについて語ること自体は有益であろう。しかし，ソーシャルペダゴジーという職業領域は構造を重視するため，変化を志向した関係を持つだけではソーシャルペダゴジー的ではない。関係を削除することもできない。もし削除すれば，私たちの仕事は大きな集団を扱う社会の変化を目指した仕事に，言い換えれば政治の分野に，移動するだろう。ソーシャルペダゴジー実践は個人の次元と分かち難く結びついている。支援の対象となる個人の次元である。

　私は，この図で表したものを，ソーシャルペダゴジーの場と呼びたい。そ

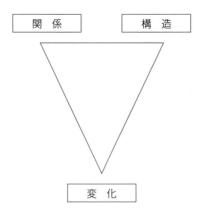

図 5.1　ソーシャルペタゴジーの場

れは，現実の実践に欠かせない要素を包み込んで，実践に向けて描かれた場である。このモデルには，相互に結びつく必要のある基本的要素が書き込まれている。ただし，それらは，単に結びつくだけでなく，ある特定の仕方で結びついている必要がある。このモデル自体は他の分野でも用いることが可能で，「内容を限定しない」。つまり，ソーシャルペダゴジーに特化した内容が書き込まれているわけではない。このモデルにソーシャルペダゴジー的な内容を与えたい場合は，その説明が加えられなければならず，それが本章で私が試みたことであった。

　「場」という概念を具体的なものと捉えると，ほとんど物理的なものと理解されかねない。たとえば，「家庭」という場を考えると，自分の家を思い浮かべることが多いだろう。Durrant（1993）も場に関心を持っており，社会構築主義の観点から興味深い説明をしている。彼の場の概念は，「人が特定の経験をどのように理解するか，つまりそれを何のことと考えるか，を決定する意味の枠組み」（Durrant, 1993, p.8）を表す。そこで場の理解を構成するのは，意味であって物理的な空間ではない。私の主張は，だから，ソーシャルペダゴーグがクライエントと働く場（施設内など）は，その場にいる人々が生み出すすべての仮説によって定義され，それが，彼らが共に行う仕事に意味を与え（Storø, 2005 参照），その結果，彼らの協働に意味を与えるというものである。「場」の概念をこのように用いる要点は，それが意味を創造するところにある。そこに社会構築主義との結びつきがあるとともに，言語を基盤にした活動としてのソーシャルペダゴジー実践との結びつきがある。言語を基盤にした行動（相互作用）を通して，私たちは意味を構築する。図 5.1 のモデルの考え方を用いれば，関係は，構造のなかで展開することで，そして変化を目指したいという強い願いと結びついたものと受け取られることで，意味を獲得する。このように三つの概念が結びついている。そこで意味を構成し，それを背負って進むものは，関係，構造，変化の組み合わせである。

【注】

1）歯科実践を単純化していることを歯科医にお詫びしたい。私は患者としてしか彼らを知らない。さらに冒険を冒して，ソーシャルペダゴジーの仕事は本質的に歯

科医の仕事より複雑で予測が難しいと主張してみたい。そのために比較に意味が
あると考えているのである。

2）Larsen の概念は，心理学理論，正確に言えば精神力動論の伝統に起源をたどるこ
とができる。

【訳注】

1）「構造」は，日本の実践家に馴染みのない概念かもしれない。心理療法において
「治療構造」というときの「構造」にあたり，実践が行われる時間，場所等のセッ
ティングを意味する。

第6章

ソーシャルペダゴーグは
どこで働くのか

　ソーシャルペダゴーグがどこで働いているのかという問いへの一つの答え
は，彼らに出会うさまざまな**職場**に目を向けることで得られる。ソーシャル
ペダゴジー的な仕事を行っている専門職は複数あると先に述べた。それは，
ソーシャルペダゴジー的な実践が行われている職場が多数あるということで
ある。まずは児童福祉ペダゴーグの実践家が働く現場に目を向けることから
始めたい。

　児童福祉ペダゴーグの主要な職場は，長年の間，施設，里親，児童相談所
であった。児童福祉の最前線および後陣と呼ばれるものである。児童福祉ペ
ダゴーグは，児童福祉法で規定された業務を担当する。最前線と後陣のどち
らの勢力に教育と訓練を集中させるかという議論が盛んに行われてきた。前
者は児童福祉サービス（主に法律に基づくケースワークに関連する）で働く
ために役立つ力であり，後者はまず第一に施設で（主に環境療法として）活
用できる力である。どちらの職場も児童福祉ペダゴーグにとって重要であ
り，どちらにもソーシャルペダゴジーへの理解が深く根付いていることが重
要である。レクリエーションの分野も，児童福祉ペダゴーグの主な職場とし
て徐々に認められてきている。ユースクラブやアウトリーチ，特別なニーズ
を持つ子どもや若者に支援を提供する任意団体も，今や児童福祉ペダゴーグ
にとって重要な職場となっている。そうした職場の業務にもソーシャルペダ
ゴジー的な基盤があると考えるのが自然である。

　児童福祉ペダゴーグにとって，最も新しい領域は学校である。多くの学校
で，日々の学校生活における予防的な取り組みや，リスクのある生徒やグ
ループを対象にした特別な取り組みの必要性が理解されつつある。**環境療法
士**は新しい職種である。学校が特別なニーズのある生徒を包摂し受け入れる

ことを考えると，学校の主活動がそうした子どもたちにとって有益なものとなるために，環境療法士が重要な役割を果たすことになる。児童福祉ペダゴーグは，ノルウェーで制度化されているデイケアでも働いている。また，保育園にもそのような専門家たちがいる。学校におけるソーシャルペダゴジー的な指向を持つ仕事は，辺縁化された生徒の包摂とそれに関連した問題の予防という点で重要な意味を持つ。社会教育者（social educators）についても触れるべきだろう。辺縁化された人々に対して社会教育者が家庭内で行う取り組みには，多くの場合，ソーシャルペダゴジー的性質が含まれる。

　このような理解を，スポーツクラブやボーイ／ガールスカウト，合唱団など，さまざまな任意団体にも広げられるだろう。それらの団体は，さまざまの人とさまざまな目的で活動を行うが，活動を支える考え方をソーシャルペダゴジー的と呼べることが多い。スポーツ，特に団体競技においては，コミュニティへの包摂と共通の目標に向けた協働が，その姿勢の重要な決定要因になっている。しかし，ソーシャルペダゴジー的な実践と，たとえばスポーツチームの実践には重要な違いがある。コーチがソーシャルペダゴジー的な方法で活動していたとしても，彼らはソーシャルペダゴジーの理論に詳しくないだろう。もし知っているなら，それは彼がたまたま児童福祉ペダゴーグでもあるためなのだろう。たとえば，サッカーコーチが用いるソーシャルペダゴジー的な理論は，たいていの場合，訓練を受けたソーシャルペダゴーグが用いる理論よりもずっと大まかなものだろう。サッカーコーチの仕事の重要性が低いという意味ではなく，単に違いがあるという意味である。

　ソーシャルペダゴジー的な業務が，社会のさまざまな場所で行われていることがわかる。子どもや若者の施設，児童福祉や社会保障の事務所，学校，精神科病棟などもあれば，子どもの家庭や身近な環境内にもある。

活動領域

　最初の問いへのもう一つの答えは，ソーシャルペダゴーグが日々の仕事のなかで立ち入る活動の場に目を向けることで得られる。Erik Larsen は，図6.1. のように，若者を対象とした機関の仕事は主に四つの場で行われること

を示した[注1]。このモデルでは青少年施設を現場としているが，ソーシャルペダゴーグが働く他の場所にも適用することができる。まず若者を対象とした施設を例にとって，いくつかの実践例を示すことにする。このモデルで印象的なのは，変化を目指したペダゴジー的仕事（**環境療法**という人もいるだろう）は，全体像の一部に過ぎないことである。施設における日常生活は多様であり，その他の主題が多数含まれる。施設の仕事の一次機能は，**職員が若者と共にしていること**である。職員が行うその他の業務はすべて二次機能である。同僚間の対等な対話はその一例である。その他の二次機能には，会議，予算計画，勤務シフト作成，記録作成などがある。これらは一次機能を円滑にするために行うべき業務である。図6.1の下段には若者の行動が，上段には職員の行動が記載されている。下の部分は，若者がしていることで，職員と同じ形式で一次機能と二次機能のカテゴリーに分けることができないが，施設における社会生活に属しているので，明らかに一次機能と**結びついている**。したがって，若者同士，若者と職員の間で影響を及ぼしあう仕事は，明らかに変化を目指した**ペダゴジー的仕事**のカテゴリーに属しており，一次機能と捉えなければならない。

　ペッターは自分の腕時計に目をやる。職員会議は彼が話し合いたい内容にたどり着かないまま，すでに1時間続いていた。シフト勤務の調整の評価が続き，24時間で区切って行われる報告の改善方法が話題となり，今は新しく入るスーパーバイザーへの期待を話し合っている。しかし，来週末に予定されている若者との

職員が若者としていること 変化を目指すペダゴジー的仕事	職員同士がしていること 同僚間の対話
若者同士がしていること 若者間の規範と相互のやりとり	若者が職員としていること 若者が持つ影響力

図6.1　若者の施設におけるソーシャルペダゴジー的仕事の4領域

旅行の件は，いつになったら話し合われるのだろう。それから，彼が担当することになっている月曜の夜の新しい定期活動は？　本当に重要な議題なのに。

環境療法士のペッターは活動を大切にしている。彼は傷つきやすい若者たちと施設で関わる際に最も重要なことは，共に何かをする機会を創り出し，若者を活性化することだと考えているようである。彼の考えにはうなずけるところがある。仕事の中核的な部分だからだ。しかしペッターは，日常的な交流や活動を包括的に捉えるという重要な視点を見失っている危険がある。若者との交流に，彼らがかつて経験した交流とは異なった価値を持たせようとするなら，「楽しい時間を過ごす」以上の理解が職員に必要である。変化を目指す仕事には，楽しい時間を超えた何かが求められる。他の部分に目を向けることで，理解の幅を広げてくれる視点を見つけやすくなる。他方で，ペッターの同僚たちは二次的タスクに囚われすぎていて，何が最優先なのか「忘れている」かもしれない。これは，変化を目指すソーシャルペダゴジー的な仕事を行う組織に内在する危険の一つである。すなわち，現実的な組織業務を優先してしまうことである。職員集団は，業務そのものよりも業務をこなすために必要なことに焦点を当てる，という過ちを犯してしまうことがある。その施設は，あらゆる日課と構造がうまく回っているという点でうまく運営されているが，変化を生む優れた社会的環境を創り出す仕事を十分優先していないかもしれない。ソーシャルペダゴジー的な活動を実践する職場の運営には，高度な洞察力が必要になる。構造と支援内容のバランスをとることも，もちろん必要である。

レイラはテーブルの反対側に座っている。彼女はペッターがもどかしく思っていることに気づいており，ペッターが自分の議題を話し合いたいと思っているのもわかっている。主任として，新しいスーパーバイザーについての話し合いを今日中に行う必要があることもわかっている。スーパーバイザーは来週にも来ることになっているので，今後スーパーバイザーに相談することについて，職員集団の最も重要なニーズについて，合意を得ておくことが重要である。同時にレイラは，会議の終わりまで職員の頭が二次的な話題で占められてしまってはいけない，と懸念している。それでは，若者がいる現場に職員が戻ったときに最善の支

援が行えないだろう。レイラはいま検討中の議題を終えるようにし，小旅行と月曜日の活動計画に話を進める。

　Larsen（2004）は，一次的タスクに関心を持たないようなプロセスが職員集団のなかで展開することがあるという。一例は，子どもや若者の変化のプロセスに取り組むよりも，日々生じる問題から職員を守ることを大切にする場合である。変化を目指したペダゴジー的な仕事は非常に複雑なプロセスであり，職員個人と，職員集団全体およびその運営に多くのことを要求する。施設職員に自分自身のニーズが生まれ，それをなんとかしなければならないことがある。何が起きているか理解したい，（可能な限り）安全で予測可能な1日が欲しい，全体的な視野を持ちたい，お互いを信頼しあえるようになりたい，などがそのニーズの例である。危機的状況にある人々への支援に取り組むことで生じる職員のニーズの例である。こうした要請に応えることは，非常に重要な専門的課題である。しかし，ソーシャルペダゴーグの一次的課題と対照すれば，これらは二次的である。施設では，このことを強調し，何度も繰り返し伝えていく必要がある。個人的な経験を言えば，私にとって，職員同士の議論の際に「私たちの施設では，若者がまず優先される」と頻繁に口にされる施設で働くことは大きな喜びだった。この言葉は，さまざまな意味で，一次的タスクと二次的タスクの関係に関する考え方を，スローガンの形で，実効あるものにしている。

　図6.1のモデルは，変化を目指す具体的な仕事が，「職員は何を若者と共にしているか」という問いを通して主題化されている。この問いへの一つの答えは，若者と行うあらゆるソーシャルペダゴジー的な仕事，である，活性化させること，境界を設定すること，日々の暮らしを構造化すること，会話すること，食事をすること，集団のプロセスを調整すること，出かけること，などである。これらについては，ソーシャルペダゴーグの仕事のツールを扱う第7章で改めて述べたい。ソーシャルペダゴジー的活動の一部に，**若者がしていること**について職員がしていること，を含めると，集団に向けた仕事が話題になる。職員によって差配される，さまざまな種類の集合の機会に関する仕事である。明確な介入によって特徴づけられる**お互いが集う**状況のことである。ペッターが最も関心を持っているのはこれのようである。そ

こで交わされる大人と若者の間の対話は開かれたものだろうか。それは若者をねぎらうものだろうか。若者から提案や批判をする機会があるだろうか。施設の日常生活で、多くのことに大人と若者の協働で取り組んでいるだろうか。それとも、両者が分断されているだろうか。共に何かに取り組むとき、大人と若者はどのようにコミュニケーションをとっているだろうか。大人と若者が共に取り組まないのはどんなときだろうか。よい雰囲気なのだろうか。その環境に参加することに安心感があるだろうか。

　本書の見方は、ソーシャルペダゴジー的な現実の中で介入しないでいられ・ることはない、というものである。職員が行うすべてのことは、他者への介入として理解しなければならない。介入と理解されるものは、明確な境界設定、活動の開始、日々の営みの設定だけではない。大人から若者への話し方や接し方も、介入と考えることができる。若者に敬意を持って接しているかどうかが、大きな違いを生む。このように、職員と若者との相互作用を包括的に捉えると、大人であることには大きな要請が伴う。若者から見れば、大人のすることすべてを評価し、批判するのは自然である。はっきりとした形で介入するときには優しく親しみやすい大人であっても、休憩中には近づき難い雰囲気だったり、若者グループの話し合いでは若者の視点に興味を持っていても、休みのときに施設外で偶然出会ったときに無関心であれば、若者はその実践をすぐ見抜くだろう。若者にとっては、両者の関係の核となる部分以外の場面で、大人がどのような振る舞いをするかが重要である。

　図6.1の下段の二つは、若者がすることを示している。施設で子どもや若者が一緒になれば、彼らの間に社会的な交流と協働が生まれる。レジデンシャル・ホームにおけるFransson（1996）の研究は、施設に入所中の女児は、独自の文化を持った少女コミュニティに加わることを明らかにしている[注2]。この現象は病院など他のタイプの施設でも見られる（Album, 1996）。少女たちのコミュニティは、施設内のいくつかの文化の一つだが、そのコミュニティはさらにいくつかの小集団に分かれ、「それ自体を環境療法士たちから切り離すまとまり」（Fransson, 1996, p.41）として機能していた。同時に、そのコミュニティは常に予測可能なまとまりとして存在するわけではない。女子同士の関係は日々変化するため、厳密な意味で「集団」について語るのは難しいとFranssonは言う。施設で暮らすということは、入所者のどの文化

が主流になるのかをめぐる継続的な交渉プロセスであることがわかる。文化は，肯定的で支持的なこともあれば，そこに所属するのが難しいこともある。**入所者たちと職員**の状況によっても文化は変化する。協力的で円滑なときもあれば，若者たちが，大人／ソーシャルペダゴーグへの反抗を意味するカウンターカルチャーを，多少なりとも意識的に作ることもある（Garsjø, 2003）。

　若者が共に行動するとき，自然な友情によって活動に共同参加する場合と，共通の関心を通して集団が形成される場合の両方がある。同時に，否定的な規範の発生，共通の否定的体験に関係する相互作用，施設の規範にも社会全般の規範にも背く否定的なサブカルチャーの形成のような，否定的相互作用が見出されることもある。Andreassen（2003）は，問題行動のある若者の施設における研究のレビューでこれを強調している。それゆえ，**変化を目指すソーシャルペダゴジー的仕事**の現場では，**若者がすることに対して職員がすること**を含めなければならない。施設の職員は，そこで暮らす子どもたちの間で何が起きているかについて，特別な注意を払っていなければならない。それも含む施設のあらゆることが，若者にとって学びの場となる。彼らは，お互いから学び，とりわけ，並行して進む大人とのやりとりから学ぶ。逆に言えば，大人は，若者がどのように互いに協力しているかを観察することで，把握したものに基づいて関わる機会を持つことができる。

　若者が生活する先のグループホームで，入所者がいくつかの場面で苛立ち，大人が扱いかねる状態が数週間にわたり見られた。職員間の議論と，若者との話し合いと施設での日常生活の観察から，職員らはいくつかの局面で介入する必要があるという結論に達していた。レイラは，新しい女児の入所後にドラッグ文化が広まっていないか特に注意するよう職員全体に周知した。同時に，山への遠足を計画し，月曜の活動の幅を広げるというペッターの提案に，レイラは好意的だった。

個人の変化を目指す仕事より若者のコミュニティへ焦点を当てることが重要な状況で，施設職員は臨戦態勢になることが多い。これについては第7章でもう一度扱いたい。
　図6.1のモデルは，施設内部の生活に焦点を絞っている。施設に向けられ

職員が外の世界と共にすること 家族，ネットワーク，地域環境，連携組織との仕事	
職員が若者としていること **変化を目指すペダゴジー的仕事**	職員同士がしていること **同僚間の対話**
若者同士がしていること **若者間の規範と相互のやりとり**	若者が職員としていること **若者が持つ影響力**
若者が外の世界と共にしていること **若者と社会的ネットワークおよび地域環境との相互作用**	

図 6.2　施設におけるソーシャルペダゴジーの仕事の 6 領域

る批判の多くは，閉鎖的になる傾向に対してである。もし施設が外に対して閉ざせば，外部のコミュニティが施設に懐疑的になり，その懐疑心が入所者に影響を与える恐れがある（Garsjø, 2003）。さらに，入所者は「普通の生活」が提供する社会学習の機会から十分な刺激を得られない。つまり，彼らが遅かれ早かれ戻っていかねばならない状況からの刺激が得られない。この種の問題に立ち向かうには，施設を外の世界に開くことが重要である。社会は監査や査察を通じて施設内部を知ることができるが，施設の日常生活に接するあらゆる人が，そこで何が起こっているのかを知る機会を持つことも重要である。したがって，第 5 の活動領域を加えねばならない。つまり，保護者，ネットワーク，地域の環境，連携先との協働で職員が行う業務である。図6.2 の上部にこれが書き込まれている。

　加えて，施設で生活している子どもたちに，入所中だけではなく退所後も他者との交流の機会を提供することに焦点を当てると，第 6 の領域が見えてくる。第 5，第 6 の活動領域は，施設で生活している人に，社会に向かって外へ目を向けさせるものである。施設での生活はいつか終わりを迎えるため，入所中から外の世界と積極的に関わることが必要である。ソーシャルペ

ダゴーグの実践のための第6の領域を，図6.2の下部に示した。

　言い換えれば，本章で見てきたように，ソーシャルペダゴーグとしての活動領域は，彼らの職場に規定されるだけでなく，彼らの日々の業務を行う実践現場の動き方に規定されるのである。

【注】

1）筆者の知る限り，このモデルは未発表であり，講義の形でしか報告されていない。私のモデルは，もとの Larsen のモデルを再構成したものである。彼の概念は心理学的な治療の伝統のなかで形成された。筆者はそのいくつかをペダゴジー的な概念で置き換えている。

2）この施設の入所者は女子のみであったので，女子を対象とした研究になっている。

第7章

ソーシャルペダゴーグの
職業的ツールは何か

　すでに触れたように，私の見るところ，一律に定められたソーシャルペダゴジー的な方法は存在しない。日々の実践でソーシャルペダゴーグが直面するさまざまな方法論的な挑戦のすべてを扱った完全なマニュアルを書くことは不可能である。ソーシャルペダゴジー実践は多様で，複雑で，文脈に合わせて行われる。それにもかかわらず，本章で私は，ソーシャルペダゴジー的な方法論の記述を試みる。本章の内容を自らの現場実践にどう活用するかは読者に委ねられている。個々のソーシャルペダゴーグがどこで働いているにせよ，ここでの記述がその現場に根差した方法を発展させるための発想の源になることを願う。章の冒頭では一般的な方法論について述べ，その後に各現場に根差した実践方法を述べる。

体系的活動

　ソーシャルペダゴジー実践の方法論的な要素を述べるにあたり強調したいことは，実践を体系的な活動と見なさねばならないことである。これまでの章の内容の多くからおそらく明らかであろうが，ここで改めて確認しておく。実践は**根拠に基づく**ものである必要があると述べたが，それは実践が理論と価値観の両方に基づくことを意味する。また，関係と人間性についても述べた。その理想を表現するなら，よく考えられ深く振り返られた専門性を伴いながら行われる，クライエントへの接近と関与，となるだろう。体系的にかつ計画的に行われる努力が，ソーシャルペダゴジー的な支援に専門的な地位を与えている。ソーシャルペダゴジー的実践が科学的な要素を持ち，日常の交流と私が呼ぶものを超えるのはそこである。思いつきで行われる介入

の連なりとは対照的に，そこには必ず計画，導入，評価の要素がある。それに沿って働くための体系化されたモデルが推奨されている（Kvaran, 1996; Grønvold, 1997; Linde & Nordlund, 2006）。いくつものモデルがあるが，そのほとんどは，段階に分ける考え方をとっている。通常，第一段階は，問題の特定，位置づけ，目標設定である。その後に実行計画，導入の段階が続く。最終段階には評価機能があり，介入の結果と取り組みのプロセスが評価される。この種のモデルの多くは円で表され，各段階が円を描くように配置される。最後の評価段階は，単なる「最終段階」ではなく，次の体系的な仕事のプロセスにおける「第一段階」でもある。このモデルは，ソーシャルペダゴジーの仕事が，専門性の目標に私たちを近づかせてくれる継続的な学びと進歩のプロセスであることをよく示している。

専門的な書類の作成

私たちが励む体系的な仕事には「書面に残すこと」がつきものである。ソーシャルペダゴーグは，仕事の一部に書く仕事があることを覚悟しなければならない。ソーシャルペダゴーグは，報告書，連絡，会議の議事録などを書く。新しくソーシャルペダゴーグの訓練を受けはじめた人のほとんどにとって，専門家として作成する最初の書類は報告書である。多くの訓練生はどうすればよいかわからないが，同僚からの助けや教示がいつも得られるとは限らない。実践するソーシャルペダゴーグの多くは，書くことに悩みを抱えている。彼らは，紙の上に物事を書き留める仕事より，実践的な業務に取り組んでいるほうが安心できるようである。私の経験では，報告書であれ他の形式の書類であれ，書くことによって仕事について多くを学ぶことができる。とはいえ，多くの人にとって書くことは，活動を始めるために克服せねばならない壁である。

言　葉

変化を目指すソーシャルペダゴジー的な活動の大部分は，言葉に基づく活動である（Berglund, 2004）。言葉は，私たちがクライエントに何かを伝えたりクライエントから何かを受け取ったりするとき，そして専門家としてお

互いにコミュニケーションをとるときの媒体である。Lundby（1998, p.75）によれば、社会構築主義の理論家は、「考え、認識、記憶を、社会的相互作用から生まれ、言葉を通したやりとりによって定まるもの」と見る。したがって、言葉はこの職業のツールである。言葉にはさまざまな機能があるが、ここでは特に、概念、コミュニケーション、会話に注目したい。社会構築主義に立つ専門家は、言葉を社会的な相互作用のための最も重要な活動の舞台と考えている。Burr（2003）は、言語を行動の一形態と捉える。社会的なものに目を向けるこの視点に立てば、自然に相互作用について考えることになり、言葉その他の方法で共に行動することが変化と成長の機会を提供するという考えに至る。言葉を「相互作用のプロセス」（Lundby, 1998, p.81）と理解することで、ソーシャルペダゴーグの中核的な活動の方向性が見える。ソーシャルペダゴーグとクライエントの間で行われる言語的な相互作用において、言葉がその場の思いつきで用いられることは——少なくともそのペダゴーグが真の専門家であれば——めったに、あるいは決して、ない。専門家として言葉を使う際には、必ず倫理的な基本ルールが存在する。言葉は、曖昧でなく、批判的でなく、わかりやすくなければならない。この部分はコミュニケーションと倫理に関する専門書で扱われていることもあり、本書では詳しく触れない。ここでの私の関心は、むしろ、よりペダゴジー的に機能させるために言葉をどう活用するかにある。Stig-Arne Berglund（2004, p.142）は、「日々の生活の場で社会的に用いられる言葉の相互作用によって、自己は常に更新され、評価され、再構築される」と述べ、言語による活動こそが最も重要であると考える。Anne Jansen（2007, p.46）は、私たちが語りを通じて自分自身をどのように提示するかに関心を持ち、社会構築主義的な心理学の見地から次のように述べている。

　私たちは自らの語りによって自らをどう創りあげるのだろう。人生の出来事、私たちがしたこと、体験したことを素材にして、それらのすべてを私たちはまとめ、解釈する。けれども、物語によって自らを創りあげることは、孤独な営みでも個人的な営みでもない。物語はそれひとつで成り立つものではない。それはかつて語られた物語や、他者が語る物語とつながる必要があり、その意味でネットワークの一部である。私たちは、物語を

誰かに語り、私たちが事実と考えるものへの、私たちの解釈への、追加や修正を受け取る。物語が確かめられることもあれば、物語が否定されることもある。

　社会構築主義的な考え方が実践行為に移されるのを見ることができるのは、特に言葉の問題を考えるときである。先に言及したように、近代主義的な考え方は、現実を、発見されるのを待っている客観的な実在と見る。他方、社会構築主義も含むポストモダンの視点は、現実を、私たちが言葉の使用によって創りあげるものと理解する。私たちは、自分との「内的対話」と、互いに交わす他者との社会的対話によって、私たちの知識、私たち自身への見方、あるいは互いに対する見方、そして、私たちの問題解決の方策を発達させる。つまり、現実は人間の営みの外側に存在する客観的なものとして理解されるのではなく、社会的なプロセスのなかで構築されていくものと理解される。こうしたプロセスの最も重要な側面は、それが言葉に基づいていることである。自分自身についての積極的な対話に取り組むことで自己理解の土台を形成し、その結果、変化への基盤も形成すると Howe（1993）は強調する。とりわけ言葉は、意味を創出する鍵、意味を創造するプロセスをコントロールする鍵でもあると彼は考える。

　ソーシャルペダゴジー実践は多様である。なぜそうなっているのか理解に苦しむこともある。大人にとって中核的な意味を持つ状況が、子どもや若者にとってはそれほどでもないことがある。若者は、新たな境界をどう設定するかの話し合いより、自分が大切に扱われているかどうかに関心を持つだろう。このように、ある人にとって重要度が高いと思われることも、他の人にとっては、興味を持って当然のもの、あるいは持ったほうがよいものから外れるだろう。そうした場合、何が重要な問題で何が周辺的なものなのか、についての認識がずれている可能性がある。何が重要なのかに関して互いの認識が違えば、支援が困難になるのは想像に難くない。私たちは言葉を通して、関係者それぞれの認識に迫る道を見出すことができる。しかし、認識は私たちが実際に持っているものなのだろうか。構築主義的な視点では、人々が持つ想定や認識や意見をそのように考えるだけでは不十分である。むしろ、認識は、人が創り出すものと見なさなければならない。「認識」という

現象は，認識の所有ではなく，認識の**形成**の現象である。認識が変化する，と表現されるように，この考え方は動的なものである。社会構築主義者であれば，このような動的な変化のプロセスは，私たちが共に行動するときに共同して構築する社会的な場で起こると言うだろう。そのような共－構築は，その多くが，言葉を通じて行われる。私たちの相互作用や協働活動の多くが言葉を通じて行われるのと同様である。ここで私は，言葉の概念と行為の概念を結びつけた。言葉は言語的な行為と考えることができるのである。

　ソーシャルペダゴーグの言語行為に目を向けると，それらの行為のうちどれが専門家としての努力を促進し，どれが阻害するのかに焦点を当てることができる。言語行為が動的なものであるべきならば，その行為は対話を促進するよう図られなければならない。その力動は，コミュニケーションを交わしている両者に，参加し影響を与える機会が与えられることで生み出される。それゆえ，ソーシャルペダゴーグとクライエントの対話において，クライエントに発言の機会が与えられることが不可欠である。しかも，その発言が聞かれるだけでは不十分であり，クライエントのことが真剣に受け止められねばならない。言語的な相互作用によって，物事を閉ざすのではなく開こうとするのであれば，ソーシャルペダゴーグは，状況の認識には複数の仕方があること，そしてクライエントによる構築がソーシャルペダゴーグによる構築と同等の価値を持つことを肝に銘じなければならない。

　二人の人間の出会いを，二つの違った視点の出会い，つまり第一の人物の視点と第二の人物の視点の出会いと表現することができる。その状況で理想的なのは，脱中心化した視点を採用することである。それは，相互作用しあう複数の参加者に存在する複数の視点をそこに含むという意味である。今の場合では，子どもや若者の視点と，大人の視点である。その考え方を明確に示す責任は大人にある。その上で，大人側がしていることも重要であると理解できるように若者を手助けすることが必要である。RøkenesとHansen (2006) によれば，良質な会話には，共通の世界に根を張ることと，視点を広げるように努めることの両方が欠かせない。会話に動きをもたらし，それを新しい考え方を探索する機会にし，新しい構築を見出せるようにするのは，視点を広げる機能である。

バイリンガルとしてのソーシャルペダゴーグ

　日常会話から専門的な会話までのあらゆる会話で，表現したいことを説明するために私たちは概念を用いる。多くの場合，「用語」を「概念」から区別することが役立つ。「用語」は実際の言葉であり，「概念」は私たちがその言葉に付与した内容の表現である。用語について同意することは，発音の違いを別にすれば，それほど難しくない。しかし用語に結びついた概念については，大きな不確実性や不合意がありえる。用語のなかには，いくつもの概念的な意味を持つものがあり，その際，私たちはどの意味で用いるかはっきりさせて使う。私たちは，概念を，豊かな内容を持つ言葉として，その内容に価値観を伴うものとして受けとめる。そこに価値観が伴っているところが興味深い。言葉には，特別価値観が含まれていないものもある。「椅子」や「空気」のように具体的な事物を表す語である。私たちは，語っている内容によって違った概念を「空気」に込めることもあるが，ほとんどの場合は説明を要しない。「ソーシャルペダゴジー」という用語はどうだろうか。ある人にとっては，この用語の概念的な意味は，社会における包摂と排除のメカニズムを理解する視点に関係する（cf. Madsen, 2006）。（私自身を含む）他の人にとってこの用語は，それより，子どもや若者との仕事における方法論を表す（その仕事が前者のソーシャルペダゴジー概念につながるのではあるが）。私たちは，このような概念をめぐる意味づけの違いを，本書の第1章のトロンドとメッテの会話に見た。ある人がその言葉のどの意味を伝えているのかという問題には，価値観も含まれている。メッテはより広範な文脈に興味を持つ一方，トロンドは個人に関わる具体的な事柄に強い関心を寄せていた。

　ソーシャルペダゴーグは，理論から生まれた概念を日々の実践で用いるが，そこには内容と価値観に満ちた概念と，そのような特別な構成要素を持たない日常に向けられた概念の両者がある。この二重性が，ソーシャルペダゴーグの専門的能力の特別な一側面となっている。私たちが異なった領域の間を移動していることがそこから浮かび上がる。たとえば，施設内で会議室からプレイルームに移動する場合がある。子どもや若者と仕事をするとき私たちは普通日常的な言葉で彼らへ話しかけるが，彼らについて話し合うときは，専門用語で語る。

夕方，パルはレジデンシャル・ホームで自分が生活を担当するワヒドという若者と過ごしていた。二人は素晴らしい夕刻を一緒に過ごし，パルは，ホームで生活したこの数週間の間にワヒドのことをよく知ることができたと感じていると語りかける。夜に近づいた頃，パルは同僚と同じ部屋で，その日にあったことをまとめている。パルはワヒドとの関係構築がとてもうまく機能していると感じていると言い，この若者が大人が接触する機会をうまく活かしているかどうかという議論が始まる。

　専門用語は私たちがクライエントと話す際に使う言葉よりも簡潔である。専門用語は明確に定義され，特定の意味を持つ。そのためクライエントや仕事について話し合うときに，日常語しか使わない場合より誤解が生じる危険が少ない。専門用語を用いることで，同僚との協働のなかで生じる言葉の不一致を再調整することができる。つまり専門家は，専門的な用語と概念を学び，それぞれの現場でそれを用いる倫理的責任があるとさえ言える。
　ソーシャルペダゴーグのバイリンガル的な側面は他にもある。クライエントとその言語的な世界に寄り添うことが求められるという点である。ソーシャルペダゴーグは，クライエントと話すときに，専門用語を一旦横に置いて日常語で話さなければならない。たとえば日常的な事柄について話しているときなど，比較的それが容易な状況もある。一方で，同僚と専門的なやりとりをしている話題についてクライエントに話す必要があるときのように，それがずっと難しくなる状況も・あ・る・。専門的な議論の内容は，**クライエントが**理解する必要があることに絞って，彼らが理解できるように伝える必要がある。

　ある日パルは，ワヒドに話をしようと誘う。夕食後に時間を設け，パルは，施設の他の環境療法士と話し合っている内容を伝えたいと彼に言う。前日の職員会議で，ワヒドが周囲の人々と親密な関係を築くのを拒んでいるのが気になる，という意見が数人から上がっていた。その様子が次の週にどうなるか，日々の状況を観察することになっていた。ワヒドとのやりとりで，パルは，何か活動を一緒にして，彼ともっと親しくなりたいと思っていることを伝える。ワヒドがもっと他の人と時間と共にして，何かを一緒にしたほうがよいと思うと伝える。

ソーシャルペダゴーグの中には,「バイリンガル」にならないことの利点を挙げる人もいる。つまりソーシャルペダゴーグは,同僚との対話でも,クライエントとの対話で用いるのと同じ概念や話し方を用いることが望ましい,という考え方である。ソーシャルペダゴーグが専門用語を用いると,クライエントから,クライエントが体験している世界から,離れてしまう恐れがあるという意見がよく出る。長期的に見ると,この立場を擁護するのは難しい。「クライエントがいるところにとどまる」は,専門家として重要なよい理想である。それでも,ただ「クライエントの傍にいる」ことだけにこだわっていては,専門家としての役割を十分に果たすのが難しい。ソーシャルペダゴーグの専門性には,一定の距離を保つ役割も求められる。その役割は,感情だけに頼らずにクライエントを分析し,その内容をクライエントに伝え返すために必要である。クライエントのことを考えることが,受け取ったことを相手に伝えるための鍵となる。ソーシャルペダゴーグは「バイリンガル」であるだけでなく,「バイコンテクスチュアル」,つまり二つの文脈に通じた人にもならねばならない。それによって,クライエントを取り巻く文脈を理解するとともに,その文脈から離れて自らを専門家としての文脈に置かねばならない。前者は,クライエントの状況への共感を意味する。後者は,クライエントを別の観点から捉えることで,よい方向への変化に貢献する。クライエントには,自分以外の視点を示してもらう権利がある。

　クライエントと距離が近いことが理想であるのはすぐにわかる。しかし,クライエントには,問題を「新たな目」で眺める重要性を理解している人から支援を受ける権利もある。クライエントが専門家に助けを求めても,専門家が「あなたの言うことは本当によくわかります」以上のことを言えないのであれば,クライエントは失望するだろう。専門家がそれ以上のことをするには,別の文脈へ,つまり自分の専門分野の文脈へと移る必要がある。そうすることではじめて,分析することができ,次の段階でクライエントに提示できる戦略を練ることができる。専門用語が,クライエントが体験している世界と距離を生むという主張は正しい。それこそが目的の一つ,つまり必要な距離を作り出すことである。ソーシャルペダゴーグが少ししか共感を示さないとか,クライエントの声に耳を傾けることに関心が少ないことをそれは意味しない。反対に,距離によって,ソーシャルペダゴーグが近さを提供す

ることが可能になる。ソーシャルペダゴーグが自らを振り返らずに，長い専門家としてのキャリアを通して多くのクライエントに近さと共感を提供できると考えるのは無邪気すぎる。ソーシャルペダゴーグが自分を保ち，自らの統合性を保つことを助けるものとしての専門用語の役割がそこにある。

　専門家の言葉は慎重に吟味されており，堅固で内容が豊かである。専門用語は，専門家がふとした瞬間に思いつくようなものではなく，専門性を持った多くの実践家の対話による長年の積み重ねによって発展したものである。専門用語は，研究に基づき，専門家の議論による批判的検討を経たものである。「形成」もそうした用語の一つである。この用語には長い歴史があり，ソーシャルペダゴジーの専門職の間で確固たる地位を持つ。専門家にとってこの用語は，クライエントの利益につながる解釈に到達するための実用的なツールである。しかし，ソーシャルペダゴーグがこの用語をクライエントと直接する会話で用いることはめったにない。ソーシャルペダゴーグが，「あなたは形成のプロセスをたどる必要がある」とは言わないだろう。それより，「あなたが友達と一緒に過ごすことがとても大切だと思う。コミュニティの一員として過ごし，新しい場所にいる人たちが何をしていて，何が好きなのかを知るためにね。そうすれば，新しい友達を作りやすくなるかもしれない」というふうに伝えるだろう。専門用語は，理論と方法論の表現であり，さらに，クライエントを支援するために発展してきた専門分野の知識の表現である。専門用語を用いないソーシャルペダゴーグは，クライエントを失望させる危険性がある。専門用語という形のこの実用的なツールは，ソーシャルペダゴーグが利用できるものであり，また，ソーシャルペダゴーグには，それを用いる実践的，倫理的な義務がある。

　クライエントの言語世界に寄り添うという理念について簡単に見てみよう。すでに述べたようにこの理念はよいものである。誰かを支援している人は，相手が体験している世界に接近する必要があり，その体験は言葉によって捉えられる。他者——この場合はクライエント——とのコミュニケーションのプロセスは，専門家として優れた仕事をするために欠かせない。単によい介入を計画する以上のことが必要である。その介入についてクライエントに話し，その介入に至った考えを説明する必要がある。そのコミュニケーションは，私たちの意味することをクライエントが理解できる形で行われな

けなければならない。専門用語が実際何を意味しているのかをクライエントに説明するだけでは不十分であり，クライエントの腑に落ちる言葉を用いて説明することが求められる。そうした説明でなければ，クライエントは，自分が置かれた状況をわかってもらえない，と疎外感を抱くだろう。

　言葉という重要な領域を本書で十分扱うのは難しい。ここで与えられている以上の頁が必要である。そのため，ソーシャルペダゴジーの仕事の最も重要な要素の一つであるコミュニケーションについて述べ，このテーマをしっかり扱っている文献に触れておいた。

会話

　言うまでもなく，会話の場を設けることは私たちが行うことができる行為の一つの形である。ソーシャルペダゴーグは，言葉を活用する機会が多いが，会話は言語的な行為のための最も重要な媒体である。会話は，広義には，人々の間の言語的な相互作用を含むすべての機会，と定義できる。しかし本章では，会話の概念を，ソーシャルペダゴーグとクライエントが特定の話題について時間をとって話し合う状況に限定する。そうした会話は，施設の共有スペース，ベッドサイド，車内，キッチン，ユースクラブ，散歩中など，さまざまな場所で行われる。会話は，もちろんクライエントから切り出されることもある。その場合，最初はソーシャルペダゴジー的な行為ではないだろうが，ソーシャルペダゴジー的営みの性質を帯びるような形で展開していくことが十分ありうる。

　会話は，ある程度，構造化され，目的を持ち，焦点化されている。施設の日々の生活に，さまざまな種類の会話を見出すことができるだろう。

　アブディは担当のトミーと少し話をしようと決めた。トミーはレジデンシャル・ホームに入所して数カ月経過しており，アブディはトミーがホームの外で何もしないことについて話し合うべき時期だと感じている。アブディはトミーに夕食のあと話がしたいと伝える。二人は邪魔されない静かな場所を見つける。しかし，話すうち，トミーはその日，あまり話をしたくないようだとわかってきた。話を聞くには無理に言葉を求めるしかなく，しばらくしてアブディは，話し合い自体を延期することにする。数日後，映画を観に行った帰りの車内で，改めて話

をする機会を設けた。

　アブディがこの会話を，構造化も焦点化もあまりしない状況で行うことにしたのは，おそらく彼のソーシャルペダゴーグや環境療法士としての長年の経験に基づいた判断である。アブディにとって生活場面の仕事は，その場を「制する」ものではなく，むしろ彼が必要と考える対話を持てるような状況を，時間をかけて整えていくことである。それは，おそらくよい考え方である。施設が持つ構造がペダゴジー的な要素の進展を妨げる場合があるのが，その一つの理由である。トミーがその夕刻に話したがらなかったのは，話さないといけないという重圧を感じることが何かあったからかもしれない。あるいは，施設の日々の生活には会話の機会が数多くあり，また別の日でもトミーと話すことができると思っていたことも理由かもしれない。実際の進行は，最善のものだっただろう。中断したとしても，その会話は，トミーとの会話を一回始めておいて，心の準備ができたときの話す決断をトミーに委ねるために必要だっただろう。アブディがそう考えることができたのは，施設の場が，彼が仕事を継続するための機会を提供しているからである。

　　アブディの一つの役目は，入所中の若者たちが行う毎週のミーティングの計画を立てることである。アブディは，トミーとの関わりを踏まえ，トミーが参加するかもしれない活動のことも念頭に置いて，メンバーの若者全員に向けて活動について話すために次のミーティングを使おうと決める。

　会話はクライエントの集団に対して設定することもできる。集団での会話は，構造化することもできるし，その場の流れに委ねることもできる。施設における集団での会話は，姿勢に向けられたものになることが多く，継続することで規範意識や希望を高めることに貢献する。

公平性に関するペダゴジー的な会話
　ソーシャルペダゴーグの話し方の何がペダゴジー的だろうか。本節ではこの点について取り上げたい。
　子どもや若者は，何が公平（fair）で何が公平ではないかについて強く固

執することが多い。ソーシャルペダゴーグが関わる子どもや若者は，おそらく特にそうであろう。子どもたちは，さまざまな事情を抱えた家庭から入所してくるが，ソーシャルペダゴーグと出会う場面では，ある程度，皆同じように扱われなければならない。ソーシャルペダゴーグと接する子どもや若者は，自分に対して大人がどう対応するのかを非常に気にしている。施設に入所したときの子どもや若者は，特にその傾向が強い。公平性についての議論は，ペダゴジー的なものと非ペダゴジー的なものの区別に大いに関係する。そこで，公平性に関する子どもや若者との会話について考えてみよう。

　子どもや若者が公平性を求めてソーシャルペダゴーグに訴えてくる場合のほとんどは，平等な対応の問題である。よくある問いは，「なぜあの子はいいのに私だけだめなのか？」であろう。そういう状況になると，プレッシャーを感じ，皆に同じ扱いをするという形で収めようとすることになりやすい。それはたいていの場合，まずい対処法である。言うまでもなく，何らかの形で自分がひどい扱いを受けていると感じている子どもの話に耳を傾けることが必要である。しかし，それだけでなく，そのような問いかけに対して，子どもたちへの一律の対応とは違った何かで応じなければならないことが多い。平等な対応ができるのは，たとえば施設の子どもの小遣いの額や，里親家庭における里子と実子の手伝いの分担といった単純で明快な状況に限られる。

　もっと複雑な他の問題，たとえば施設で暮らす子どもが，どれくらいの頻度で週末に家庭に戻ってよいのかなどは，平等な対応を原則に決めることができない。そこで重要なのは個々のニーズであり，関連するさまざまな要因を考慮する必要がある。週末の帰宅についてであれば，保護者の状況，前回の帰宅時の様子などがアセスメントの主たる問題となる[注1]。

　多くの状況で，平等（equal）な対応と公平（fair）な対応が両立しないことを，これは意味する。私たちがクライエントからの貢献の重要性に目を向けるときに，この点に留意する必要がある。その理由は，それぞれの個人にはそれぞれのニーズがあるからである。言い換えると，子どもや若者とのソーシャルペダゴジーの仕事におけるクライエントの貢献の問題を，平等な対応の問題にすり変えてはならない。そのため，平等な対応を求める問いかけに関して何らかの意思決定をする前に，幅広い文脈でそれぞれの個人の

ニーズと状況を把握する必要がある。個人的には，次のフレーズが有効と感じている。このフレーズを私は，関わる子どもや若者だけではなく，難しい決断を迫られたときの私自身にも言い聞かせてきた。それは「人を平等に扱うことは実に不公平である」というものである。後になってから，本節で用いた論理でこのフレーズを説明するようになったのである。

　ソーシャルペダゴジーの実践家の仕事において子どもや若者と交わすこのような会話は，日々のやりとりの中心的な構成要素である。その種の会話で最も重要な要素は，必ずしも決断や，決断の結果ではない。それが優れたソーシャルペダゴジー的な状況になるかどうかは，考えうるいくつかの選択肢や結果をめぐる会話の交わし方によって決まることが多い。ソーシャルペダゴーグは自らの仕事にペダゴジー的視点を持っており，そこには，メリットとデメリットを天秤にかけて考えたり，振り返りによってジレンマに対処したりすることで，子どもや若者が自分で決断できるように教えることが含まれる。同時に，決断が必要な状況で扱い方を間違わないよう警鐘を鳴らしておかねばならない。プロセスを重視するソーシャルペダゴーグは，さまざまの選択肢によってもたらされるプロセス，可能性と限界，そして特に結果に囚われすぎる危険性がある。私たちの誰もが，さまざまな選択肢を並べていつまでも考え直し，決定に至らない人に会ったことがある。そういう人に決断を委ねなければならないとすればどれだけ面倒か知っている。クライエントにそのような対応をするのは，特に心理学の専門家に根強い伝統なのかもしれない。明確な答えが絶対必要な問いをクライエントから投げかけられて，「そうだね……あなたはどう思いますか？」というまだるっこしい応答が心理職から返ってくる，というおなじみのジョークがある。そう考えると，振り返りと交渉が必要なときもあるが，話し合っている問題について決断を下す必要のあるときもある，と言ってよいだろう。

実践的介入

　ソーシャルペダゴジーの仕事は言葉に基づくが，言語的な行為だけから成るわけではない。ソーシャルペダゴジー実践には多くの方法があり，他の種類の介入がある。ソーシャルペダゴーグが明らかに行うことができることの

一つは，子どもや若者の育ちと変化をもたらすために有効と彼が考える，さまざまな状況や活動を促進し運営することである。この節では，ソーシャルペダゴーグが活用可能な行為のさまざまな選択肢を見てみたい。こうした選択肢は無数にあるため，ここで列挙する目的は，ソーシャルペダゴジー的介入にはこのようなものがあるだろうという例を示すことにすぎない。

集団に働きかける

　本書の多くの部分で，私は「クライエント」という言葉を単数形で用いてきた。しかし，ソーシャルペダゴーグは集団のクライエントたちに出会うことがある。それは学童保育施設の子ども集団かもしれないし，施設の若者集団かもしれないし，アウトリーチ活動で触れ合う若者たちかもしれない。これら三つの集団のうち，最初の二つは定義が明確だが，最後の三つ目はそれほど明確ではない。ソーシャルペダゴーグが子ども集団に出会うとき，子ども個人に働きかけることと子ども集団全体に働きかけることの両者の間を，常に行き来しなければならない。集団のなかの個人への働きかけは，普通各個人のニーズから生まれる。集団がソーシャルペダゴーグの関心の対象となると，焦点が変わる。集団への関わりがソーシャルペダゴーグの関心の対象となるとき，ソーシャルペダゴーグによって明言されることもあれば，されないこともあるが，集団生活における規範や規則が主題となることが多い。ソーシャルペダゴーグの努力は，集団のメンバー全員を包摂する状況を創り出すことに向けられることが多い。その場合，メンバーの互いに対する態度に焦点を当てることが必要となる。教師がクラス環境に働きかける場合はその一例である。

　重要な点の一つは，集団への働きかけは，集団を直接に対象とすることによっても，個々のメンバーを介して行うことによっても可能だということである。集団が新しいときは，集団を全体として扱う必要があることが多い。そのような場合の目的は，普通その集団を集団として「明示する」ことである。参加者に，自分がその集団の一員であること，集団をまとめる合意や規範や規則を意識しなければならないことを明確にすることである。

　それぞれ異なった社会的問題のある子どもや若者にとって，関係，組織，変化などについて新たな体験を集団内で持つことが有意義である。その後

ではじめて，個々のメンバーの体験にせよ集団全体の体験にせよ，ソーシャルペダゴーグが体験について話すことができ，それをあとで教育的な素材にすることができる。そういった集団参加を通して，子どもや若者はお互いに助けあうことも学べる。

活動

　集団に向けた仕事は，子どもや若者の集団のための活動を行ったり，集団が何か楽しいことを一緒にしたり，何かを一緒に成し遂げたり，共同で作業をしたりする計画を立てることのなかにもある。そうした目標のあるグループワークは，参加者が，力を合わせれば何かを達成でき，よい形で交流すれば楽しい時間を過ごすことができる，と考えるようになることを目指している。同時に，個人の活動に焦点を当てることも可能であり，適切である。

　活動が，ソーシャルペダゴジーの仕事の重要な領域とされていることにはいくつかの理由がある。最大の理由の一つは，要するに，そこが子どもや若者が実際にそこに居る場であるためである。ソーシャルペダゴーグが彼らを探せば，そこに見つけることができる。言い換えると，その領域は子どもや若者のものなので，ソーシャルペダゴーグは当然そこに関心を寄せることになる。もう一つの大切な理由は，それがソーシャルペダゴーグの主たる技能の多くが役立つ場の代表的なものだからである。活動は，スキルを学び習得することを含む，学びと習得の場である（Nybø, 1999）。

　子どもや若者が活動に取り組むとき，その価値は活動を行うこと自体にあるとされることが多い。Nybø（1999）は，ソーシャルペダゴーグが活動で目指すことは，まず何よりクライエント自身の活動を発動させることであると言う。活動が学びにつながるもうひとつの重要な側面は，活動には，それを進めるために子どもや若者が学ばなければならない規範と規則があることである。その学びに活動自体以上の価値がある。活動を通して，他の場所や状況でのちに役立つさまざまなことを学ぶのである。サッカーやけんけん遊びなどの集団活動を見れば，すぐにそれがわかる。活動をするなかに含まれる規範や規律が，力を合わせること，順番を待つこと，目標を目指して努力することなどを子どもたちに教える。それらは，ゲームそのもの以外の多くの場面で子どもに求められるスキルである。活動の仕方を学ぶことで，子ど

もや若者は社会生活一般についても学ぶだろう。つまり，活動は楽しい時間を過ごすためのものでもあり，社会的能力を練習するためのものでもある。それを協働する力と呼ぶことができる。他者と協働することの学びは，コミュニティにおける包摂の機会を増やすために重要である。社会的能力は，スキルを超えたものである。この種の能力は，むしろ，社会的なものに気づきそれを他者との協働のなかで用いることを含む，包括的な枠組みと捉える必要がある（Ogden, 1995 を参照）。Gresham と Elliott（1984, Ogden, 1997 に再掲）は，社会的能力が働く五つの主要な主題を挙げている。

- 協力：他者と共有する，他者を助ける，ルールを守る，メッセージをやりとりする。
- 自己主張：他者に情報を求める，自分の見方を説明する，他者の行動に反応する。
- セルフコントロール：順番を待つ，折り合いをつける，からかわれたときに適切に反応する。
- 共感：他者の感情や考えに対して配慮や敬意を示す。
- 責任：大人とコミュニケーションをとる，持ち物や作業を大切にする。

これらの主題のすべてにとって，社会的な側面が重要である。活動に参加することで，子どもや若者はこれらすべての要素を練習する機会を得る。社会的能力が高い人は，包摂に求められるものを身につけているため，コミュニティに加わる機会が増える。

人が行うことのすべてが活動であると考えることで，活動の概念をかなり広く定義することができる。ある意味そうするほうが，広く包括的であることを特徴とするソーシャルペダゴジー的な考え方に合致するだろう。ただ，広い概念は「何もかも」表すため，かえって何も言ったことにならないという問題がある。たとえば，「活動」をそこまで広義に定義するなら，学校での勉強や，さらに睡眠までもそこに含まれる。活動とは人がすることだと言うのなら，それも理に適っているのだろう。しかし，私はそこに制約を設けたい。本書で活動について書くとき，私は，遊び，趣味，ゲームその他，レジャーのために行うことを指している。これらの活動は，学校のようにレ

ジャーの文脈ではないところでも行われるが，それは問題にしない。料理，部屋の掃除，芝刈りなど，より日課的な活動も含むのはおそらく妥当だろう。レクリエーションと理解される活動は，子どもや若者の生活のなかで常に行われている。それは，子どもや若者が自分自身と出会う最も重要な場の一つとなっている。活動を通じて，彼らは他の人々に出会うが，自分自身とも出会う。この言い方で私が意味しているのは，彼らが，何かをすることを通して自分自身について何がしかのことを発見するということである。もちろん活動は，楽しみリラックスする機会も提供する。活動のレクリエーション的側面は，教育的な側面に劣らず重要である。ソーシャルペダゴジー的な仕事はかなり真剣なものであることが多い。ソーシャルペダゴーグがその仕事の対象となる人々と，ともかくなんとか触れ合うためには，専門的実践のなかに遊びと活動を含んでおかねばならない。同時に，遊ぶこと自体に固有の意義があることを覚えておくべきである。

　私たちは自らに問いかけなくてはならない。私たちが関わっている若者たちと十分に遊べているか，と。困難な人生を送ったことで遊び方を忘れた恐ろしく真剣な若者が多数いる。遊び方を忘れた恐ろしく真剣なソーシャルワーカーも多数いる。私たちは，会話とミーティングばかりしているわけにはいかない。私たちも遊びが必要である。だから，私たちは，若者にこの本当に大切なものを教えたい。それはレクリエーションである。私は，レクリエーションを受け身的なもの，何もしないこととは考えていない。私はレクリエーションを，あなたの人生の問題に向き合う仕事のなかに自然な休みを挟み込む形で，楽しみだけのためにするもの，と考えている（Storø, 1997）。

　子ども福祉の領域におけるペダゴーグの養成機関では，このことが理解されている。「活動学」というユニークな科目がそこに含まれるが，大学やカレッジの他の分野ではまず見かけないものである。子ども福祉のコースの授業を覗くと，大人が学びの一環としてギターの弾き方やウォールクライミングの仕方を学んだり，写真撮影をしたり，さまざまな素材を使ってコラージュを作成している姿に遭遇するだろう。学生たちは，それらのさまざまな

活動を行うことだけでなく，その活動を通じて子どもや若者と働く方法を学んでいるのである。

　ソーシャルペダゴーグが活動場面に足を運び，そこで子どもや若者を見つけることを先に薦めた。この考えは二つのレベルで理解できる。一つは具体的なレベルであり，ソーシャルペダゴーグは遊び場やサッカー場やパソコンの前など，子どもたちが実際にいる場面で彼らに会おうとすべきである。大人が子どもと関わろうと心を決めたら，積極的に自分の身体を事務所から遊び場へ物理的に移さなくてはならない。大人の専門的な活動のそれぞれには固有の場がある。事務所に加えて，スタッフルーム，会議室，セラピールーム，教室にも大人の活動がある。しかし，子どもや若者には彼ら自身の活動があるので，ソーシャルペダゴーグが自分の活動の一部を子どもたちがいる場に移すのが自然である。子どもを**見つけること**の二つ目のレベルは，もっと象徴的な意味で彼らを見つけることであり，彼らと共に彼らの世界に入ることである。ソーシャルペダゴーグはその重要性を確信するとともに，それを実行する能力を備える必要がある。私の見るところ，分析に関心を向ける大人だけでは，ソーシャルペダゴーグとしての役割を十分に果たせない。そうした人は，遊びが得意な大人と協働する必要がある。

　ソーシャルペダゴーグの見方からして，活動とのつながりで二つの異なる学びのスタイルを区別してみると面白い。一つは，促され指示される学びであり，もう一つは，「無目的な」学び，あるいは統合的な学びである。それぞれ順に見ていこう。活動は，子どもや若者にスキルなどを教えることを目的に用意することができる。

　キルスティは学校で環境療法士をしている。彼女の業務の一つは，毎週月曜に女子生徒数人を集めてグループミーティングをすることである。キルスティが計画する活動の一つは，グループミーティングのはじめに全員がテーブルを囲んで座り，週末にどんなことをしたのか少しずつ話すことである。グループ活動のなかにこの活動を入れたのは，引っ込み思案になりがちなその女子生徒たちは，自己紹介して自分のことを皆に話す練習をしたほうがよいと彼女が考えているからである。

活動を通じた学びの多くは「無目的に」，つまり大人の主導なしに起こる。ここに括弧を用いたのは，その学びは実際は完全に偶発的なものではないことを示すためである。計画された通りに起こるわけではないという意味で偶発的と言えるかもしれないが，完全に無計画に起こるわけではないという意味で偶発的ではない。この種の学びは活動の最中にも起こり得るし，実際起こるが，いつも起こるとは限らない。学びは活動のなかに組み込まれているが，計画されたものではないし，（大人によって）主導されたものでもない。自由遊びがそのような活動のひとつである。砂場で自由に遊んでいるとき，子どもたちは，たとえば砂のお城を一緒に作ることで協働の仕方を学ぶ。子どもは，砂場の隅にしゃがんで一人で遊ぶこともあるだろう。そんな場合，少なくともその状態では学びの機会が失われる。一人で遊ぶこと自体に問題があるわけではない。遊びには多くの機能があり，学ぶことはそのひとつに過ぎない。楽しい時間を過ごし，リラックスし，ただ他の人といるだけ，といったこともその機能であることを心にとどめておいた方がよい。ソーシャルペダゴーグは，時に，教育のためになればと少し熱を入れすぎることがある。彼らは「いつも」学びを提供しなくてはと躍起になり，自由に遊ぶことの重要性を忘れるかもしれない。

　学校のデイケア施設で働くキルスティは，同僚のハーラルと話し合いをしている。ハーラルは，特に活発で落ち着きのない男の子たちを対象に，相手に配慮することを教える活動を始めたいと考えている。彼はキルスティが女子向けのグループワークをしていることを知っており，同様の活動が 10 歳の男の子 4 人にも役に立つのではないかと感じている。クラス担任の一人がいじめの問題について話すのを彼は聞いていた。キルスティは，その男子グループには，会話だけではなく他の方法を考えたほうがよいのではないかと考え，ハーラルにそう伝える。キルスティは，男の子たちにとって，そのように管理されたグループには得るものがないし，放課後の時間ならなおさらだと思う。代案として彼女は，子どもを森に連れていって，木の家を作ってみてはどうかとハーラルに提案する。キルスティは，協力して何かを作る楽しさを体験できるような活動を準備することをハーラルに勧める。その男の子たちには，そのほうが得るものが大きいと思うと彼女は言う。

キルスティの提案のもう一つ重要な点は，活動によって参加者同士の協働が生まれることである。ポジティブな協働が起きる場は，すべての子どもや若者にとって（そして考えてみれば大人にとっても）意義深い。特に生活に問題を抱えた子どもや若者にとって，他児や大人とポジティブな協働作業を行う体験から得るものがあるだろう（Larsen, 2004）。過酷な体験を経てきた子どもたちは特に，ソーシャルペダゴーグの大人と過ごすそのようなポジティブな場で，ケアを受け包摂される感覚を得ることができる。最もうまくいけば，自分が達成する姿を見てもらい，評価される経験となり，大人が活動自体も彼らと一緒に過ごすことも楽しんでいるのを見ることができる。活動に取り組む大人が，子どもと関わりながら自身もその活動を楽しんでいるなら，ポジティブな大きな活力と影響力を与えることができる。

ソーシャルペダゴジーの基本的な理解のひとつは，社会に人々が包摂されるために働き，疎外や排除に抗うことが重要という理解である。遊びや活動にはそれらの概念を活かす場面が多く含まれている。遊ぶ子どもたちは，包摂することと排除することを知っている。彼らは包摂されることと排除されることも知っている。それは，他者を思いやる姿勢を育むために遊びが重要であることを意味する。ボールゲームのように，ルールを伴う組織化された集団活動には，子どもや若者がそうした力を「ただで」提供する多くの場面がある。子どもや若者が集団から押し出されようとしているときには，ソーシャルペダゴーグが入っていく必要のある場合もある。

環境療法士として学校で働きはじめて以来，キルスティは，生徒の一人あるいは数人が仲間外れにされたと感じていそうな場面に注目していた。ある日彼女は，ティンが廊下の隅で一人ぼっちでいるのを目にする。学校が終わって30分ほど経っており，ティンが残っているのには何か事情があるに違いないと感じたキルスティは，環境療法士として何が起きているか知る必要があると考える。彼女はティンに近づき話しかける。

活動が，あるいは活動の場が，変化していくこともある。活動している人がそうした変化を感じたとしても，それ以外の人は必ずしも感じない。インターネット等の情報通信技術（ICT）は，こうした領域の一例である。子ど

もや若者はこうした領域の新しい使い方に精通している場合が多く，大人は
その使い方を積極的に知り，どのように変化しているかを把握しなければな
らない。大人が子どもの活動やレクリエーションの領域に知識を持つことが
重要である。その領域や活動自体を管理するために，その知識を使うことが
できるのがひとつの理由である。子どもや若者とコミュニケーションをうま
くとるためには，彼らが入っていく領域を知っていなければならないことも
理由のひとつである。

　施設職員は活動を重視していることが多い。職員は基本的に入所者が活動
的な生活を送るのを支援しようとし，それを達成するために用いる手法のひ
とつをしばしば**活性化**と呼ぶ。もし活性化という言葉を，活動やレクリエー
ションの領域を促進するという意味で用いるのなら，それはよい手法であ
る。しかし，活性化という言葉を，子どもや若者がそれに参加させられるよ
うなゲームを用意する意味であれば，その肯定的で教育的な価値は疑わしく
なる。そのような考え方が役に立つ場合もあるのは事実だが，原則として，
大人は，自分を子どもの遊びを促進するファシリテーターや参加者と考える
ほうが望ましく，子どものために遊びを用意する責任を持つのは最小限のほ
うがよい。遊びにおける教育的要素はどんな形であれ生まれるであろうし，
もしそうでなかったとしても，遊びにはそれ自体にまぎれもない価値があ
る。

　ソーシャルペダゴジー的な可能性を秘めた活動のひとつに，旅行がある。
短い日帰り旅行から，数日の宿泊も含めた長い旅行まである。どちらの場合
も，日常と単調な生活から離れる意味がある。子どもや若者は旅行によって
いつもと違う環境で新しい体験をする機会を与えられる。ほとんどの人はそ
れを楽しむ。そうした旅行は，ソーシャルペダゴーグに，学びの新たな場と
して使えるような状況を創り出す機会を提供する。広い空の下で寝袋で眠り
に落ちるまでおしゃべりすることは，ユースクラブの日常とはまったく違う
言葉による働きかけの機会を提供する。学校の学童保育のメンバーと一緒に
行く海は，すでに知っている人たちと新しいことをするだけでなく，新しく
誰かに出会う機会も提供する。旅行に行くことで得られる機会は，とりわけ
日常生活で疎外されている子どもや若者にとって有意義なものとなる。旅行
のほとんどは，いつもと違う新しい環境のなかで，適度なサイズのグループ

と関わる機会を含んでいる。

対立，交渉，境界設定

ソーシャルペダゴーグが子どもや若者とする仕事には，乏しい資源をめぐる対話や議論が含まれることが多い。それが経済的な不足に及ぶこともある（「もっとお小遣いが欲しい」や「高価ブランドの服を買うゆとりはない」など）。時間の不足が話題になることもあるだろう（「なぜ大人はいつも会議ばっかりしているの？」や「今はあなたと話せないんだよ，他の子ともお話ししないといけないからね」など）。これらはもちろん，そうした子どもや若者だけに当てはまる状況ではない。どの家庭でも，家族のメンバーは，お金，影響力，注目，関わりなどなどのような，物事の取り分について交渉する必要がある。しかし困難な幼少期を過ごした子どもや若者，特に家庭から離れて里親家庭や施設で暮らしている子どもたちは，おそらく一般家庭で育つ場合と比べて，この種の交渉を違った風に経験するだろう。

ほとんどの家庭では，子どもは利益の分配方法をめぐる決まりに慣れている。子どもたちは物心つく頃から，数えきれないほどの状況で交渉する経験をしてそうした決まりを学んでいる。その交渉は言葉を通して行われることもあるが，必ずしもいつもではない。言葉を要しない例としては，親が一人の子どもを抱き上げ自分の膝の上に乗せる場合である。きょうだいは普通それを問題にしない。もし自分に注目してくれていないと感じたとすれば，別の側の膝に乗ろうとして「自分の権利を主張する」のが自然だろう。親の膝に登ることも親がそれに反応することも，交渉の一部である。自分の家庭でこのような交渉をする子どもには，幼少期を通してあまり変わることのない交渉相手が存在する。彼らは自分が欲しいものを手に入れるためにどうしたらよいかよく知っている。

他方，家庭の外に措置されている子どもや若者は，原則として，自らの力で交渉を練習し，交渉の歴史を積み上げなくてはならない。それは，乏しい資源と見えるものを得るために必要なことをなんとかやり遂げること，そして，知らない多数の人々とその交渉を行わなければならないことを意味している。ここに交渉の重要な面としての公平性の問題が発生する。健全なソーシャルペダゴジー的環境には，この交渉プロセスを扱う手段が用意されてい

る。ここで重要なのは，ジレンマをすべて解決するためにルールの長いリストを作成するなど，そうした交渉を「管理してしまう」ために努力を注いではいけないことである。金銭，注目，利益の分配に責任を持つ人にとって，交渉は骨の折れる作業である。それを避ける方に流れやすい。そのため，ソーシャルペダゴジー的に重要な選択肢の一つは，それらについての交渉が確実に行われるよう保証することである。交渉すること自体に価値がある。交渉が重要な学びと育ちの機会を提供するのである。

　これに光を当てるもう一つの方法は，ソーシャルペダゴーグと子どもや若者との間に生じる対立も資源と見ることである。Larsen（1996）によれば，いわゆる「施設」においては，クライエントが支援に抵抗する状況の扱いが重要である。このような状況における望ましい対応の対極にあるのは，抵抗を軽視したり，意見の相違をないことにしたりすることである。これをソーシャルペダゴジー的な理解に翻訳すると，ソーシャルペダゴーグは，変化志向の仕事にクライエントが抵抗している状況を扱わなければならない，となる[注2]。そうした状況の扱いは，ソーシャルペダゴジー実践の中核的要素である。そのような状況でも，うまく扱われれば，クライエントは少しは前に進めるかもしれない。対立は，明らかにする必要があるものを明らかにしてくれることが多い。ソーシャルペダゴジー的な場において，何よりも有益と思われるのは，社会的環境から生まれ展開される対立である。そした状況に含まれる学びの素材を駆使することで，「現実生活」の社会的状況でどう振る舞えばよいかを教えることができる。そのためには，大人が対立という素材を資源と見なすことが求められる（Larsen, 1994）。Skau（2005, p.104）は，動的で変化志向の理解が，私たちを，「対立が成育と発達につながる自然な現象であることを強調する」理解へ導くというが，それと同じ見方である。対立は，子どもや若者の望みが大人の望みと違う場合にも生じる。そのとき大人には，主として三つの選択肢がある。子どもの望むことに反した決定をすること，子どもの望みに沿った決定をすること，どのような決定をすべきか子どもとの交渉に入ること，の三つである。ソーシャルペダゴジーの実践家は，この三つの方策のすべてをレパートリーとして持つべきである。三つの選択肢のどれをいつ使うべきかを一般的に述べることは難しい。ある機会にはそのうち一つが，次の機会には別の選択肢が正しいであろう。個別

の状況において最善と考える選択肢に到達するのを助けてくれるのは，ソーシャルペダゴーグの省察的な姿勢と実践である。対立状況は，一人の人間としても専門家としても，取り組みがいのある対象である。

ソーシャルペダゴーグとしての自覚を持つ人が果たすべき，大人としてのよい機能は，毅然とした態度，交渉に開かれた姿勢，妥協する能力であり，加えて，膠着した状況を打開する力と意思である。最後の膠着した状況は，何を言っても前に進まない状態を指す。子どもや若者に圧力をかければかけるほど，彼らはさらに抵抗する。力対力の状況と言える。以前に力対力の状況が膠着状態に陥ったときの経験から生まれた自らの威光に頼らず，何がいま膠着しているのかに焦点を当てるには，きわめて強い意志が必要である。前述した大人による介入が最も有効なのは，まさにそのような状況に陥ろうとするときである。力対力の状況には多くの場合，感情が付加されている。ソーシャルペダゴーグがそこで発揮できる能力のひとつが傾聴である。ペダゴーグは子どもや若者に耳を傾けると同時に，自らにも，つまり両者の主張に，耳を傾けなくてはならない。それは，理性的でバランスのとれた見方をすることを助け，おそらく，感情だけで行動してしまうリスクを減らすであろう。

変化を目指した取り組みに抵抗するクライエントの問題を論じたものには表面的なものがある。私から見て，たとえば Parton と O'Byrne（2000）が（何人かの論を参照しながら）抵抗というものはないと主張するとき，その主題の構造を十分深く掘り下げていない。実際は，専門家としての柔軟性が欠如していたり，他の適切な方法を用いなかったために過ぎないように見える。そこでは，クライエントとよりよい同盟関係を築くようにするとよい，という解決策が提案されている。私には，検証が不十分なまま道徳に頼ってしまっているように見える。ソーシャルペダゴーグとクライエントの同盟関係を，コミュニケーションと協働の視点から眺めることで，より詳細に検証することを私は求めたい。クライエントが協働に抵抗しているのが問題なのに協働について語るのは矛盾していると感じるかもしれないが，そこには意味がある。なぜなら協働しようと誘われていなければ協働に抵抗するのは不可能だからである。ソーシャルペダゴーグが協働に誘うとき，クライエントには，協働すること，協働に抵抗すること，協働と抵抗を行き来すること，

の選択肢が提供される。そこに潜在的な成長の可能性が含まれている。

　ソーシャルペダゴーグとクライエントの同盟関係を考え，クライエントを協働する同盟対象と考えれば，その同盟を二つに分けることができる。一つは関係の部分であり，もう一つは取り組む課題の部分である。前者は，二人が個人的なレベルで関わりあうことであり，相手への振る舞い方について両者に何らかのものを要請する。後者は，具体的なレベルで両者が達成しようとし，共に解決する必要がある課題である。理性的に交渉するプロセスのことと考えることもできるが，それは単純にすぎる。実際に交渉するには，双方の条件が平等であることと，何について交渉しているのかについて完全に合意していることが前提となる。ソーシャルペダゴーグと子どもや若者の同盟関係は，ほとんど場合そのようなものではない。両者の非対称的な関係性は，権威と責任の配分が均等ではないことを意味する。加えて，子どもや若者は自ら望んでクライエントの立場になったわけではない。それでもなお，交渉の概念は有効である（Storø, 2001）。交渉には，お互いに耳を傾け，自身の見方を表現することが含まれるからである。

　最良の場合，ここで話題にしている交渉は，子どもや若者にとってきわめて有益なものである。児童福祉サービスを経験した子どもや若者で，大人との協働によって交渉のスキルを学んだ人は，成人後にうまくやっていける（Bieahl et al, 1995 を参照）。ただし，交渉は非常に複雑な営みである。交渉は，すでに知っていることとまだ知らないことの両方から成っており，理性的な要素と非理性的な要素が含まれ，そして，（これまで見てきたように）言語に基づくものと言語に基づかないものがあり，そこに関わるすべての出来事を全体的に把握するのが難しい場合が多い。さらに，交渉に加わっている人々（子どもや若者と，一人ないし複数のソーシャルペダゴーグ）が，それぞれについて意見が異なったり，変化したりすることが多い。協働のプロセスは，そこに参加する人々によって構築され続ける。協働のプロセスの理解も，協働にどのような意味を与えるかも同様に構築され続ける。同時に，協働の周辺にいたり，協働によって影響を受ける他者によっても理解が構築される。そうした人々によって構築された理解は，主人公たちを通して協働プロセスのなかに投げ返される。たとえば，子どもの友人，親，教師などである。そうした構築は，観察，理解，影響，評価からなる複雑な社会的プロ

セスである。それらが，協働の中で発生する問題を倍増もしくはそれ以上にもさせることがある。その全体像は多くの場合きわめて複雑で，一つの普遍的な理屈を指し示すのは不可能である。それでも，この協働プロセスを前に進める責任を持つことで，ソーシャルペダゴーグは，状況を詳細に分析し，新たな構築を開始することへと駆り立てる。彼のクライエントもまた，そのプロセスへ積極的に参加するよう促されねばならない。

　クライエントとの協働をソーシャルペダゴーグの実践の主領域として構築すること，つまりそう理解することにはもう一つの利点がある。変化を目指した取り組みに対するクライエントの抵抗を，コミュニケーションあるいは協働作業のプロセスの停滞と考えれば，その問題を，**個人的なもの**ではなく，**プロセス**と見ることができる。起こった問題を「彼との関わりは不可能だ」と説明するより，そうするほうが前進しやすい。協働は，目標，取り組み方法，コミュニケーションの取り方に関する合意を前提とする。このすべての要素は，クライエントとソーシャルペダゴーグの双方による継続的な評価に耐えうるものでなくてはならない。そのうちの一つの要因，たとえばコミュニケーションの**取り方**の合意が破綻したときに，すべての協働の停滞と見なされやすい。クライエントの抵抗と解釈されて，クライエントが非難される危険もある。したがって，ソーシャルペダゴーグは，そうした停滞状況において，問題を形成しているいくつもの要因を積極的にたどり，問題解決に向けた協力へと誘うことが重要である。それが，停滞を道徳に基づいて解釈することを防ぐだろう。

　近年私たちは，境界設定という概念の扱いを難しく感じることが多い。境界設定という考え方を，古い子育ての話と感じる人が多い。最近では，子どもに境界を意識するよう促すものの，こちらから子どもたちの境界を設定することはしない。Raundalen（2004）は，さらに踏み込んで，この概念を棄てた方がよいと言う。なぜなら，彼の見るところ境界は，

　非常に貧弱で不正確な概念で，ひどく誤解される連想を呼び起こしてしまう。つまり，子どもは，境界によって，そして境界を設定する人によって，外から指示されるしかないという連想である。子育ての目的は，そうではなく，自らの行為に責任を持つことが期待される個人を，共感的で，

自己コントロールできる，自身で統制する個人を，育てることでなければ
ならない。

　彼の代案は，「直面化による学習」という概念である。それは「同じこと
の繰り返しを減らし予防したいと思って，不快な状況を把握しながら一対一
で子どもに直面すること」（Raundalen, 2004）である。心理学者の
Raundalen が記していることの核心のひとつ，つまり，よいこととあまりよ
くないことを区別するところにペダゴジー的な要素があるという主張は，本
書の内容にとっても重要である。彼は，子どもたちは学ぶ必要があると主張
しつつ，子どもたちが学ぶのは境界設定よりも直面を通してであると言う。
　ポストモダン時代に顕著に起こった子育ての問題は甘やかしである，と
Dale（2006）が言うが，私たちの時代に子育てに起こったことをよく表して
いる。子どもを育てるための厳格な規範が薄れることで，権威を示す必要が
ある場面でも大人が引き下がるようになった。子どもの養育において対立を
避ける理由のひとつは，Dale（2006, p.38）が「1970 年代の反権威的イデオ
ロギー」と呼ぶものに私たちが導かれたことにあるだろう。Dale によれば，
子育てには三つの行為が含まれる。導くこと，見極めること，容認するこ
と，の三つである。このうち容認することには，ほとんどの場合，苦い気持
ちが伴う。それでも，容認は，受け入れることのできる行為と受け入れられ
ない行為を区別する知識と技術を教えるために，欠かせない。
　他の概念を導入した人たちもいる。たとえば Vatne（2006）は，**修正する
視点**について述べている。Vatne は境界設定の価値を認めていて，環境療法
の方法論の一部に含めている。境界設定とその修正は，別の事象である。境
界設定は，「ここまで。これ以上はだめ」と伝えることである。境界を設定
することには，許容できる限界を示す以上の指導は含まれていない。修正に
は，むしろ以後の指針を示す意味がある。子どもを正すとき，大人は，子ど
もが別の行動を選択してほしいという期待をそこに込める機会を持つ。それ
は，直接的な期待として伝えることもできるし，関係性を通して伝えられる
こともある。

　グレーテは，若者を対象とした入所施設の環境療法士である。彼女は，シャー

ロットが泥だらけのブーツを履いたままコモンルームに入ってくるのを見つけ，「そのブーツで入って来ないでね」と伝える。彼女はここで境界を設定した。シャーロットには彼女の指示に耳を傾ける気がなく，部屋に入ろうとする。グレーテは「部屋の中ではブーツを脱いで」と伝える。またもやシャーロットは彼女を無視する。グレーテがシャーロットに近づいてさらに言う。「コモンルームにそのブーツで入ってきたら床が汚れてしまうの。今日この床を掃除したばかりだから，きれいに保つのに協力してほしいの。お願いだからブーツを脱いで。」

　この例で，グレーテはまず境界を設定する発言をする。その後，彼女が目にした振る舞いを正そうとする。最後に，なぜその行動を修正しようとしているのかを説明する形で修正し，それがグレーテとシャーロットの二人の関係の次元を指し示している。シャーロットを止めようとする2回目の試みは，直面化を通した学習のカテゴリーに位置づけることもできる。実践においてこの二つは並行して進む。たとえば子どもが危険に曝されている状況のように，議論の余地のない明確な境界を設けるのが正しい場合がある。しかし，そうでなければ，ソーシャルペダゴーグは，この例の最後の伝え方のように，教育的な要素や関係の要素をそこに含めることが多いだろう。その発言でグレーテは，シャーロットにしてほしい行動への期待を明確にすると同時に，交渉の要素を導入している。言語に基づくこの行為で，彼女は，ブーツを脱いでほしいことと，ホームのコミュニティと二人の間の交流に貢献してほしいことの両方を，シャーロットに向けて発信している。
　直面化と修正という二つの異なる境界設定の方法は，いずれも，子どもや若者に正しいことと間違ったことの区別を教える方法である。そのとき私たちは，子どもたちにルールを教えているだけでなく，私たちが生活を営む文化についても教えている。どちらの教育的な企図も，ソーシャルペダゴジー的な枠組みに十分位置づけられている。すべてではないとしても，ほとんどのルールや規範は文化に規定される。したがって，私たちが暮らす文化のなかで何が受け入れられ，何が受け入れられないのかを子どもたちに教えることは，最終的に自らの力で生活していかなくてはいけないときのために有益なツールを提供することを意味する。私たちが暮らす文化を身につけることは，ソーシャルペダゴジー理論の基本的要素のひとつである（Madsen, 2006

を参照)。

　近年，境界設定の概念を用いるのをためらう理由の一つは，おそらく，Sandbæk（2004）が主体者としての子どもと呼ぶものに注目するからである。それは，社会構築主義的な考えに沿って，子どもを自らの現実における能動的な創造者と理解する。**養育が必要な子ども**ではなく，**探索する存在**としての子どもに関心を持つのである。しかし，新しい考え方については，熟考しておくことが重要である。Madsen（2006）と Sandbæk（2004）は，現代の子どもの社会学が提供する，能動的な存在としての子どもという理解が生み出す結果の一部に警鐘を鳴らしている。子どもには保護も必要であり，大人には子どもに導きを与える責任があるということである。ソーシャルペダゴジーの視点がもたらすのはまさにそれである。つまり，**育てること**（upbringing）への投資であり，**育てる**（upbring）という概念を，子どもと大人の関係における本質的なものに高めることである（Mathiesen, 2008）。

　ソーシャルペダゴジーが実践される専門的な場における境界設定と構造化を，独力でやっていけるようになるという将来の目標に向けた学びのプロセスの一部と理解することができる。コミュニティへの参画を可能にするには，その文化の慣習を知ることが必要である。個人があるコミュニティに入っていくと，そのコミュニティを支配する規範とルールに気づき，それに従う場面で試練にさらされる。規範とルールは行動を調整するが，たとえば言葉の出し方も同様に調整される。コミュニティは，あるタイプの行動や発言を受け入れるが，それ以外は受け入れない。コミュニティに属する個々の人々が，境界設定により修正と直面化を相互に行いながら文化を形成する。そしてその文化が，何が包摂につながるか，あるいは排除につながるか，という知識を提供する。大人と子どもの関係のなかで境界設定，修正，直面化を行うことが，子どもを育ててコミュニティに入れるようになることに貢献する。境界設定をするソーシャルペダゴーグは，その行為を下支えするために学習志向の理論に立ち戻ることがある。特によく見られるのは「トークンエコノミー」であり，さまざまなものと交換できるポイントを稼ぐことができる報酬システムによって，子どもや若者の行動に明解な正または負の強化を行う方法である。これを効果的な学びの方法論と考える人もいるが，外的な行動ばかりに着目することを問題とする人もいる。

境界設定が持つジレンマを取り上げなければならない。ジレンマの一つは，境界設定が機械的に権力を行使することへと転じやすいことである。境界設定に含まれる力の要素に関係する。つまり，不当な境界設定は同時に不当な権力行使を意味する。その一方で，境界と修正がないことも問題である。ソーシャルペダゴーグが養育に持つ責任とは，境界設定と修正の両機能を使いこなすことに加えて，子どもたちが本当に自分のものと呼べるような経験をする機会を提供することである。Vatne（2006）は，修正と承認のバランスについて述べている。ソーシャルペダゴーグは権威を持って対決し制限を加えることができなければならないが，子どもや若者を責めることなく行わねばならない（Kreuger, 1986a, 1986b; Larsen, 2004 を参照）。それどころか，子どもや若者には，養育によって，子育てをする権威者との双方向的な対話によって自らの理性を伸長させる機会が提供されなくてはならない（Dale, 2006）。

　境界設定に関する本節の最後に，それとまったく逆と見なす人がいるかもしれないもの，つまり，心地よい雰囲気や励ましに触れるのがよいだろう。両者は正反対のものではないと私は主張したい。私の見るところ，子どもたちは，励ましと境界設定／修正との間のバランスを妥当なものとして受け入れるであろう。このような考え方は，かなり幅のある態度と技術をソーシャルペダゴーグに要求する。Løvlie Schibbye（2009）の承認概念を思い起こすとよい。それによれば，承認とは他者を主体的な存在と見ることである。コミュニケーションにおいて承認が行われることが理想とされることがある。しかし，Bae（1988）によれば，承認は単なるコミュニケーションの技術以上のものである。承認とはその人の振る舞い方であり，他者との関係における統合性である。したがって，境界設定と修正は，二人の関係の一部としてのみではなく，その介入が，ソーシャルペダゴーグ自身にも向けられた姿勢の一部と受け取られるような空気のもとで行われるべきである。

　境界設定と承認／励ましのバランスについては，「No を 1 回言うごとに Yes を 10 回言おう」という指針がよく知られている。この指針は，負の強化よりも正の強化の頻度が上回る必要があると考える学習理論に基づいている。他者に対して肯定的な態度で振る舞うべきであるという道徳的立場に基づくと考えることもできる。私たちがそのように介入すれば，相手はその介

入を技法や口出し以上のものと受け取り，それを肯定的な大人－子ども関係に欠かせない部分と感じやすくなる。

食事の時間

　ソーシャルペダゴーグが働く施設その他の現場において，食事の時間はソーシャルペダゴジー的な取り組みの中核を担うものと考えられている。食事の時間は栄養を摂取するためにあるが，施設の入所者と職員が食事のために一堂に会する機会として，はるかに大きな意味を持つ。ソーシャルペダゴジー的な意味で，食事には三つの主要な機能がある。食べ物，社交，会話，である。

　食事の時間を取り上げるときに，食べ物に触れること自体を奇妙に思う人がいるかもしれない。人が食事するのはあたりまえだからである。食べ物がソーシャルペダゴジーと何の関連があるのだろうか。ソーシャルペダゴジーの視点から見て，食事中に発生する他の出来事のほうが興味深いと思うかもしれないが，話はそれほど単純ではない。第一に，食べ物自体が重要である。ソーシャルペダゴーグのクライエントになる人には，食べ物全般が苦手な人がいる。彼らは，一人で食べるにせよ人と一緒に食べるにせよ，食事を楽しむことに慣れておらず，必ずしも適切な食べ物を適量にとることができていない。この最後の問題は過食や拒食に関係するが，栄養価が低い食事にも関係する。たとえば，糖分摂取が多い子どもは多動になりやすいことが知られている。

　第二に，食事はクライエントにとって（そしてすべての人にとって），それが持つ機能によって毎日の生活に重要である。食べることは日々のごくありふれた活動である。食事は，ソーシャルペダゴーグにとって，ソーシャルペダゴーグの専門ではないからこそ重要である。クライエントとともに，そしてクライエントのために時間を過ごし，専門性が目に見えて発揮される側面以外もそこに含めることが重要であり，会話以外のことも重要である。多くの場合，ソーシャルペダゴーグは，食事を，クライエントおよびクライエントに関わる人たちが集まる機会と見なしている。おそらくそれは古くからの拡大家族の理念に基づいたもので，その一例として施設に導入されている。一緒に食事する時間が毎日準備されていることを，そこで確かめ合うの

である。多くの場所で，食事は施設の構造において最も重要な位置を占めており，子どもを持つ家庭が多忙な毎日のなかで食事に与えている位置づけとそう違わない。食事のために集まりテーブルを囲むことは，私たちの時代にノルウェーの文化として残された，ごく数少ない日々の慣習のひとつである。多くのさまざまな文化的背景を持つ移住者の増加により，ノルウェーの文化も変わりつつあるが，全体的に見て，日々のこの慣習はそれほど変化していないと思ってよいだろう。慣習に触れることは，ソーシャルペダゴジー的な視点に触れることでもある。慣習には多くの側面があるが，ここでそのうち一つだけに触れるなら，慣習には常に繰り返されることの安心感がある。ソーシャルペダゴジー的な日々の生活にその機能を持ち込むことが重要である。継続的に繰り返される経験を長期間にわたって子どもや若者に提供することは，彼らが十全な生活を過ごすことを助ける。

　食事時間のもう一つの重要な側面は，テーブルを囲んでする会話である。会話については以前に述べたので，ここではそれほど触れない。ただ，ソーシャルペダゴジー的な場には食事中の会話を「教育的」なものにしてしまう危険があることを指摘しておきたい。食事中の会話を前もって計画された目標志向的なものにしようとしているなら，立ち止まって考え直すべきだということである。ソーシャルペダゴジーには単なる目標志向を超えた意義があるのは言うまでもない。それは実際，本書の基本的な考え方の一つである。それでも，インフォーマルな集まりではなく話し合いの場にしてしまうことで食事時間を乱用しないよう警鐘を鳴らしておいて方がよい。ソーシャルペダゴーグとクライエントの日々の生活には，話すべきことがいつも溢れている。そういった目標志向的な会話から食事時間を切り離しておくべきである。

成長と変化を目指した仕事からの休息

　前節の話題が本節を予告するものになっているのだが，ここで私はソーシャルペダゴジー実践の一つの重要な側面に目を向けたい。ソーシャルペダゴーグの変化志向の仕事に子どもや若者がさらされると，変化志向が関係の他の側面を侵食してしまう危険が必ずある。何もしないことが受け身的と見

なされるかもしれないということである。ソーシャルペダゴーグのいるところで「何もしていない」と，成長する用意がないと受け取られる可能性がある。ソーシャルペダゴジー的な企てには，育てることがすでに含まれているが，休息というものが明確に主題化されることは少なかった。

　仕事と見なされる個人の発達と変化は，それに取り組む人を疲労に導く。身体労働などでは休息期間を設けるのが普通である。その必要性をわざわざ訴えなければならないことは稀である。内的にせよ外的にせよクライエントが育つという課題に取り組む際に，休息の必要性が同じように認められていないように思われる。ソーシャルペダゴーグは，日々の生活の構造に休憩やレクリエーションの機会を設けてこれを補うことができる。明確な学びの目標がある時間を設けるのと同じように，何も学ぶ必要がない時間を設けるのが当然とされなければならない。ホリスティックな考え方では，そうした休息期間もソーシャルペダゴジー的な機会を確実にもたらし，クライエントとの「日常的な」やりとりがまた始まる。休息期間をクライエントの仕事に対するご褒美にすることもできる。「本当にすごく頑張って成長したから，これから何日かゆっくりしよう。あなたにはその資格がある」と。

各現場に固有の方法

　ソーシャルペダゴーグが子どもや若者と仕事をするとき，使いこなすことのできる一般的な方法を持っている。その例のいくつかをこれまでの章で示してきた。しかしそれに加えて，それほど一般的ではない方法も存在する。それらは各現場に固有なもので，その場の文脈に結びついている。それらをソーシャルペダゴジー的な方法とかツールとか呼ぶことはできず，「よいアイデア」くらいにとどめておいたほうがいいと反論する人もいるだろう。だからと言ってそれらの重要性が低いわけではない。あらゆる専門領域における実践家は，それぞれが独自の方法で問題を解決するよい方法を発見する。そこに実践家特有の強みがある。大工であれ，歯医者であれ，役者であれ，あるいはソーシャルペダゴーグも，自らの経験をもとに実践力を高めていく。そのような現場固有の概念や戦略の例をここで紹介するが，その理由の一部は，非常に役立つと私が考えており，紹介したいからである。しかしそ

れだけでなく，ソーシャルペダゴジー実践がどのようにそれぞれの現場に固有の展開を見せるか示すためでもある。

　かつて働いていた現場で私自身が学び，その発展に寄与した優れた戦略のいくつかを記しておきたい[注3]。ここで紹介する例は，すべて若者を対象としたレジデンシャル・ホームでの体験に由来するが，他の場所でも起こることだろう。専門家としての実践経験がある程度ある読者は，そのいくつかに見覚えがあるだろう。似たような方法が他所でも生み出され，違う名前で呼ばれているかもしれない。私がここでするような形にまとめられたことがないものもある。同じ現場で働く同僚の間で，その現場だけで口伝とされているものもある。

操舵室の会話

　最初に紹介したい効果的な方法が，**操舵室セラピー**と呼ばれるのを私は知った。（心理学的な方法ではなく）ソーシャルペダゴジー的な考え方を広めたいので，私はそれを**操舵室の会話**と呼ぶことにした。この現象に理論的な定式を与えるなら，以下のようになるだろう。操舵室の会話とは，二人の参加者，つまりソーシャルペダゴーグとクライエントが，並んで立つか座るかして同じ方向を向いてする会話である。その会話様式においては，クライエントの体験と関係のないいくつもの話題を行き来する。

　この概念はもともと，小型船の船長を務めていたモルテン・ハンセン（Morten Hansen）によって生み出されたものである。その施設では小型船に乗ることが教科の一部であり，施設の活動にもなっていた。長年の経験の中で，彼は，操舵室に若者と共に立ち，舵を握りながら大海原の力を見つめる体験が，計画されたソーシャルペダゴジー的な会話から期待されるものとはまったく異なる一体感と会話の機会を提供することを見出した。悪天候の荒波と格闘せねばならないときや，甲板に朝露が残るなかで穏やかな凪の水面を滑らかに進むときなど，小型船の操舵室で交わされる会話は，他のさまざまな状況の会話とは異なった類のものだった。そこでは，会話が決してペダゴジー的ではないにもかかわらず，あるいは多分それだからこそ，そのときの若者との心の距離が縮まったことに彼は気付いた。操舵室では，促さなくても，若者が打ち明け，振り返りを進めるのである。そこで起こっている

ことの説明はおそらくきわめてシンプルである。船の操舵室に立っていると，教育的であろうとか，変化を生み出す仕事をしようといった思いはもともとない。最も重要なのは，その状況に**決まった計画がない**ことだろう。変化を目指す仕事の対象となることによる重圧がないことで，変化志向の仕事をまさに特徴づける活動のひとつ，つまりその仕事について語るという活動へ若者たちを導く。その状況では，自由に振り返ることが可能で，途中で話題がそれても「間違い」と見なされることがない。しっかりとした振る舞いをしなくてはならないという重圧は最小限に抑えられる。船を操縦している限りは。

　その状況が求める主題は，教育的な主題とは別のものである。話すために操舵室に立つわけではない。船を操縦するためにそこに立つのである。まさにこの一緒に何か別のことをしているということによってこそ，会話が肯定的な色彩を帯びる。もちろんこれは，あらゆるソーシャルペダゴジー的な活動におけるさまざまの状況で活用することができる。釣りに行ったり，買い物に行ったり，テレビを見たり，音楽を聴いたり，施設の共有スペースで遅くまで一緒に過ごしたり（そしていつもよりずっと長く起きていたり），コーヒーを一緒に飲んだりできるだろう。一緒にコーヒーを飲むことは私たちの多くがすることであり，コーヒーを飲んでいる間に生まれる会話に必ずしも特別の目的があるわけではない。それにもかかわらず，一杯のコーヒーを飲みながらのときに一番よい会話ができると多くの人が言うだろう。

　ソーシャルペダゴジー的なものとしてあらかじめ計画されていない会話を，ソーシャルペダゴジー的な会話と呼んでよいだろうか。私はよいと考える。ソーシャルペダゴジー実践の経験から言えることは，真に優れた解決が，それを探し求めて始めたわけではないところで見つかることがある。第1章で述べたように，ペダゴーグには「ペダゴジー的になりすぎる」危険がある。実践を行う際に過度に強いペダゴジー的な姿勢をとることに警鐘を鳴らしたいのである。クライエントであることの重要な側面——つまり人間であること，身近な存在であること——を忘れるなら，ペダゴーグは最悪の敵になることさえある。ソーシャルペダゴーグが実践家として仕事するとき，他者に対する姿勢を明確に持つことが確かに役に立つ。私たちは専門家としての視点を放り出してはならない。ソーシャルペダゴーグが「操舵室的な」

状況にいるとき，専門的理論に基づいた理解をそこに導入する必要がある。そうしてはじめて，彼はその状況の可能性を十分活かすことができる。その一方で，その「みずみずしい」素材にあまりに熱心に手を加えようとすると，その状況と，それを楽しんでいる他者を壊してしまうかもしれない。その場にあった「魔法」が解けてしまい，それが戻ってくることはないだろう。賢明なソーシャルペダゴーグは時間をかけて，自分で振り返っている若者にすぐ意見を返したほうがよいか，それとものちの別の機会にしたほうがよいかを見極める。そもそも意見を返す必要がないかもしれないし，「第三者」（ソーシャルペダゴーグ）が聞いているだけで十分かもしれない。

　子どもや若者に関わった経験のあるソーシャルペダゴーグの多くは，さまざまな形で操舵室の会話を実践したことがある。一番わかりやすい例は，子どもや若者を乗せて車を運転しているときである。操舵室と同じように，ペダゴジーに凝り固まった状況に，違ったタイプの会話を導入できる状況である。施設職員はそれをよく知っている。一つの手法として用いることもある。自分のことを話したがらない若者を車に乗せていったり，若者に重要なことを伝えたいときに夜のドライブに連れていくなどである。日が落ちたあとのドライブなら「操舵室の雰囲気」が高まるだろう。

　この概念の後半にもともと含まれていた「セラピー」という言葉とは距離をとる必要がある。セラピーはそもそも偶然の活動ではない。それは一つないし複数の理論的視点によって整備され，用意され，支えられている。操舵室の**会話**は，そこで起こることが（小型船の操縦以外は）計画されていないという意味で，もっと「偶然」に起こる状況を表している。計画的な要素は，自由に自発的に話す機会を伴う場を与えられた二人の人間という舞台設定に限定されている。

前向きな白い嘘

　ここで述べたい第二の戦略は，「**前向きな白い嘘**」と私が名づけたものである。嘘をつくことのいったいどこにソーシャルペダゴジー的な要素があるのか，とすぐ問い返されるかもしれない。この概念には，ある種の皮肉が含まれていると言っておかねばならない。その意味に十分親しんでいる同僚の間でその職場限定で使われてきた表現であって，それ以上に広げる意図はな

かった。より広い読者に紹介する機会をここに与えられたので，簡単に説明しておこう。

　私が覚えている限り，この概念は，何か特別なものを見たと感じた数人の同僚の間で生まれた。誰が最初に思いついたのかは思い出せない。創造的な同僚によって考案されたこの概念は若者と仕事する体験に由来する。学びを，たとえば算数の表や歴史の年代のような丸暗記以上の何かであると理解する概念である。ここにはペダゴジーの楽観性が表れている。

　「前向きな白い嘘」は，すばらしいものである。それは，事実でないことを伝えることだが，ただし「よいことのために」それを伝える。わかりやすい例は，うまくできない若者に「すごくうまくできたね！」と言う場合である。幼い子どもができたことを見せてくる場合に私たちはよくこのように言う。その場合は称賛を誇張しやすい。いつも否定的な言動を示し，助けようとする大人に反抗する若者にそうするのはそれほど簡単ではない。彼らのためには，幼児がはじめてトイレで成功したのを見た喜びから称賛するのとは違った場面で，誉め方を見つけねばならない。

　他者と難しい関係にある子どもや若者は，自らの達成経験との関係も難しいことが多い。彼らはたいてい，褒められることなくやっていくのに慣れている。めったに褒められることがないのを知っているからかもしれない。褒められたことにほとんど気づいていないからかもしれない。そのような場合，称賛と肯定的評価で「彼らの容量の目一杯まで」満たすのが賢明ではないだろうか。もちろん，あらゆる機械をのがさず一日中全員を褒め続けることなどできない。肯定的なフィードバックには，本当の理由がなくてはならない。そうでなければ，本当はそう思っていないと思われてしまうだろう。したがって，重要な点は，できる限りすぐに褒めることと，それに加えて，子どもや若者が示した能力が実際に「それに値する」よりもっと肯定的に称賛を与えることである。肯定的な言動を強化したいソーシャルペダゴーグは，子どもや若者の振る舞いに，ほとんど目に映らない微かに肯定的なものを発見できなくてはならない。

　私たちがしたことが称賛されるとき，多くの場合，自らの価値の加算が行われる。称賛にはそれに見合うものが必要である。これは，私たちの文化に通底する決まりごとであり，ソーシャルペダゴーグとクライエントの関わり

のなかにも強固に存在している。その中で伝えられる「前向きな白い嘘」には，その文化規範をはみ出す部分がある。普段称賛を受けることがまったくなく，それゆえ何かを成し遂げることもない子どもや若者は，自分たちが「十分にうまく」何かをできたと思えるようになる必要があるのである。

「前向きな白い嘘」を用いるには，知恵を十分働かせる必要がある。値するよりも多い称賛を子どもや若者に与えると，嘘や見下しになってしまいやすい。ソーシャルペダゴーグが本当のことも言っているときにはじめて成功するのが普通である。

シェール症候群

「シェール症候群」は興味深い概念であり，方法の記述というよりソーシャルペダゴジーの実践家が自己批判的にするコメントに近いものである。この概念には非常に具体的な歴史がある。この症候群を産んだ出来事が生じたのは，たった1回だけである。しかしその出来事が価値ある専門的な洞察に至り，その後長年にわたって学校で用いられている。

それはシェール（もちろん仮名である）が学校に行きたがらなかったときに起きた出来事である。彼が学校に行きたくないことは何度もあった。つまり，ずっと学校に行かなかったわけではないのだが，授業中に教室で座っていることができなかった。彼はいつも階段の下で何もしないで座っていた。シェールは生徒としてよい経験をしていなかった。教師からあらゆる自分の知らないことを並べ立てられるのが常だったので，机に座っているより階段の下にいるほうが楽と感じていた。教師たちは，この少年に必要かつ彼が受ける権利のある教育を提供できてないことに絶望感を抱いていた。環境療法士たちも関わるようになり，会話したりその他のことをしたりして役に立とうとした。シェールの両親に状況が知らされたが，彼らもこの状況に満足していなかった。

突然ある日，シェールはその日の最初の時間に机に座っていた。教師は驚き，何が起きたのかと尋ねないではいられなかった。なぜ来たのかと。シェールの答えは非常に単純で，「ジャン先生が来ないといけないと言った」だった。シェールは自分が変わったのは別のその教師（Jan Tesli Stokke）のおかげだと言った。そして，この概念が生まれたのはシェールのおかげで

ある。何が起きたのだろうか。シェールが階段の下に座っていた間，ジャンも他の教師も授業に来させようと繰り返し試みていた。彼らはさまざまな方法を試みた。説得する，騙す，授業に出ないことで生じる結果を伝える，学校の課題の手伝いを申し出る，などである。それでもシェールは階段の下から動かなかった。教師たちは徐々に，この少年には時間が必要だということを理解しはじめた。彼らは，シェールをクラスに入れるための新しい試みを毎日行ったが，他方で，クラスの他の生徒のために授業が通常通り続くようにも配慮していた。シェールが突然クラスの自分の席に戻ったとき，彼は「先生がそうしないといけないと言ったから」，と言った。

「シェール症候群」という言葉は，それが起こった後に教師たちが議論するうちに生まれた。議論のテーマのひとつは，何がシェールを「変えた」のかということだった。教師らが来る日も来る日も試みたあらゆる「ペダゴジー的に正しい」ことに，何の効果もなかったように見えるかもしれない。他方，シェールを机に戻らせることになったように見えるのは，そうしなくてはいけないというシンプルでストレートなメッセージだった。もしかしたらこのシンプルなメッセージが功を奏したのかもしれない。この場合，シェールは大人からのたくさんのよい言葉かけに圧倒され，自分の行動を変えるために何が必要かわからなくなっていたのかもしれない。

「シェール症候群」という名称が与えられたのは，この効果である。ソーシャルペダゴーグがあまりにも数多くの方法を用いすぎると，そのなかで自分を見失う危険がある。時にはシンプルであったほうがよいのだろう。この例で少年は，時宜を得たその言葉以外，意義深い提案の数々と折り合うことができなかったように見えるかもしれない。しかしおそらくそうではないのだろう。彼を教室に入れようとする試みのすべてが，最後にシンプルな言葉が成功する状況に導いた可能性のほうがはるかに高い。結局のところシェールをもとの軌道に乗せることに成功したのは，その一人の教師だけではなく，すべての教師の力が合わさった結果と言えるだろう。それでも，シェールの物語は，第1章で触れた「非ペダゴジー的に」振る舞うことの重要性を思い起こさせる。

シェールがその後も継続して出席したことを付け加えておかねばならない。

砦を守る

子どもや若者との仕事が行われる施設その他の環境では，日々の暮らしの構造を脅かす事態が起きることがある。危機には，軽微なものから深刻なものまである。若者が行動化したり施設を飛び出したりすることもある。不安定になって夕食に出てこない子どもがいるかもしれない。そうした場合に，環境療法士が目の前の仕事を全部（程度はあれ文字通り）放り出して，起きたことに対処するために駆けつけることも珍しくない。しかしそれが新たな問題を，それも大人によって作られた問題を，生み出すことがある。

もちろん，危機が起きれば，それに対処して被害を最小限にとどめることが重要である。たとえば，もし施設のコモンルームで子ども二人が喧嘩を始めたら，普通はそれを止めるべきである。しかしそうした状況への介入は，よく考えて行われなければならない。よく起こるのは，勤務している人全員が一つのこと，つまり「消火」に携わることである。その困った状況を終わらせるためにそれが効果的かもしれない。しかしその後どうなるだろうか。喧嘩が収まった直後に何が起こればよいのだろうか。その場にいる他の子どもたちをどうすればよいのだろうか。その後の夜の時間をどうすればいいのだろうか。

施設における日常生活の重要な機能であるにもかかわらず，そんな状況で忘れられやすいのが，日常の正常な構造を守ることである。日常の構造には優れた機能が数多くある。その計画や実行に多くの時間と労力が費やされている。それは一般に，施設の最も重要な側面のひとつと見なされている。しかし同時に，それが脅かされたときにまず後回しにされてしまうのがまさにその日常の構造である。「砦を守る」という概念は，良質で考え抜かれた日常の構造に速やかに戻ることの重要性を指している。それは，喧嘩している二人に対する重要な信号となる。砦を守りながら，環境療法士が，「あなたたちを止めたけど，この生活は変わらないのです」と言うことによってである。喧嘩であれ他の行動化であれ，その二人にとって，コミュニティ内に力を及ぼす地位を獲得する経験にならないことが重要である。日常生活に速やかに戻ることは，その場に居合わせる他の子どもにとっても同じく重要である。彼らにとって，嫌なことが起きても，安全と予測可能性がすぐに回復されるのを感じることが欠かせない。

砦を守るという機能は，施設が備えている基本的な価値が重要であること
を示している。安全，予測可能性，大人の目配り，日々繰り返される営み，
にその価値がある。

少しだけ話す方法
　「**少しだけ話す方法**」は，矛盾しているように見えるだろう。そもそも，
ソーシャルペダゴジー的実践は，あらゆる点で，簡単に理解できる一貫した
実践とは思われない。その実践の多くを言語に基づく実践と理解しなければ
ならないと書きながら，その一方で，少しだけ話そうと言うのだから矛盾と
言われても仕方がない。「少しだけ話す方法」は，ソーシャルペダゴーグが
あまりに多く語りすぎることへの警鐘である。あまりに多くの言葉を費やす
と，正確さを損なう危険があり，その結果，メッセージが伝わりにくくな
る。加えて，多弁なソーシャルペダゴーグにはもう一つの罠にはまる危険が
あり，それに気をつける必要がある。ペダゴーグが会話の主導権を握ってし
まい，クライエントが言葉を挟めない，あるいは考える時間がなくなること
である。
　少しだけ話す方法の実践を思い浮かべるために，クライエントがある状況
でしたことがよくなかったと伝える場面を考えよう。長々と話してしまいが
ちな場面である。かわりに，その子に近づいて言うべきことを伝え，すぐそ
の場を離れてはどうだろうか。そうすればその子は一人残されて，振り返る
ことができる。

　　アン－グレーテはクリスティアンが学校をまたずる休みしたと知って，憤慨し
　た。彼女は，クリスティアンに彼女が感じたことを詳しく伝えて，それがよくな
　いことだとわかってもらいたいと思った。しかしそうはせず，クリスティアンの
　ところに行って，「今日学校をさぼったと聞いたよ。あんまり賢いことじゃない
　ね」と言う。それから踵を返し，後ろでバレーボールをしている若者たちのとこ
　ろへ向かう。

　この例では，アン－グレーテは今回の出来事に対する自分の情緒的な反
応がクリスティアンとの関係で有意義な素材となりうることと，それを用い

すぎてしまう危険の両方に気づいていた。そこで彼女は，言いたいことを短く伝え，どうしたいかを本人に考えさせるという別の方法を選択した。

　　その夜遅く，クリスティアンがアン‐グレーテのところへやってきた。「まだ怒ってるのかな」と彼は尋ねた。アン‐グレーテはしっかり話をすることにして一緒に座り，彼女が考えていたことをもう少し詳しく説明する。

　「少しだけ話す方法」は，もっと時間をかけていた関わりの一部としても使うことができ，すでに長く行われてきたものである。例に取り上げた二つの場面からは，最初の場面の短いメッセージが，第二の場面での展開に効果があったと想像できる。二つの場面の間の時間が，クリスティアンに，自らを振り返り，アン‐グレーテに話して確かめたくなるような考えを構成する機会を与えた。彼が近づいてきたとき，アン‐グレーテは話す準備が彼にできたことがわかった。

　この方法は私にとって，同僚の Dan Brovold がかつて教えてくれたこと，つまり，一度時間を置くことが重要なコミュニケーションの手立てになるということから生まれたものである。届けたメッセージが相手のなかに染み込んでいく機会を与えるのは，その間の時間によってである。こちらが話を終え，言葉のやりとりが完全になくなった後に，クライエントはやっとその話をどうしたいか考えはじめることができる。クライエントが自らの体験をもとに理解を構築すると考えるのなら，その構築作業を進める時間と場所を提供する必要がある。

　言葉を使うことに長けたソーシャルペダゴーグは支配的になりがちである。彼らとしては，起きたことについて自分の考えのすべてをクライエントに伝えようとしているのだろうし，他の行動の仕方がよいという論拠をすべて示そうとしているのだろう。クライエントが，ソーシャルペダゴーグの考えについて，「百科事典」のような完璧な情報提供を求めることはまずない。彼がおそらく求めているのは，自分がしたことへのペダゴーグの反応――おそらくは情緒的な反応――と，自分の行動とソーシャルペダゴーグからの反応を振り返るための時間と場所である。もしその反応が真に大切なものならば，曖昧さを取り除いたものでなくてはならない。そこに怒り，喜び，失

望，苛立ちなどの情緒的な要素のひとつをうまく含めるとよい。言語に基づいたフィードバックに情緒的なメッセージが伴うと，情緒を排して伝えた場合とは異なった効果をもたらすだろう。本書の冒頭で提示したように，ソーシャルペダゴジー的な実践を，社会のさまざまな場面における学びの機会を促進する実践と考えるなら，社会的な交流が起こる状況で言葉と感情が自然と手を携えるであろう。

　ソーシャルペダゴーグとクライエントの関わり合いのすべてをこのように，つまり短い会話にするのがよいわけではない。時には時間をかけ，会話に深く入っていく必要がある。ソーシャルペダゴーグがほとんど話し，子どもや若者には聞く以外のことを期待しないことが自然な会話もある。若者が，回数を重ねて行われる**終わりのない会話**を大人と持ち，「あらゆることとあらゆる人」について考える機会を持つことが必要であるという Maier (1997) の指摘は的を射ている。

方法と戦略の活用

　私は，以上の「各現場に固有の方法」を社会的に構築されたものと理解している。それらの方法は，用いられながら，実践のなかで交渉を通して用いられる。Åberg ら (2001) によれば，ソーシャルペダゴジー的な実践はしばしば，はっきりとその現場限定のもので，特定の実践の文脈と結びつけられている。そのため，他の人々と共有されないことが多い。「各現場に固有の方法」についての私の記述を，それを踏まえて理解していただかなければならない。私は，他の人がよりグローバルな可能性を議論できるようにと思って，ローカルなものを記述した。本書を読んだソーシャルペダゴーグの一人ひとりが，ここで紹介した「各現場に固有の方法」が他の実践の場に転用可能かどうかを自分で判断しなければならない。**自らが働く場に方法論を採用する**のは，専門家の重要な機能である。ソーシャルペダゴジー実践は状況に依存しており，問題となっているクライエントに合わせて工夫しなくてはならない。そのため，ソーシャルペダゴーグは自らの現場で用いることができる方法や戦略を探す必要がある。たとえば，ある状況で熟練の同僚がすることを観察し，真似ることができる。これは「熟練者から学ぶ」(Schön, 2001) と呼ばれるものである。ここでの話題に照らせば，熟達者からの学び

のなかでも，「人間中心 person-centered」と呼ばれるタイプのそれである。Nielsen と Kvale（2006）は，そのタイプと人間中心ではないタイプのどちらにも触れており，そのどちらもが同じくらい重要である。人間中心ではないタイプのものは，経験の浅い人が，実践家のコミュニティに感化されたり，Herberg と Jóhannesdóttir（2007）が社会的な学びのコミュニティと呼ぶものに参加するような場合である。

【注】

1）ノルウェーの社会福祉協議会による審議を経て社会的養護のケアを受けるようになった子どもや若者は，審議によって家庭訪問の頻度が定められている。

2）私は，多くの場合，「抵抗」という概念を避けた。その概念が心理学理論，特に精神力動的な伝統に深く根差しているからである。かわりに，クライエントの行為に焦点を当てることした。つまり，ソーシャルペダゴーグの貢献に抵抗する行為である。

3）これは何よりグレッペロッド児童福祉センターについて述べたものである。この施設は常に「あえて」革新的であり続けている。

あとがき

CR

　本書は，ソーシャルペダゴジーという概念に縁のある二人の会話から始まった。話をしてみても，すぐにお互いにつながりが感じられたわけではない。その現象が，この仕事の複雑さを表していると同時に，理論と実践の関係の危機を表しているのでは，と言っておいた。続く理論に関する章では，ソーシャルペダゴジーの専門家の理論が多元的であることを述べた。多くの頁を経たここでは，実践についての記述で締めくくろう。

　ソーシャルペダゴジー実践の多様性をいくぶんなりとも示すことが私の望みだった。それは確かに——実践として——存在し，取り巻く多様な理論からなる景色と作用しあっている。表表紙から裏表紙までで終わる1冊の本のなかでソーシャルペダゴジーの説明をまとめるのは容易ではない。しかしそれを試みるべきではないという意味ではない。もっと頁を割けば，もっとソーシャルペダゴジーのジレンマについて記述することになっただろう。ソーシャルペダゴジーはジレンマに満ちているからである。それが明確な答えをほとんど提供しない以上，そうならざるを得ない。実践場面における正しい解決策は，常にその解決策が用いられる状況に身を置く人々によって交渉されていかねばならない。ジレンマの一つは，行動の拠り所となる理論的基盤を要求する専門家の声の高まりと，人間中心の実践を求めるクライアントのニーズとの関係にある。Åberg ら（2001, p.39）は，「専門化を意味あるものとして進めることができる道程」には限度があることを指摘している。同時に，クライアントには自らが受ける支援に高い専門性を求める権利があることを忘れてはならない。Åberg ら（2001, p.40）はさらに次のように指摘する。

　　ソーシャルペダゴジーのねらいは，育て直しや正常化から，活性化，自
　　己決定，生活の質（QOL）を目指すものへと変化した……その職業に対
　　する見方の変化や社会からの要請の変化により，ソーシャルペダゴーグの

具体的仕事の状況において，個々人のペダゴジー的努力を伴いながら個別
性が高まっているのを見ることができる。

個人がいま現在持つ理想が，ソーシャルペダゴジーの実践に影響を与える
のがわかる。それがこの専門分野の理論的基盤に対する挑戦となる。
今後しばらくの間に，実践自体とともに，理論的概念がさらに発展してい
くだろう。近年，ノルウェーにおけるソーシャルペダゴジーへの追い風が強
くなってきた。本書が議論のさらなる発展に寄与することを願っている。そ
して，本書が，よく考えられた，優れた実践に貢献することを願う。

訳者解説：読書の手引きとして

CR

　本書は，ジャン・ストロー（Jan Storø）著，*Practical Social Pedagogy: Theories, values and tools for working with children and young people.* (The Policy Press, 2013.) の全訳である。著者のストロー氏は，現在，ノルウェーのオスロ・メトロポリタン大学社会科学部教授である。原書はノルウェー語で 2008 年に出版されたものだが，本書は英語版を底本としている。

　訳者たちはこの書を，子ども／若者と**共に**（with）働く実践家に読んでいただくために訳した。ストロー氏が言うように，ソーシャルペダゴジーを研究する学者よりは，ソーシャルペダゴジーの実践家が本書が対象とする読者である。

　子ども／若者と働く実践家にとって，シャルペダゴジーは，その仕事を理解し，深め，実践家が互いに連携し，協働することを助けてくれる概念であると私たちは考えている。しかし，ソーシャルペダゴジーという言葉は，日本の多くの人にとってわかりにくいもののようである。その理由の一つは，まだその全体像が日本に紹介されていないという単純な事情だが，本書を訳しながら私たちが気づいたもう一つの理由は，「ソーシャル social」と「ペダゴジー pedagogy」という二つのキーワードの翻訳が抱える問題である。そのわかりにくさを少しでも和らげるために，ここでそれぞれの言葉に若干の解説を加えておこう。

　ただし，二つの言葉のどちらについても，著者の考えを解説するのがここでの目的ではない。そもそも，著者にとっても，この二つの言葉の意味合いを実践に即して検討することが本書の目的と言ってもよいくらいそれぞれの意味が重要であって，著者の理解を知るには本書を読むしかない。日本の読者のためにここでしたいのは，日本語で，「ソーシャル」と「ペダゴジー」と表記する際に生まれる理解の難しさを和らげるための解説である。

「ソーシャル」について

　「ペダゴジー」と違って，「ソーシャル」はすでに日本語として多用されているので，あらためて説明を要しないと思われるかもしれない。しかし，多用されているからこその問題がある。それは，social が「社会の」あるいは「社会的」と訳されてきたことがもたらす難しさである。本書を読む上で，「ソーシャル」には，「社会」という言葉では表しにくいものも含まれていることを意識しておくことが必要であり，それが social pedagogy を「ソーシャルペダゴジー」というカタカナ語で表す理由の一つである（もう一つはペダゴジーの方の問題である）。

　ただ，本書の訳出を考え出した頃であれば，以上の前置きでよかったのだが，ここ2年ほど，「ソーシャル＝社会的」の等号では理解しにくい新しい言葉がまた一つ登場した。例の「ソーシャルディスタンス」である。「ソーシャル」も「ディスタンス」も日本人にとってそれほど難しい英語ではない。しかし，それを組み合わせたこの言葉の意味は，多くの人にとってすぐに理解できるものではなかった。「ソーシャルディスタンス」は，人と人が直接触れ合う場面について用いられており，その「ソーシャル」は「社会的」よりは，「対人」あるいは「対人的」に近い意味である。つまり，「対人的距離」あるいは「対人距離」と訳した方がわかりやすい言葉なのである。「ソーシャルペダゴジー」の「ソーシャル」にも，この「対人的」という意味が含まれている。2年前には日常的に使われることなどなかった「ソーシャルディスタンス」という言葉が一般化したこと，あるいは，以前から一般化していた「ＳＮＳ（ソーシャルネットワークサービス）」の「ソーシャル」に同じ意味があることも作用して，私たちはすでに「ソーシャル」＝「対人的」の意味に馴染んできているのかもしれない。

　それでも，ソーシャルペダゴジーを理解する上で，「ソーシャル」という言葉の意味を確認しながら考えていくことが必要である。「対人的」という意味を含むことをいま強調したが，「ソーシャル」は，もちろん日本語の「社会」に相当する大きな集団や存在の意味も持っている。家族や友人のような個人的な対人関係から大きな社会集団，あるいは社会全体までを表す言葉，それが「social」である。このことを著者は，「この文脈で『社会』は，小さな意味と大きな意味の両方，つまり，個人にとって最も身近な人間関係

を構成している社会集団と，全体としての社会のいずれとしても理解できる」(p.40) と言っている。

ちなみに，この意味の幅は，社会心理学の研究主題の一つである「ソーシャルサポート」という概念にも現れている。「ソーシャル」がつくと家庭外の社会からのサポートのように受けとられやすいが，個人にとって最も身近な人間関係も含むため，子どもへの「ソーシャルサポート」を研究する際には，家族によるサポートが最も重要な要素として扱われる。「ソーシャル」の意味は家族内の対人関係も包み込むのである。

本書を読まれるときは，「ソーシャル」の意味を常に吟味しながら読むことをぜひお勧めしたい。実践家と子ども・若者の間の関係について語りながら，大きな意味での社会全体についても考えているところ，しかも一つの言葉でその全体を覆っているところがソーシャルペダゴジーの興味深い点である。

「ペダゴジー」について

もう一つの言葉の問題は，「ペダゴジー pedagogy」が日本人に馴染みがないことと，訳に「教育」という同じ言葉が使われるために，education との差異がわかりにくいことである。実際，両者の意味は大きく重なっていて，英語話者にとっても，pedagogy は，どちらかと言えば理解しにくい言葉のようである。イギリスのソーシャルペダゴジー事情を伝える文章に，social pedagogy という言葉をはじめて聞いたイギリス人が，「なにそれ，ペディキュア pedicure（足の治療・美容）みたいに足に何か関係ある？」と聞いてきたという話が出てくる（Gabriel Eichsteller, 2009）。ラテン語のped＝足から派生した言葉との混同である。ソーシャルペダゴジーが知られていないだけでなく，そもそもペダゴジーが教育に関する言葉であることを知らない英語話者がいることを示している。使い分けとしては，「学校教育」「教育課程」「教育制度」などは education で，「教育学」は pedagogy である。education は知識や技術の伝達の意味が強く，pedagogy は，人格の成長を目指すこと，育てること（upbringing）といった意味が強くなる。

その意味でソーシャルペダゴジーは，「ペダゴジー」でなければならないのだが，「社会教育」と訳すと education との違いが見えなくなる。イギリ

スでも，この概念の起源であるドイツ語のSozialpädagogikをsocial educationと訳した時期があったが，近年はsocial pedagogyと訳されている（大串，2017）。調査訪問をした際に出会ったイギリスの実践家は，ドイツのSozialpädagogikを彼らが導入し始めたときに，わかりにくい（ことがある）pedagogyよりeducationを使った方がよいのではないかという議論があったが，結局pedagogyを他の言葉で置き換えることは不可能という考えに落ち着いたと語ってくれた。

　日本には「社会教育」という分野がすでにあって，ドイツ語のSozialpädagogikに由来する。その意味では，混乱を避けるには，本書を「実践のための社会教育」とする方がよい。しかし，日本の「社会教育」は，成人教育を中心に展開してきており，ヨーロッパの制度とのずれがある（大串，2017，p.137）。近年は「社会教育」の分野でも，「子ども・若者支援」に焦点が当てられるようになり，ドイツの青少年援助の紹介が行われている（生田，2017，p.22）とはいえ，「社会教育」という日本語は，本書のようにレジデンシャル・ホームを中核に置いて論じるには馴染みにくい。

　ヨーロッパにおいても，各国である程度の違いを含みながら展開してきた「ソーシャルペダゴジー」の概念を再検討し，統合しようとする動きがある（森，2020）。著者のストロー氏もその中で活躍している一人である。その意味でも，「ソーシャルペダゴジー」という同じ言葉を用いて海外の実践家と交流することが今後重要になるだろう。読者が最初「ペダゴジー」の意味を理解するのに苦労したとしても，同じ苦労を共有する著者とともに読み進むことで，むしろソーシャルペダゴジーの理解が深まると私たちは考えている。

　他方で，日本の「社会教育」分野と，本書が中核に置く児童福祉ソーシャルペダゴジーの連携は今後ますます必要である。ソーシャルペダゴジーの名によって，「教育」，「養育」，「養護」の連携が進むこと，つまりは「教えること」と「育てること」がより滑らかに融合されることを願っている。

本書の訳出の意図

　ヨーロッパ諸国を中心に実践されているソーシャルペダゴジーを日本に紹介するにあたって，ノルウェーのストロー氏の著作を選んだことには理由が

ある。

　私たちは，特に英語圏で強く推し進められてきた施設から里親への移行の流れの中で，日本のレジデンシャルケア（施設養護）の価値を確認し，高めるためにも，施設養育の豊かな経験を持つヨーロッパ大陸諸国のソーシャルペダゴジーを紹介したいと考えた。そして，そのためには，教科書的な良書を翻訳して読者に提供するのがよい出発点となると考えた。そこで，適切な概説書を探したのだが，ソーシャルペダゴジーに関する本は大きく二つのタイプに分かれるように見え，そして，そのいずれも最初の紹介には使いにくいと感じた。その第一は，主としてイギリスで出版されている，大陸のソーシャルペダゴジーに学びながら書かれた研究書である。ソーシャルペダゴジーは，ヨーロッパ大陸の諸国に定着している概念で，イギリスでは比較的最近になって紹介された実践である。そのため，その紹介，導入に携わった専門家の論文集が出版されている。そうした本も翻訳する価値はあるが，ソーシャルペダゴジーとは何なのかと関心を抱いた実践家や学生が最初に手に取るには議論が細かすぎる。もう一つのタイプは，ドイツなどソーシャルペダゴジーが定着している国の教科書的な本で，これも有益だが，内容が堅苦しく，またソーシャルペダゴジーの大学教育などがあることを前提に書かれているので，日本の現状に合わない。

　そうするうちに出会ったのが本書である。著者のストロー氏は，子どもと若者のためのレジデンシャルケアの実践家として経歴をスタートし，現在は大学で教鞭をとる研究者となっている。本書を読めば，ストロー氏が実践経験を通して自身の頭と心（head and heart）で経験を受け止め，消化しながら，ソーシャルペダゴジーの意義を実践家に伝えようとして著したことがわかる。

　ストロー氏が言うように，ノルウェーには，日本と同じく，「ソーシャルペダゴジー」という専門分野が確立していない。その名称を使った制度も教育課程も存在しない。しかし，たとえその制度がなくても，ソーシャルペダゴジーに相当する仕事は，必ず存在する。氏が第6章「ソーシャルペダゴーグはどこで働くのか」の冒頭で触れている職場を列挙すると，施設，里親，児童相談所といった児童福祉の現場を中核として，デイケア，保育園，レクリエーションの実践，ユースクラブ，アウトリーチ，特別なニー

ズを持つ子どもや若者の支援団体などが，その実践現場である。さらに，学校における予防的取り組みや，リスクのある生徒やグループへの取り組みを行う環境療法士という職種も挙げられている。これは日本で言えば，スクールカウンセラーの業務に対応するだろう。本文に登場するノルウェーの社会教育士（social educator）の仕事は，日本であれば，特別支援教育担当者，スクールソーシャルワーカー，スクールカウンセラーの業務の中に広がっているのではと想像する。それもソーシャルペダゴジーの一部に収めることができる実践である。ストロー氏は，さらに周辺に，スポーツクラブ，ボーイ／ガールスカウト，合唱団など，さまざまな任意団体の活動が持つソーシャルペダゴジー的側面にも触れている。ソーシャルペダゴジーの実践領域の中核から周辺までに含まれるこれらの多様な活動は，日本にも存在する。つまり，本書が読者として想定している実践家は日本でも活躍しているのである。

　ソーシャルペダゴジーの名前で呼ばれる専門分野がないノルウェーの実践から生まれたからこそ，本書は，ソーシャルペダゴジーとは何かを熟考し，それをどう実践に活かすかを体系的に論じている。そのスタイルと内容から，同じくその概念が普及していない日本の実践家にソーシャルペダゴジーを伝え，実践に活かしていただく上で極めて適切と感じられた。著者自身はノルウェーの読者を想定し，また主として北欧の文献を用いて書いているが，ノルウェーあるいは北欧という文脈を離れた日本にとっても得難いテキストである。

理論と実践の記述について

　以上で，「手引き」を終えてもよいかもしれない。しかし，いささかお節介かもしれないが，もう一つ若干の「手引き」があった方がよいと思われる面が本書にある。それは，本書が「実践家のための」という言葉をタイトルに持ちながら，非常に「理論的」であることについての解説である。本書は，「ソーシャルペダゴジー実践のハウツーもの」ではない。実践家にソーシャルペダゴジーという理論を考えてもらうという意味で「実践のための」本なのである。それが，本書をかなりの程度「理論的」になっている理由である。

ソーシャルペダゴーグの実践は，理論に導かれていなくてはならないとストロー氏は言う。しかし，おそらく本書の前半で，特に第2章，第3章と読み進める中で，自らの実践がストロー氏の言うほど理論に導かれていると感じる日本の実践家は少ないに違いない。それ以前に，理論に関する内容を理解することに疲れて，もっと実践的，具体的な内容が扱われていそうな，第4章以降に進みたいと考える方，あるいは後ろの章を先に読んでしまう方もあるかもしれない。第7章などに登場する具体的な話題だけで満足してしまう読者もあるかもしれない。しかし，訳し終えてあらためて確認できることは，ストロー氏が第1章の「本書の読み方」で勧めているように，第1章から順に読むことの重要性である。もし，後ろの章を先に読んだ方がいたとしも，あらためて最初から読む作業を行っていただきたいと思う。私たちも，訳を進めながら本書の記述の1行1行を辿ることで，はじめは見えなかった著者の意図が見えてきて，視野が開ける経験を何度もした。読者にも同じ体験をしてほしいと願う次第である。

　本書の内容を実践に活かすことをはじめ難しく感じる方もあるだろう。たとえば，実践家個人にとっても同僚グループにとっても，実践の振り返りが重要であると著者は言う。そして，それはソーシャルペダゴジーの実践家にとって新しい挑戦であるという言葉が第3章に登場する。本書が強調する振り返りの作業を考えると，日本の実践家にとってそれは，ノルウェーの実践家にも増して大きな挑戦かもしれない。なぜなら，日本の職場では，何らかの介入が行われたときに，なぜそうするのか，どのような考えに基づいてその選択をしたのかといったことを同僚に問いかける機会が少ないと思われるし，ミーティングなどでそのような発言をすることにも相当の勇気が必要と思われるからである。

　同僚の実践の背後にある理論を確認することがなぜ難しいのだろうか。それは，「なぜ」という問いかけが非難として使われ，受け取られることが多いからである。「なぜ」あなたはそうしたのかという問いを，価値の優劣抜きで，互いの考えを共有するためにフラットな目線で発することは，よほどそのやりとりが定着していないと難しい。そうした作業の難しさは，日本に限ったことではなく，筆者が言うようにノルウェーにも，そして訳者（森）が調査で訪れたイギリスにもあると思われる。イギリスで研修に参加したと

き，ドイツ出身でイギリスで働いているソーシャルペダゴーグがその場におられた。そのペダゴーグが，イギリスではじめて働き始めたとき，職員に「なぜあなたは○○○という行動をとったのか」とたずねると，相手が批判されたと思ってショックを受けることに気づいたと言っておられた。読者の中には，いわゆるステレオタイプに基づいて，それはドイツ人がきついからだと想像される方がいるかもしれない。その方は，その誤解を想定してか，自分の発言が他の職員の実践の理由（背後の理論）を率直に問うようなものになる理由を説明してくれた。それは決して自分の性格やドイツの文化に由来するものではなく，ソーシャルペダゴジーの教育課程の中で，他のメンバーに問いかけることを基本的な技量として学んできたからだ，と。つまり，それは訓練の結果身についた姿勢であって，イギリスでそれがショック反応を引き起こしたのは，イギリスで学んだ実践家にそのような姿勢を身につける訓練の機会がなかったからなのである。日本の実践家の方にも共通するのではないかと思う。

　本書の読書をよりわかりやすいものにしようと考えて書いた「あとがき」だが，お節介が過ぎて，かえって難しいという印象を与えてしまったかもしれない。あるいは，言わずもがなの内容かもしれない。いずれにしても，読者それぞれがご自身の中で消化して，ご自身の実践に活かしていただくことを訳者一同願っている。

　最後になりましたが，類書のない本書の出版に賛同くださり，思ったより長くかかってしまった訳出作業を支えてくださった，誠信書房編集局の小寺美都子さんに深く感謝します。

2022 年 6 月

訳者一同

【文献】

Gabriel Eichsteller (2009) Social Pedagogy in Britain–further developments.
　https://www.hf.uni-koeln.de/data/lfeusa/File/SocMag/2009/Marz/March2009-
　Eichsteller__Gabriel-Social_Pedagogy_in_Britain_-_further_developments.pdf. 2022

年4月30日閲覧。

生田周二（2017）序：子ども・若者支援における「社会教育的支援」の枠組み．日本
　社会教育学会（2017）『子ども・若者支援と社会教育』．東洋館出版社，p.14-27.

大串隆吉（2017）ドイツ社会教育専門職養成と子ども・若者支援職—大学と継続・向
　上教育．日本社会教育学会（2017）『子ども・若者支援と社会教育』．東洋館出版社，
　p.134-143.

文 献

Aamodt, L.G. (1997) *Den gode relasjonen – støtte, omsorg eller anerkjennelse?*, Oslo: Ad Notam Gyldendal.

Åberg, Å et al (2001) *Social pædagogikk og socialpædagogisk praksis i Norden*. København: Nordisk forum for socialpædagoger.

Album, D. (1996) *Nære fremmede. Pasientkulturen i sykehus*, Oslo: Tano.

Bae, B. (1988) 'Voksnes definisjonsmakt og barns selvopplevelse', *Norsk pedagogisk tidsskrift*, no 4.

Bastøe, P.Ø., Dahl, K. and Larsen, E. (2002) *Organisasjoner i utvikling og endring. Oppgaveløsning i en ny tid*, Oslo: Gyldendal Akademisk.

Berglund, S.-A. (2004) 'Det välgörandre med at uttrycka sig – socialpedagogik och narrativ metod i det moderna', in L. Eriksson, H.-E. Hermansson and Munger, A.-C. (eds) *Socialpedagogik och samhällsförståelse. Teori och praktik i socialpedagogisk forskning*, Stockholm: Brutus Östlings Bokförlag Symposion.

Biehal, N., Clayden, J., Stein, M. and Wade, J. (1995) *Moving on: young people and leaving care schemes*, London: HMSO.

Bisgaard, N.J. (2006) 'Pædagogiske teorier og dannelsesbegrepet', in N.J. Bisgaard and J. Rasmussen (eds) *Pædagogiske teorier*, Værløse: Billesø & Baltzer.

Bø, I. and Helle, L. (2002) *Pedagogisk ordbok*, Oslo: Universitetsforlaget.

Bronfenbrenner, U. (1979) *The ecology of human development. Experiments by nature and design*, Cambridge, MA: Harvard University Press.

Burr, V. (2003) *Social constructionism*, East Sussex: Routledge.

Dale, E.L. (2006) *Oppdragelse i det refleksivt moderne*, Oslo: Gyldendal Akademisk.

Durrant, M. (1993) *Residential treatment. A cooperative, competency-based approach to therapy and program design*, New York, NY: W.W. Norton & Company.

Eriksson, L. (2005) 'Teoriers betydelse för förståelsen av socialpedagogik', in E. Cedersund and L. Eriksson (eds) *Socialpedagogiken i samhället. Rapport från en nordisk forskningskonferens vid Linköpings universitet*, Campus Norrköping, 11 –12 November 2004, Linköping: Linköpings universitet, rapport no 2.

Eriksson, L. and Markström, A.-M. (2000) *Den svårfångade socialpedagogiken*, Lund: Studentlitteratur.

FO (Norwegian Union of Social Educators and Social Workers) (2002) *Yrkesetiske retningslinjer for barnevernpedagoger, sosionomer og vernepleiere*, Vedtatt på kongressen 20–24 November, Oslo: Fellesorganisasjonen for barnevernpedagoger, sosionomer og vernepleiere.

Fransson, E. (1996) *Rom for jenteliv? En sosiologisk studie av relasjoner i en barnevernsinstitusjon*, Oslo: Barnevernets utviklingssenter, rapport no 3.

Freire, P. (1999) *De undertryktes pedagogikk*, Oslo: Gyldendal Norsk Forlag.

Frønes, I. (1979) *Et sted å være – et sted å lære. En bok om sosial læring og forebyggende miljøarbeid*, Oslo: Tiden Norsk Forlag.

Frønes, I. (2001) 'Skam, skyld og ære i det moderne', in T. Wyller (ed) *Skam. Perspektiver på skam, ære og skamløshet i det moderne*, Bergen: Fagbokforlaget.

Furuholmen, D. and Schanche Andresen, A. (2007) *Fellesskapet som metode*, Oslo: Cappelen Akademisk Forlag.

Garsjø, O. (2001) *Sosiologisk tenkemåte*, Oslo: Gyldendal Akademisk.

Garsjø, O. (2003) *Institusjonen som hjem og arbeidsplass – et bidrag til institusjonsfaglig kompetanse*, Oslo: Gyldendal Akademisk.

Gjertsen, P. (2010) *Sosialpedagogikk. Forståelse, handling og refleksjon*, 2nd edn, Bergen: Fagbokforlaget.

Gresham, F.M. and Elliott, S.N. (1984) 'Advances in the assessment of children's social skills', *School Psychology Review*, no 13, pp 292–301.

Grønvold, E. (1997) *Den systematiske arbeidsmodellen*, Notat: Høgskolen i Oslo.

Grønvold, E. (2000) 'Teorier for miljøterapeutisk praksis gjennom 50 år', in A. Hagqvist and B. Widinghoff (eds) *Miljöterapi : igår, idag och imorgon*, Lund: Studentlitteratur.

Gulbrandsen, L.M. (2006) 'Kulturpsykologiske tilnærminger til barns utvikling', in L.M. Gulbrandsen (ed) *Oppvekst og psykologisk utvikling. Innføring i psykologiske perspektiver*, Oslo: Universitetsforlaget.

Gustavsson, A. (2008) 'Vår tids socialpedagogik', in M. Molin, A. Gustavsson and Hermansson, H.-E. (eds) *Meningsskapande och delaktighet – om vår tids socialpedagogik*, Gøteborg: Daidalos.

Hämäläinen, J. (2005) 'Utmaningar i dagens urbana samhälle och socialpedagogik', *Sosiaalipedagoginen aikakauskirja*, vol 6, no 1, pp 27–38.

Hamburger, F. (2001) 'The social pedagogic model in the multicultural society of Germany', in L. Dominelli, W. Lorenz and H. Soydan (eds) *Beyond racial divides. Ethnicities in social work practice*, Aldershot: Ashgate.

Hegstrup, S. (2007) 'Hvem sætter agendaen for socialpædagogisk uddannelse?', *Social Kritik*, no 11, pp 52–66.

Helgeland, I.M. (2007) *Unge med alvorlige atferdsvansker blir voksne. Hvordan kommer de inn i et positivt spor?* Oslo: Unipub.

Henggeler, S.W., Schoenwald, S.K., Bourdin, C.M., Rowland, M.D. and Cunningham, P.B. (2000) *Multisystemisk behandling av barn og unge med atferdsproblemer*, Oslo: Kommuneforlaget.

Herberg, E.B and Jóhannesdóttir, H. (2007) *Kunnskap og læring i praksis. Fra student til profesjonell sosialarbeider*, Oslo: Universitetsforlaget.

Holst, J. (2005) 'Socialpedagogikkens udvikling i Danmark', in E. Cedersund and L. Eriksson (eds) *Socialpedagogiken i samhället. Rapport från en nordisk forskningskonferens vid Linköpings universitet*, Campus Norrköping, 11–12 November 2004, Linkøping: Linköpings universitet, rapport no 2.

Howe, D. (1993) *On being a client: understanding the process of counselling and psychotherapy*, London: SAGE.

Jæger Sivertsen, K. and Kvaran, I. (2006) 'Sosialpedagogikken I Norge', in B. Madsen (ed) Sosialpedagogikk, Oslo: Universitetsforlaget.

Jansen, A. (2007) 'Om å skape seg selv og en fremtid. Betydningen av å fortelle historier', *Norges barnevern*, vol 84, no 4, pp 43–52.

Johanssen, J.C., Nygaard, M. and Schreiner, E. (1965) *Latinsk ordbok*, Oslo: Cappelen.

Kreuger, M. (1986a) *Careless to caring for troubled youth: a caregiver's inside view of the youth care system*, Washington, DC: CWLA Press.

Kreuger, M. (1986b) *Job satisfaction for child and youth care workers*, Washington, DC: CWLA Press.

Kunnskapsdepartementet (2005) *Rammeplan og forskrift for 3-årig barnevernspedagogutdanning*.

Kvale, S. (1997) *Det kvalitative forskningsintervju*, Oslo: Ad Notam Gyldendal.

Kvaran, I. (1996) *Miljøterapi. Institusjonsarbeid med children and young people*, Kristiansand: Høyskoleforlaget.

Langager, S. and Vonslid, W. (2007) 'Socialpædagogikkens genkomst', *Dansk Pædagogisk Tidsskrift*, vol 55, no 3, pp 3–7.

Langeveld, M. (1975) *Personal help for children growing up: the W.B. Curry lecture delivered in the University of Exeter on 8 November 1974*, Exeter: University of Exeter.

Larsen, E. (1992) *Miljøarbeid og arbeidsmiljø i barnevernets ungdomsinstitusjoner. Synspunkter på innhold og organisering*, Oslo: Barnevernets utviklingssenter, temahefte no 2.

Larsen, E. (1994) 'Læreren som rolle og ressurs i arbeid med ungdom som vil men ikke kan', in I. Helgeland (ed) *Arbeid med utfordrende ungdom i skolen*, Oslo: Kommuneforlaget.

Larsen, E. (1996) 'Service, behandling og samarbeid sett i et miljøterapeutisk perspektiv', in E. Larsen (ed) *Miljøterapeutiske temaer*, Oslo: SIR-gruppen.

Larsen, E. (2004) *Miljøterapi med barn og unge. Organisasjonen som terapeut*, Oslo: Universitetsforlaget.

Levin, I. (2004) *Hva er sosialt arbeid*, Oslo: Universitetsforlaget.

Lihme, B. (1988) *Socialpædagogik for børn og unge – et debatoplæg med særlig henblikk på døgninstitutionen*, Holte: SOCPOL.

Linde, S. and Nordlund, I. (2006) *Innføring i profesjonelt miljøarbeid. Systematikk, kvalitet og dokumentasjon*, Oslo: Universitetsforlaget.

Lundby, G. (1998) *Historier og terapi. Om narrativer, konstruksjonisme og nyskriving av historier*, Oslo: Tano Aschehoug.

Madsen, B. (2005) *Socialpædagogik og samfundsforvandling. En grundbog*, København: Hans Reitzels forlag.

Madsen, B. (2006) *Sosialpedagogikk*, Oslo: Universitetsforlaget.

Maier, H.W. (1997) *Barn og ungdom utenfor familien. Utviklingsmuligheter*, Oslo: AdNotam Gyldendal.

Manger, T (2005) 'Biprodukt av modernisering', in P.L. Brunstad and T. Evenshaug (eds) Å være voksen, Oslo: Gyldendal Akademisk.

Mathiesen, R. (1999) *Sosialpedagogisk perspektiv*, Hamar: Sokrates.

Mathiesen, R. (2008) *Et sosialpedagogisk perspektiv på individ og fellesskap*, Oslo: Universitetsforlaget (manus under utarbeidelse).

Myhre, R. (1982) *Hva er pedagogikk?*, Oslo: Gyldendal Norsk Forlag.

Nerdrum, P. (1997) 'Hvor god er den gode relasjon?', in B. Rappana Olsen and V. Bunkholdt (eds) *Barnevernet – mangfold og mening*, Oslo: Tano.

Nielsen, K. and Kvale, S. (2006) 'Mesterlære som læringsform', in N.J. Bisgaard and J. Rasmussen (ed) *Pædagogiske teorier*, Værløse: Billesø & Baltzer.

Nybø, L. (1999) *Aktiviteter og aktivisering i sosialpedagogisk arbeid*, Oslo: Pedkolon.

Nyqvist, L. (2004) 'Ungdomarnas konstruerandre av våld. Ett socialpedagogiskt perspektiv', in E. Cedersund and L. Eriksson (eds) *Socialpedagogiken i samhället. Rapport från en nordisk forskningskonferens vid Linköpings universitet*, Campus Norrköping, 11 –12 November 2004, Linköping: Linköping universitet, rapport no 2.

Ogden, T. (1995) *Kompetanse i kontekst. En studie av risiko og kompetanse hos 10- og 13-åringer*, Oslo: Barnevernets utviklingssenter, rapport no 3.

Ogden, T. (1997) 'Risiko, sosial kompetanse og forebyggende arbeid i skolen', in K.J. Klepp and E. Aarø (eds) *Ungdom, livsstil og helsefremmende arbeid*, Oslo: Universitetsforlaget.

Oppedal, K. (2007) 'Kulturpsykologi og verdier – et etisk og danningsteoretisk perspektiv på menneskets sjelsliv', in O.H. Kaldestad (eds) *Grunnverdier og pedagogikk*, Oslo: Fagbokforlaget.

Parton, N. and O'Byrne, P. (2000) *Constructive social work. Towards a new practice*, Basingstoke: Palgrave.

Payne, M. (1991) *Modern social work theory. A critical introduction*, London: The Macmillan Press.

Raundalen, M. (2004) 'Overgrep mot barn på barnehjem og spesialskoler. Noen refleksjoner om hvordan det kunne skje, og om hvilken beredskap vi trenger for at det ikke skal skje igjen', Vedlegg 4 til NOU 2004:23, Barnehjem og spesialskoler under lupen, Oslo: Barne- og familiedepartementet.

Reichelt, S. (2006) 'Veiledningsgrupper med reflekterende team' in H. Eliassen, and J. Seikkula, (eds) *Reflekterende prosesser i praksis: klientsamtaler, veiledning, konsultasjon og forskning*, Oslo: Universitetsforlaget.

Røkenes, O.H. and Hansen, P.-H. (2006) *Bære eller briste. Kommunikasjon og relasjon i arbeid med mennesker*, 2nd edn, Bergen: Fagbokforlaget.

Sævi, T. (2007) 'Den pedagogiske relasjonen – en relasjon annerledes enn andre relasjoner', in O.H. Kaldestad (ed) *Grunnverdier og pedagogikk*, Oslo: Fagbokforlaget.

Sandbæk, M. (2004) 'Barn i hjelpeapparatet – kompetente og sårbare aktører', *Nordisk sosialt arbeid*, no 2.

Savater, F. (1997) *Mod til at opdrage*, København: Forum.

Schön, D. (2001) *Den reflekterende praktiker. Hvordan professionelle tænker når de* arbejder, Århus: Klim.

Schibbye, Anne-Lise Løvlie (2009) *Relasjoner. Et dialektisk perspektiv på eksistensiell og pskykodynamisk psykoterapi*, Oslo: Universitetsforlaget.

Skau, G.M. (2003) *Mellom makt og hjelp. Om det flertydige forholdet mellom klient og hjelper*, Oslo: Universitetsforlaget.

Skau, G.M. (2005) *Gode fagfolk vokser. Personlig kompetanse i arbeid med mennesker*, Oslo: Cappelen Akademisk Forlag.

Storø, J. (1997) 'Må være voksen', *Barne-og ungdomsarbeideren*, no 3.

Storø, J. (1999) 'Barneverninstitusjonen i framtida', *Nordisk sosialt arbeid*, no 4.

Storø, J. (2001) *På begge sider av atten. Om ungdom, barnevern og ettervern*, Oslo: Universitetsforlaget.

Storø, J. (2003) 'Det problematiske brukerbegrepet. En undersøkelse av et konkret møte mellom språk, politikk, vitenskap og faglig praksis i barnevernet', *Embla*, no 3.

Storø, J. (2005) 'Gullklumper i sanden. Ressursfokuserte og nettverksorienterte tilnærminger i arbeid med ungdom i institusjon', in L. Schelderup, C. Omre and E. Marthinsen (eds) *Nye metoder i et moderne barnevern*, Bergen: Fagbokforlaget.

Storø, J. (2008) 'Exit from care – developing a perspective', *Journal of Comparative Social Welfare*, vol 24, no 1, pp 13 –21.

Storø, J. (2012) 'The difficult connection between theory and practice in social pedagogy', *International Journal of Social Pedagogy*, vol 1, no 1, pp 17-29.

Vatne, S. (2006) *Korrigere og anerkjenne. Relasjonens betydning i miljøterapi*, Oslo: Gyldendal Akademisk.

Williams, F., Popay, J. and Oakley, A. (1999) 'Changing paradigms of welfare', in F. Williams, J. Popay and A. Oakley (eds) *Welfare research: A critical review*, London: UCL Press.

Wivestad, S.M. (2007) 'Hva er pedagogikk?', in O.H. Kaldestad, E. Reigstad, J. Sæther and J. Sæthre (eds) *Grunnverdier og pedagogikk*, Bergen: Fagbokforlaget.

索　引

【著者紹介】

ジャン・ストロー（Jan Storø）

オスロ大学の応用科学子ども福祉学科助教授。1975-1999 年まで，子ども・若者にかかわる現場で働く。レジデンシャルケアのユニットリーダー，リービングケアプロジェクトのリーダー（1999-2002），オスロの MST 治療ユニットなどで勤める。ソーシャルペダゴジー，子ども福祉などに関する 5 冊の著作がある。

【訳者紹介】

森　茂起（もり・しげゆき）

1984 年，京都大学大学院教育学研究科教育方法学専攻博士課程単位取得退学。1998 年，博士（教育学）。
現在，甲南大学文学部人間科学科教授。
著書：『トラウマの発見』（講談社，2005），『〈戦争の子ども〉を考える —— 体験の記録と検証の試み』（共編著，平凡社，2012）『「社会による子育て」実践ハンドブック』（編著，岩崎学術出版社，2016），『フェレンツィの時代 —— 精神分析を駆け抜けた生涯』（人文書院，2018），ほか。
訳書：バリント著『一次愛と精神分析技法』（共訳，みすず書房，1999），フェレンツィ著『精神分析への最後の貢献 —— フェレンツィ後期著作集』（共訳，岩崎学術出版社，2007），シャウアー，他『ナラティヴ・エクスポージャー・セラピー —— 人生史を語るトラウマ治療』（共訳，金剛出版，2010），シュトレーベ，他『死別体験 —— 研修と介入の最前線』（共訳，誠信書房，2014），カー著『フロイトとの対話』（人文書院，2022），ほか。

楢原真也（ならはら・しんや）　第 1 章，第 2 章，第 4 章，第 5 章担当

2009 年，大正大学大学院副詞臨床心理学専攻博士課程修了。
現在，児童養護施設子供の家 統括職。
著訳書：『子ども虐待と治療的養育 —— 児童養護施設におけるライフストーリーワークの展開』（金剛出版，2015），『ライフストーリーワーク入門 —— 社会的養護への導入・展開がわかる実践ガイド』（共著，明石書店，2015），『児童養護施設で暮らすということ —— 子どもたちと紡ぐ物語』（日本評論社，2021），スミス，他著『ソーシャルペダゴジーから考える施設養育の新たな挑戦』（共訳，明石書店，2018），ギル著『子どものポストトラウマティック・プレイ —— 虐待によるトラウマの心理療法』（共訳，誠信書房，2022），ほか。

益田啓裕（ますだ・けいすけ）　第 3 章，第 6 章，第 7 章担当

2017 年，大阪大学連合小児発達学研究科小児発達学専攻博士課程修了。
現在，追手門学院大学心理学部准教授。
著訳書：ライアン＆ウォーカー著『生まれた家族から離れて暮らす子どもたちのためのライフストーリーワーク実践ガイド』（共訳，福村出版，2010），ローズ＆フィルポッド著『わたしの物語 —— トラウマを受けた子どもとのライフストーリーワーク』（共訳，福村出版，2012），『今から学ぼう！ライフストーリーワーク —— 施設や里親宅で暮らす子どもたちと行う実践マニュアル』（共著，福村出版，2016），スミス，他著『ソーシャルペダゴジーから考える施設養育の新たな挑戦』（共訳，明石書店，2018），ほか。

ジャン・ストロー著

実践家のためのソーシャルペダゴジー
──子ども・若者と関わる理論・価値観・ツール

2022 年 8 月 25 日　第 1 刷発行

訳　　者　　森　　　茂　起
　　　　　　楢　原　真　也
　　　　　　益　田　啓　裕
発行者　　柴　田　敏　樹
印刷者　　西　澤　道　祐
発行所　　株式会社　誠　信　書　房

☎ 112-0012 東京都文京区大塚 3-20-6
電話　03 (3946) 5666
https://www.seishinshobo.co.jp/

あづま堂印刷／協栄製本
検印省略
©Seishin Shobo, 2022

落丁・乱丁本はお取り替えいたします
無断で本書の一部または全部の複写・複製を禁じます
Printed in Japan
ISBN978-4-414-60212-8 C3036

子ども家庭福祉学序説
実践論からのアプローチ

柏女霊峰 著

子ども家庭福祉の理念、制度、方法の円環的前進の法則性を打ち出し、一体的に検討し、「学」として再構築する著者渾身の書き下ろし。

A5判並製　定価(本体3800円＋税)

福祉の論理
「かけがえのなさ」が生まれるところ

稲沢公一 著

困難な状況下でも、現実を受けいれて援助を行う福祉のいとなみを、倫理学や宗教学もひきながら解説した、社会福祉原理のテキスト。

A5判並製　定価(本体2200円＋税)

ソーシャルワーク記録 [改訂版]
理論と技法

副田あけみ・小嶋章吾 編著

ソーシャルワークにとって記録のあり方は、最重要課題の一つである。ソーシャルワーカーのみならず援助職には、正確な記録を効率的・効果的に示し、援助活動へ活かし、適切に管理していく能力が要求されている。改訂版では、学習がしやすいように簡潔な構成に変更し、記録の様式と記入例が拡充されている。記録の作成を学ぶ初学者から中級者、さらには、学生の教育や職場に導入する記録様式を判断する立場にある上級者まで、幅広く本書から指針を得られる。

B5判並製　定価(本体2400円+税)

施設内暴力
利用者からの暴力への理解と対応

市川和彦・木村淳也 著

各種施設の援助者が口を閉ざす現実に真正面より向き合い、利用者と援助者のより良い関係を作りあげるための方策を検討した力作。

A5判並製　定価(本体2700円+税)

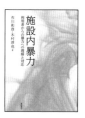

虐待を受けた子どもの
アセスメントとケア
心理・福祉領域からの支援と協働

鵜飼奈津子・服部隆志 編著

子ども虐待に関わる心理職と福祉職の双方の事例を1冊に納めた書。支援の難しい重篤な虐待を受けた子どもを援助する専門職必携の書。

A5判並製　定価(本体3300円+税)

子どものポストトラウ
マティック・プレイ
虐待によるトラウマの心理療法

エリアナ・ギル 著
西澤 哲 監訳

トラウマ体験が遊びの中で再演されるプレイを治療に生かし、治癒に導くための理論と技法。子どものトラウマに関わる全ての治療者に。

A5判並製　定価(本体3500円+税)

子どものトラウマ治療のための絵本シリーズ

えがおをわすれたジェーン

J・カプロー、D・ピンカス 作　B・シュピーゲル 絵 / 亀岡智美 訳

ジェーンが周囲のサポートや母親とのふれあいによって最愛の父の死を乗り越える物語。愛する人の死別への対処法がわかる。

A4変形判上製　定価(本体1700円＋税)

こわい目にあったアライグマくん

M・ホームズ 作　キャリー・ピロー 絵 / 飛鳥井 望・亀岡智美 監訳

酷い出来事を目撃して苦しむアライグマくんのお話。暴力事件、ＤＶ、事故、自然災害などによる二次被害の影響に苦しむ子どものために。

A4変形判上製　定価(本体1700円＋税)

さよなら、ねずみちゃん

R・ハリス 作　ジャン・オーメロッド 絵 / 飛鳥井 望・亀岡智美 監訳

少年とペットのねずみちゃんの別れを優しい絵と文章で綴る絵本。死別という避けて通れない人生の現実を学ぶための大切なレッスン。

A4変形判上製　定価(本体1700円＋税)

ねぇ、話してみて！

ジェシー 作、絵 / 飛鳥井 望・亀岡智美 監訳

性虐待を受けた少女が自分の体験と気持ちを絵本にした。子どもに読み聞かせることで、性虐待の発見と理解、援助、未然防止が可能になる。

A4変形判上製　定価(本体1700円＋税)

親と離れて暮らす子どものための
絵本シリーズ

モリスといっぱいのしんぱいごと

ジル・シーニー 作　レイチェル・フーラー 絵 / 鵜飼奈津子 訳

心配事を抱えたモグラのモリスが、信頼できる存在に悩みを打ち明け、心が楽になる姿を描いた本。不安への対処法が理解できる。

A4変形判上製　定価(本体1700円＋税)

エルファと思い出のはこ

ミシェル・ベル 作　レイチェル・フーラー 絵 / 鵜飼奈津子 訳

養育者の交代や環境の変化で混乱しているゾウのエルファが、思い出を振り返り、自分のアイデンティティを確立していく物語。

A4変形判上製　定価(本体1700円＋税)

ルーファスのあんしんできるばしょ

ジル・シーニー 作　レイチェル・フーラー 絵
鵜飼奈津子 監訳　中澤鮎美 訳

ひどい飼い主のもとから新しい飼い主のところへやってきたネコのルーファスが、心から安らげる自分の居場所を見つけるお話。

A4変形判上製　定価(本体1700円＋税)